Peter Goller

„… wegen der geringsten Vergehen
gegen das Koalitionsrecht!"

Streik- und Arbeiterkoalitionsrecht
in Österreich 1867–1914

STUDIEN ZU GESCHICHTE UND POLITIK

Band 28

herausgegeben von Horst Schreiber
Michael-Gaismair-Gesellschaft
www.gaismair-gesellschaft.at

Peter Goller

„… wegen der geringsten Vergehen gegen das Koalitionsrecht!"

Streik- und Arbeiterkoalitionsrecht in Österreich 1867–1914

Aus Texten von Leo Verkauf und Isidor Ingwer

StudienVerlag
Innsbruck
Wien

Gedruckt mit Unterstützung durch die Abteilung Kultur des Amtes der Tiroler Landesregierung, das Renner-Institut Tirol sowie das Vizerektorat für Forschung der Universität Innsbruck und die Stiftung Fürstlicher Kommerzienrat Guido Feger.

© 2023 by Studienverlag Ges.m.b.H., Erlerstraße 10, A-6020 Innsbruck
E-Mail: order@studienverlag.at, Internet: www.studienverlag.at

Buchgestaltung nach Entwürfen von Wilfried Winkler, neusehland.at
Satz und Umschlag: Studienverlag/Karin Berner
Umschlagabbildung: Der Kampf zwischen Gendarmen und Bergleuten in Polnisch-Ostrau (zeitgenössische Zeichnung), Das interessante Blatt, 13. Jg., Nr. 20, 17. Mai 1894

Gedruckt auf umweltfreundlichem, chlor- und säurefrei gebleichtem Papier.

Bibliografische Information der Deutschen Nationalbibliothek
Die Deutsche Nationalbibliothek verzeichnet diese Publikation in der Deutschen Nationalbibliografie; detaillierte bibliografische Daten sind im Internet über <http://dnb.dnb.de> abrufbar.

ISBN 978-3-7065-6286-7

Alle Rechte vorbehalten. Kein Teil des Werkes darf in irgendeiner Form (Druck, Fotokopie, Mikrofilm oder in einem anderen Verfahren) ohne schriftliche Genehmigung des Verlages reproduziert oder unter Verwendung elektronischer Systeme verarbeitet, vervielfältigt oder verbreitet werden.

Inhaltsverzeichnis

Vorwort des Reihenherausgebers   7

Vorbemerkung   9

**1. Leo Verkauf und Isidor Ingwer
über das Koalitions- und Arbeitskampfrecht**   11

Vereins- und Versammlungsrecht gegen Streikende   18
Ausnahmezustand, „Prügelpatent", Abschiebungen   19
„Kontraktbruch", Arbeitsbuch   21
„Erpressung": Streik und Strafrecht   23

**2. Aus der Geschichte der Streikdisziplinierung
und Gewerkschaftsrepression seit 1867**   29

Streikfrequenz – Streikmilitanz 1889–1900   39
Repression gegen die 1. Mai-Bewegung ab 1890   41
„Schub", „Abschaffung" von Streikaktivisten   44
Streikstatistik als „Strafregister" (ab 1894)   46
Anwendung des „Prügelpatents" 1854   47
Tote in böhmisch-mährischen Bergarbeiterkämpfen 1894   48
Abstrafungen nach § 3 Koalitionsgesetz 1870   52
„Nichtneutralität" des Staatsapparats   53
Wiener Ziegelarbeiterstreik 1895   54
Bergarbeiterkämpfe 1896   56
Eisenbahner ab 1896/97: Streik, passive Resistenz?   61
Arbeitskämpfe für die Anerkennung der Organisation   62
Weber-, Spinnerstreiks im Trautenauer Textilindustriebezirk 1897   63
Brünner Textilarbeiterstreik 1899   64
Großer Bergarbeiterstreik 1900   68

Sinkende Streikfrequenz in der Krise 1901–1904.
   Militäreinsatz in Triest und Lemberg (1902) 78
Ahndung des „Kontraktbruchs" 81
Aussperrungen: „Klein-Crimmitschau" in Österreich? (1903/04) 82
Streikrepression und regionale Arbeitskämpfe am Beispiel Tirols 86
Repressiveres „Neues Streikrecht". Forderungen des Kapitals seit 1907.
   Ende des Streikrechts 1914 89

3. Aus Texten von Leo Verkauf und Isidor Ingwer 1894–1909 95

L. Verkauf: Die bürgerlichen Klassen und das Strafrecht (1894) 95
L. Verkauf: Zur Geschichte des Arbeiterrechtes in Österreich (1905) 99
I. Ingwer – I. Rosner: Volkstümliches Handbuch
   des österreichischen Rechtes (1907/08) 112
I. Ingwer: Das Koalitionsrecht der Arbeiter (1909) 115

Anhang

V. Adler: Das Koalitionsrecht in Österreich (1888) 145
Das Koalitionsrecht in Gesetz und Anwendung
   (Arbeiter-Zeitung 1890) 146
Zur Streikbewegung (Arbeiter-Zeitung 1890) 150
Nutzen und Gefahren des Streiks (Arbeiter-Zeitung 1890) 152
Industriellenbünde für eine „moderne Streikgesetzgebung"
   (Die Gewerkschaft 1907) 153
Die Staatsgewalt im Dienste der Unternehmer
   (Die Gewerkschaft 1908) 155

Anmerkungen 157

Vorwort des Reihenherausgebers

Knappe zwei Jahrzehnte nach der Befreiung Österreichs setzte in den 1960er Jahren die Beschäftigung mit der Geschichte der sozialistischen Arbeiterbewegung „in der Provinz" ein: Manfred Scheuch schrieb zur Geschichte der Vorarlberger Arbeiterschaft vor 1918 (Wiener Dissertation 1960), Notburga Mair zur Geschichte der Tiroler Arbeiterbewegung (Wiener Dissertation 1966), Josef Kaut über den „steinigen Weg" der sozialistischen Arbeiterbewegung in Salzburg (1961), Gerhart Baron zu den „Anfängen der Arbeiterbildungsvereine in Oberösterreich" (1971) oder Karl Dinklage zur Geschichte der Kärntner Arbeiterschaft (1976/82).

Für Tirol hat Gerhard Oberkofler 1974 die von der Tiroler SPÖ herausgegebene Studie „Februar 1934. Die historische Entwicklung am Beispiel Tirols" veröffentlicht. Er wurde unterstützt von Herbert Steiner (1923–2001), dem Leiter des Dokumentationsarchivs des Österreichischen Widerstandes, und von Edwin Tangl (1912–1990), der nach seiner Widerstandstätigkeit in der französischen Resistance zuerst im KZ Flossenbürg und dann bis Ende April 1945 im KZ Dachau interniert war.

Nach dem Erscheinen des Abschnitts über die Tiroler Arbeiterbewegung vom Vormärz bis 1917 reagierte die „Tiroler Tageszeitung" am 6. Juli 1977 empört. Sie wähnte die „Tiroler SPÖ auf dem Weg zum Marxismus-Leninismus" und beschuldigte den SPÖ-Landesparteivorsitzenden Herbert Salcher, Klassenkämpfer zu fördern, gemeint war der „marxistische proletarische ‚Historiker' Gerhard Oberkofler".

1979 konnte Oberkofler mit „Die Tiroler Arbeiterbewegung. Von den Anfängen bis zum Ende des 2. Weltkriegs" eine Gesamtdarstellung präsentieren. Für das italienischsprachige Tirol war 1971 Renato Monteleones „Il movimento socialista nel Trentino 1894–1914" erschienen.

In den 1980er Jahren entstanden einige universitäre Abschlussarbeiten zur Geschichte der Tiroler und Vorarlberger Arbeiterbewegung, so 1983 die Dissertation von Werner Hanni zu den Streikkämpfen in Tirol von 1870–1918, die Arbeiten von Robert Sutterlütti zur Lage und zum sozialen Widerstand der italienischen Arbeiter in Vorarlberg oder 1989 von Hubert J. Auer zur Lage der Arbeiter in Wattens.

In jüngerer Zeit folgten Diplomarbeiten und Dissertationen von Joachim Gatterer, 2010 über „rote milben im Gefieder" zur sozialdemokratischen und kommunistischen Parteipolitik in Südtirol und daran anschließend 2017 eine zweibändige Dissertation, 2010 von Angelika Mayr „Arbeit im Krieg. Die sozioökonomische Lage der Arbeiterschaft in Tirol im Ersten Weltkrieg" und 2014 von Matthias Scantamburlo über die Anfänge der sozialdemokratischen Tiroler „Volks-Zeitung" 1892–1896.

Christoph von Hartungen und Günther Pallaver veranstalteten 1983 im Rahmen der „Gaismair-Tage" mit Blick auf das südliche Tirol das Symposium „Arbeiterbewegung und Sozialismus", dem sich eine Publikation anschloss.

Die 1982 gegründete Johann-August-Malin-Gesellschaft hat in ihrer Schriftenreihe zahlreiche Publikationen zur Geschichte der Vorarlberger Arbeiterbewegung und zum regionalen antifaschistischen Widerstand herausgegeben. Der 1984 veröffentlichte Sammelband „Im Prinzip Hoffnung" entstand in Begleitung zur Bregenzer Ausstellung „Arbeiterbewegung in Vorarlberg 1870–1946". 1985 folgte der Band „Von Herren und Menschen. Verfolgung und Widerstand in Vorarlberg 1933–1945". 1994 konnte die Malin-Gesellschaft mit Reinhard Mittersteiners „,Fremdhäßige', Handwerker & Genossen. Die Entstehung der sozialdemokratischen Arbeiterbewegung in Vorarlberg" eine Gesamtdarstellung vorlegen.

Die Tiroler Michael-Gaismair-Gesellschaft hat 2003 den biographisch ausgerichteten Sammelband „Sozialdemokratie in Tirol. Die Anfänge" (herausgegeben von Rainer Hofmann und Horst Schreiber) publiziert. 2012 folgte in der Schriftenreihe „Studien zu Geschichte und Politik" Gisela Hormayrs Band „,Ich sterbe stolz und aufrecht'. Tiroler SozialistInnen und KommunistInnen im Widerstand gegen Hitler". 2022 hat Gisela Hormayr für diese Reihe „Aufbruch in die ,Heimat des Proletariats'. Tiroler in der Sowjetunion 1922–1938" verfasst.

Mit dem vorliegenden Band zur Geschichte des österreichischen Streikrechts und österreichischer Arbeitskämpfe setzt die Michael-Gaismair-Gesellschaft, begleitet von _erinnern.at_, diesen Themenschwerpunkt fort.

Innsbruck, Frühjahr 2023
Horst Schreiber

Vorbemerkung

1870 hat die österreichische Arbeiterklasse das Koalitionsrecht errungen. Sozialdemokratische Arbeitsrechtler wie Isidor Ingwer oder Leo Verkauf haben in den Jahren vor 1914 vor dem Hintergrund großer und radikaler, oft mit militärischer Gewalt unterdrückter Arbeitskämpfe (z. B. Wiener Ziegelarbeiterstreik 1895, Bergarbeiterstreik 1900) beschrieben, wie das Koalitions- und Streikrecht vom habsburgischen Behörden- und Justizapparat zu Lasten der Arbeiter bis hin zur offenen Repression eingeschränkt wurde.

Viele Arbeiter und Arbeiterinnen wurden selbst wegen angeblich geringfügiger Verstöße gegen das Koalitionsgesetz vom 7. April 1870 belangt, deshalb das Titelmotto „wegen der geringsten Vergehen gegen das Koalitionsrecht!", entnommen aus dem Bericht des Vorarlberger Gewerkschaftssekretariats für das Jahr 1910, erschienen in „Die Gewerkschaft. Organ der Gewerkschaftskommission Österreichs" vom 14. April 1911.

Innsbruck, Frühjahr 2023
Peter Goller

1. Leo Verkauf und Isidor Ingwer über das Koalitions- und Arbeitskampfrecht

Leo Verkauf (1858–1933), zwischen 1897 und 1901 sozialdemokratischer Reichsratsabgeordneter, war in den 1890er Jahren als gewerkschaftlicher Rechtsberater in (böhmischen) Arbeitskämpfen tätig. Seit den 1880er Jahren hat Verkauf zu Fragen des Arbeitsrechts, der Arbeiterschutzgesetzgebung publiziert. Als Rechtskonsulent der Wiener Genossenschaftskrankenkassa entwickelte sich Verkauf zum Experten für das Sozialversicherungsrecht.[1]

Auch Isidor Ingwer (1866–1942, in das KZ Theresienstadt deportiert, dort umgekommen) war bereits Mitte der 1890er Jahre als junger Wiener Anwalt in der Rechtsberatung der in großen Lohnkämpfen bedrängten Bergarbeiter eingesetzt.[2]

In Verkaufs Kritik des Strafgesetzentwurfes werden 1894 Anklänge an Karl Marx' Rede vom Recht als bürgerlichem Klassenrecht sichtbar.

In seiner „Geschichte des Arbeiterrechtes in Österreich" – ursprünglich in drei Beiträgen im von Ernst Mischler und Josef Ulbrich herausgegebenen „Österreichischen Staatswörterbuch" veröffentlicht – bot Leo Verkauf 1905 nicht nur eine Darstellung des geltenden Koalitionsrechtes und seiner Geschichte, nicht nur einen Überblick über die rechtlich-administrativen Beschneidungen des Arbeitskampfrechts, sondern auch eine knappe Geschichte der österreichischen Arbeiter- und Gewerkschaftsbewegung: von den Arbeiterbildungsvereinen des konstitutionellen Jahres 1867 über die erste Unterdrückung der Bewegung im „Hochverratsprozess" 1870, vom ersten Fraktionskampf zwischen sozialliberalen „Gemäßigten" und Arbeitersozialisten im Vorfeld des Neudörfler Parteitages 1874, über den organisatorischen Einbruch infolge der kapitalistischen Depression nach Ende des „Gründerfiebers" 1873 bis hin zum zweiten Flügelkampf zwischen Arbeiterradikalen und (reformistischen) Sozialdemokraten im Vorfeld des „Einigungsparteitages" von Hainfeld 1888/89 reichend. Verkauf deutet auch die vereinsrechtlichen Hürden für die gewerkschaftlichen Fachvereine an, etwa das Verbot, überlokal zentrale Verbände zu bilden, ferner die Schwierigkeiten, die sich aus der richtungsmäßigen Spaltung zwischen den freien sozialdemokratischen und den christlichsozialen Gewerkschaften, insbesondere aber auch aus der nationalen Spaltung zwischen der deutschsprachigen Wiener Gewerkschaftskommission und der Prager tschechischen Kommission ab 1896/97 ergaben. Das gewerkschaftliche Unterstützungswesen (für Arbeitslose, Kranke usw.) wurde nicht zuletzt durch den Versuch, die entsprechenden Vereine der „bürgerlichen Versicherungstechnik" und damit der direkten staatlichen Aufsicht nach dem Vereinspatent von 1852 zu unterstellen, behindert, wie Verkauf in einem eigenen Abschnitt beschreibt.

Verkauf, der 1892/93 an der Errichtung der zentralen österreichischen Gewerkschaftskommission in Wien beteiligt war, beschreibt neben einigen streikstatistischen Angaben und einigen Hinweisen zur Aussperrungspolitik des Kapitals auch die Stellung der Gewerkschaften zum Arbeitskampf, so das „Streikreglement" von 1894.

So wie Isidor Ingwer mit seinem „sogenannten Arbeitsvertrag" (1895) und mit seinem „Arbeitsverhältnis nach österreichischem Recht" (1905) legt Leo Verkauf 1905 auch einen Abschnitt zum Individualarbeitsrecht vor, zu den Arten des Arbeitsvertrages, zu den Lohnformen, den Formen des Abschlusses und der Auflösung der Verträge. Ebenfalls gleich Isidor Rosners und Isidor Ingwers „Kollektivvertrag" (1903 bzw. 1905) fügt Leo Verkauf ein Kapitel über die seit den 1890er Jahren vermehrt einsetzende Kollektiv-/Tarifvertragsbewegung ein.

Wie Isidor Ingwer zeigt sich auch Leo Verkauf an Anton Mengers sozialer Jurisprudenz, an Mengers „bürgerlichem Recht und die besitzlosen Volksklassen", einer Kritik des Entwurfs für ein bürgerliches Gesetzbuch für Deutschland, orientiert. Hatte Anton Menger 1890 die „Dürftigkeit der Bestimmungen" des BGB-Entwurfs zum Dienst- und Lohnvertrag kritisiert, so sieht Verkauf das Koalitionsrecht der österreichischen Arbeiterklasse durch eine Strafgesetznovelle gefährdet.

Der „Juristensozialist" Anton Menger, der 1886 in seinem „Recht auf den vollen Arbeitsertrag" Karl Marx' Mehrwerttheorie, den Historischen Materialismus, abgelehnt hatte, galt Isidor Ingwer und seinem langjährigen Kanzleipartner Isidor Rosner 1903 trotzdem als Vordenker eines sozialistischen Rechtsystems. In einer Besprechung von Mengers „Neuer Staatslehre" halten sie fest, dass dieser 1890 gezeigt hat, „wie die deutschen Gesetzgeber die Interessen der besitzlosen Volksklassen, auch wenn man die grundlegenden Prinzipien unseres heutigen Privatrechts als Ausgangspunkt anerkennt, in dem Entwurfe verletzten". Auch wenn manches bei Menger – etwa im Familienrecht – kleinbürgerliche Züge, manches unbestimmt utopisch sei, auch wenn sich Menger nicht konsequent zur Republiklosung durchringen konnte, gilt für Ingwer und Rosner: „Was Savigny für das historische, war Menger für die soziale Rechtswissenschaft. Während aber Savigny zur neuerlichen Unterwerfung der Völker unter das Joch des römischen Herrenrechtes beigetragen hat, hat Menger für das Recht der Unterdrückten gestritten."[3]

Isidor Ingwer bezog sich in vielen Arbeiten auch auf das sozialpolitische Werk des linksliberalen böhmischen Arztes und Reichsratsabgeordneten Franz Moritz Roser, der 1869 mehrere parlamentarische Anträge zur Herabsetzung der täglichen Arbeitszeit auf zehn Stunden, zum Verbot der Kinderarbeit, zur Einführung von Fabrikinspektoren und zur Aufhebung der in den Paragraphen 479 bis 481 des Strafgesetzbuches 1852 festgeschriebenen Koalitionsverbote eingebracht hatte.[4]

Wiederholt hat Isidor Ingwer auf die arbeiterfreundliche soziale Rechtswissenschaft des „fortschrittsliberalen" Wiener Rechtsanwalts Julius Ofner verwiesen. 1910 hat Ofner als Reichsratsabgeordneter die Beseitigung des § 85 der Gewerbeordnung, wonach der Kontraktbruch der Arbeiter (etwa bei Austritt aus Anlass eines Streiks ohne Einhaltung der Kündigungsfrist) nicht nur strafbar ist, sondern auch zivile Schadenersatzansprüche nach sich ziehen kann, beantragt. Ofners „soziales Recht" und sein schon 1885 formuliertes „Recht auf Arbeit", seine Kritik einer romanistischen Begriffsjurisprudenz und sein Beitrag zur Reform der „Dienst- und Werkvertrag"-Bestimmungen im Zug der ABGB-Teilnovellierung fanden Ingwers Zustimmung.

So wie Ingwer und Rosner sich für ihre Arbeiten zum Staats- und Verfassungsrecht auf Karl Marx' und Friedrich Engels' Analysen zur Revolutionsbewegung von 1848 („Klassenkämpfe in Frankreich" oder „Revolution und Konterrevolution in Deutschland") stützten, so wie Ingwer sich in seiner Ablehnung der bürgerlich-rechtlichen Kategorie des „sogenannten freien Arbeitsvertrages" auf die Abschnitte zur „Ware Arbeitskraft" und zur Mehrwerttheorie in Marx' „Kapital I" berufen hat,[5] so benützte er für seine Arbeiten zum gewerkschaftlichen Koalitionsrecht Karl Marx' „Anti-Proudhon" (1847).

Karl Marx hat in seiner unter dem Titel „Das Elend der Philosophie" veröffentlichten Kritik am französischen Sozialisten Pierre-Joseph Proudhon den Wert der „Strikes und Arbeiterkoalitionen" verteidigt. Proudhon hatte gewerkschaftliche Organisationen und Lohnkämpfe als nutzlos qualifiziert. Marx hielt dem entgegen: „So hat die Koalition stets einen doppelten Zweck, den, die Konkurrenz der Arbeiter unter sich aufzuheben, um dem Kapitalisten eine allgemeine Konkurrenz machen zu können. Wenn der erste Zweck des Widerstandes nur die Aufrechterhaltung der Löhne war, so formieren sich die anfangs isolierten Koalitionen in dem Maße, wie die Kapitalisten ihrerseits sich behufs der Repression vereinigen zu Gruppen und gegenüber dem stets vereinigten Kapital wird die Aufrechterhaltung der Assoziationen notwendiger für sie als die des Lohnes."[6]

Isidor Ingwer hat die Geschichte des englischen Koalitions- und Streikrechts, die sukzessive, allerdings von sonderrechtlichen Strafbestimmungen begleitete, in den 1820er Jahren erfolgte Aufhebung der Organisationsverbote von 1799 nach der von den „Sozialfabianern" Beatrice und Sidney Webb verfassten „Geschichte des englischen Trade-Unionismus" beschrieben.[7]

Nach einem Einschub über die französische Verbotsgeschichte seit den Tagen der bürgerlichen Revolution von 1789 und über die Sanktionsnormen des Code Pénal (1810) führte Ingwer noch die Bestimmungen des belgischen Koalitionsgesetzes von 1867 an, „weil es – wie der Justizminister Dr. Herbst wiederholt hervorhob – dem österreichischen Gesetze [1870] zum Vorbild gedient hat".

Für die Länder des Deutschen Bundes referierte Ingwer nach den 1898/99 in der sozialistischen Theoriezeitschrift „Neue Zeit" erschienenen „Beiträgen zur Geschichte des Koalitionsrechts in Deutschland", verfasst von Max Schippel, einem Vertreter des revisionistischen Parteiflügels der Sozialdemokratie. 1869 wurde im norddeutschen Reichstag im Weg der Gewerbeordnung das Koalitionsrecht zugestanden und zugleich „verstümmelt", wie Schippel formulierte: „Neben der Freiheit des Koalitionsrechts in § 152 bringt jedoch die Gewerbeordnung bekanntlich sofort in § 153 eine arge Verstümmelung derselben Freiheit." Diese strafrechtliche Begrenzung galt als „unentbehrliches Korrelat" des Koalitionsrechts: „Der § 153 der Reichsgewerbeordnung droht außergewöhnliche Strafen an für den Fall, dass bestimmte Thaten – körperlicher Zwang Drohungen, Ehrverletzungen oder Verrufserklärungen – in Verbindung stehen mit Koalitionen. Es wird für diese Thaten ein Sonderstrafrecht geschaffen, falls sie darauf hinwirken oder hinwirken sollen, dass Andere an Koalitionsverabredungen ‚theilnehmen oder ihnen Folge leisten' oder ‚von solchen Verabredungen zurücktreten'. Körperlicher Zwang, Drohung, Ehrverletzung, Verrufserklärung werden schärfer wie sonst oder unter Umständen überhaupt erst strafbar, wenn sie von der verbrecherischen Absicht, einen Koalitionsverband aufrecht zu erhalten, begleitet sind. Dem allgemeinen Strafgesetzbuch, das natürlich für den Theilnehmer an einer Koalition genau so gilt wie für jeden Staatsbürger, hat man noch ein kleines Ausnahmegesetz an die Seite gegeben, das seine Zuchtrute nur gegen Koalitionstheilnehmer ausstreckt."[8]

Der „Kathedersozialist" Lujo Brentano verteidigte die Arbeitskampfmittel der Gewerkschaften (Streikversammlungen, Streiksicherung, Streikposten,

Sammeln von Solidaritätsgeldern) gegen die von Kaiser Wilhelm II. initiierte „Zuchthausvorlage", so 1899 in dem von Ingwer viel benützten Vortrag „Der Schutz der Arbeitswilligen". Brentano verweist in einem eindrucksvollen Bild auf das brüchige Recht der Arbeiterorganisationen: „Die Arbeiter haben das Koalitionsrecht, aber wenn sie davon Gebrauch machen, werden sie bestraft."[9]

Die Sanktionierung des Aufrufs zum Streik, die Bestrafung von Streikposten – in Deutschland nach dem § 153 der Gewerbeordnung, analog dem § 3 des österreichischen Koalitionsgesetzes 1870 – erklärt Brentano für Koalitionsfreiheit widrig, ja dies würde das den Arbeitern gewährte „Koalitionsrecht illusorisch machen": „Unter die sogen. Aufreizung zum Streik fällt jedwede Aufforderung, sich an einer Arbeitseinstellung zur Erzielung besserer Arbeitsbedingungen zu betheiligen; unter das Postenstehen jedwede Mittheilung, dass irgendwo die Arbeiter sich im Ausstand befinden. Beides sind an sich absolut rechtmäßige Mittel zur Verwirklichung eines gesetzlich erlaubten Zweckes. Ohne Anwendung dieser Mittel kann dieser Zweck in sehr vielen, ja z. Z. wohl in den meisten Fällen gar nicht erreicht werden."

Ingwer übernimmt Brentanos Klage, wonach durch repressive Auslegung des Versammlungsrechts ein Großteil der Koalitionsaktivitäten, der Streikorganisation unterlaufen wird. Zum häufigen generellen Verbot von Streikversammlungen kommt etwa der von vornherein feststehende Ausschluss bestimmter Gruppen (Frauen, Jugendliche): „Wo solche Verbote bestehen, haben die Arbeiter zwar theoretisch das Koalitionsrecht, aber wer davon Gebrauch macht, kann wegen Verfehlung gegen das Vereins- und Versammlungsrecht bestraft werden."

Bei Brentano fand Ingwer auch beschrieben, dass die zivilrechtliche Beschränkung des Koalitionsrechts durch die Normierung, dass Verabredungen zur Erzielung höherer Löhne, so wie Arbeitgeberabsprachen, kein Klagerecht nach sich ziehen, keine rechtliche Wirkung haben, in Österreich § 2 Koalitionsgesetz, nur die Arbeiterschaft trifft: „Diese Bestimmung, wodurch die Nichtklagbarkeit der Koalitionsverabredungen ausgesprochen wird, richtet sich thatsächlich lediglich gegen die Arbeiter. Die Arbeitgeber wussten ihn schon zur Zeit A. Smiths's, wie dieser berichtet, zu umgehen, indem sie trockene Wechsel bei der Vereinsleitung hinterlegten, welche von dieser im Fall des Abfalls von der Vereinbarung zur Zahlung präsentirt wurden. So ist es noch heute."

Ingwer begrüßt es, wenn Brentano in spöttischer Manier die bürgerlichen Unternehmermotive zum Schutz der „arbeitswilligen" Streikbrecher als heuchlerisch karikiert. Hinter dem vorgetäuschten „Schutz der Arbeitswilligen" verbirgt sich der Schutz von Kapitalinteressen, der Schutz der „Profitwut der Unternehmer": „Aber nicht im eigenen Interesse [der Kapitalisten] ist es, dass sie erhöhten Schutz der Arbeit verlangen; nein, sie thun dies lediglich im Interesse der einzelnen Arbeiter, die nur durch den Druck, der durch ihre Genossen auf sie geübt werde, genöthigt würden, nicht zu arbeiten, und namentlich im Interesse der Arbeiterfrauen, die ihnen oft unter Thränen hierüber geklagt hätten."

Die Statistik der Streikstrafen würde – so Brentano 1899 in seinem vor dem Hintergrund der „Zuchthausvorlage" gehaltenen Vortrag – eher für Milderung und Herabsetzung der Sanktionen sprechen als für die geforderte drastische Anhebung.[10]

1900 hat Philipp Lotmar, der 1888 als sozialdemokratischer Intellektueller dem deutschen „Sozialistenverbot" ausweichend von München an die Universität Bern übergetreten war, im Rahmen einer Studie über „Tarifverträge zwischen Arbeitgebern und Arbeitnehmern" eine rechtliche Absicherung der alltäglich beschränkten Koalitionsfreiheit verlangt. Ingwer zitiert 1909 Lotmars an Lujo Brentano erinnernde drastische Aussage: „Die gänzliche Koalitionsfreiheit ist nur Unverbotenheit und Straflosigkeit: Die Koalition ist frei, nämlich vogelfrei und ein Koalitionsrecht ist noch zu schaffen. (Brauns Archiv [für soziale Gesetzgebung und Statistik], XV. Band, Seite 58ff.)".[11]

Carl Legien, seit den 1890er Jahren Vorsitzender der Generalkommission der deutschen Gewerkschaften, 1914 Befürworter eines Streikverzichts im Rahmen der „Burgfriedenspolitik", 1918 Gegner einer räterepublikanischen Revolution, hat 1899 im Auftrag der deutschen Gewerkschaften die Denkschrift „Koalitionsrecht der deutschen Arbeiter in Theorie und Praxis" verfasst. Legien belegte, wie die „Auslegungskünste der Juristen" die 1869 gewährte Koalitionsfreiheit durchlöchern. Anhand vieler Beispiele aus Legiens Dokumentation konnte Isidor Ingwer 1909 das analoge Vorgehen der österreichischen Gerichtsinstanzen und Behörden nachverfolgen.[12]

Hugo Haase, Arbeiteranwalt, 1907 Verteidiger von Karl Liebknecht in einem politischen Prozess wegen dessen Antimilitarismus, SPD-Reichstagsabgeordneter, von 1911 bis zum Bruch mit der „Burgfriedenspolitik" der Sozialdemokratie Parteivorsitzender, dann 1916 Rückkehr zum proletarischen Internationalismus, hat mit seinem 1902 veröffentlichten Aufsatz „Koalitionsrecht und Erpressung" einem Isidor Ingwer besonders viele Leitmotive vorgegeben.

So wie der § 153 der ab 1871 gesamtdeutschen Gewerbeordnung die Anwendung von körperlichem Zwang, von Drohungen, Ehrverletzungen oder Verrufserklärungen im Zusammenhang mit dem Beitritt zu einer Koalition „mit Gefängnis bis zu drei Monaten bestraft, sofern nach dem allgemeinen Strafgesetz nicht eine härtere Strafe eintritt", so war dies unter der Vorgabe

„Mittel der Einschüchterung oder Gewalt" auch im österreichischen Koalitionsgesetz vorgesehen. Hugo Haase schließt daraus, dass der § 153 eine Ausnahmerechtsnorm, ein gegen die Arbeiterklasse gerichtetes Sonderrecht darstellt, das etwa nach dem Strafgesetzbuch mit gar keiner Strafe oder nur mit geringer Geldstrafe sanktionierte Handlungen mit Gefängnis ahndet: „In demselben Augenblick, in welchem der Gesetzgeber durch den § 152 ein Ausnahmerecht beseitigt, erzeugte die Furcht vor den Arbeiterkoalitionen das neue strafrechtliche Ausnahmegesetz des § 153, damit – wie es hieß – das Koalitionsrecht nicht in Koalitionszwang ausarte. Das im § 152 gewährleistete Prinzip der Koalitionsfreiheit verblasste vor den Augen der Arbeiterfeinde sehr bald, der daneben aufgerichtete Galgen des § 153 erstrahlte dagegen in um so hellerem Lichte. Die Auffassung, welche in den Worten des Herrn von Puttkamer Ausdruck fand: ‚Hinter jedem Strike lauert die Hydra der Revolution', spiegelt sich auch in der Rechtsprechung wider. Viele Juristen können sich noch immer nicht an den Gedanken gewöhnen, dass das Recht zu striken, gesetzlich garantirt ist, pflegen sie doch vor dem bloßen Worte ‚Strike' allemal drei Kreuze zu schlagen.

Während der § 152 im Wege der Auslegung immer mehr eingeschränkt wird, erfährt die Strafvorschrift des § 153 eine ungeahnte Ausweitung. Weniger Bewegungsfreiheit für die Koalitionen und mehr Straffälle – das ist das Ergebnis der Rechtsprechung. Reicht der § 153 der Gewerbeordnung nicht aus, so wird die ‚Lücke' durch den § 253 des Strafgesetzbuchs, den Erpressungsparagraphen, ausgefüllt; versagt dieser Paragraph, so steht der Paragraph 153 der Gewerbeordnung wieder in Hilfsbereitschaft, und neuerdings kommen sie beide in ‚idealer Konkurrenz' zur Anwendung. Nach der Rechtsprechung des Reichsgerichtes droht die Bestrafung wegen Erpressung den koalirten Arbeitern sowohl bei den Unterhandlungen mit den Unternehmern über Lohn- und Arbeitsbedingungen, als auch bei der Werbung von Mitgliedern für die Organisationen."

Selbst die einfachste Beschimpfung des Streikbrechers, die vorsichtigste Warnung und Beratschlagung („Na, du wirst ja sehen!", besonders verpönt der bloße Ruf „Streikbrecher!") werden – so Hugo Haase – vom Reichsgericht mit der Begründung „auf die Form der Drohung kommt nichts an" unter Erpressung subsumiert, obwohl die Streikenden in keinerlei Bereicherungsabsicht gehandelt haben. So wird das Streikrecht ein „papierenes", ein Recht „von Polizeignaden", wenn die Mittel zum Arbeitskampf über jedes Maß durch Gerichtsentscheid eingeschränkt werden: „Ist die Arbeitseinstellung zur Erlangung günstiger Lohn- und Arbeitsbedingungen gestattet, so muss auch ihre Ankündigung zu diesem Zwecke erlaubt sein."

Isidor Ingwer variiert auch folgendes Haase-Zitat 1909 für die österreichischen Verhältnisse: „So werden die Arbeiter in allen solchen Fällen entweder mit der Rute des § 153 der Gewerbeordnung [entspricht § 3 öst. Koalitionsgesetz] gepeitscht oder mit den Skorpionen des § 253 des Strafgesetzbuches [entspricht § 98 des öst. StGB 1852] oder in ‚idealer Konkurrenz' mit beiden traktiert. (…) Manche ehrenwerte Arbeiter, die im Lohnkampf mit dem Unternehmer verhandeln, mancher ehrliche Arbeiter, der durch Paktieren mit den streitenden Teilen einen drohenden Lohnkampf verhindern will, manche für ihre Organisation werbenden Arbeiter werden auf die Anklagebank gebracht und – wenigstens in den Straflisten – von Rechtswegen als Erpresser gebrandmarkt werden. Aber in den Augen ihrer Klassengenossen und darüber hinaus bis in weite bürgerliche Kreise, soweit sie nicht durch die Scharfmacherpolitik vergiftet sind, wird ihnen dieses Brandmal der Erpressung nichts von ihrer Achtung und Ehre rauben."[13]

Vereins- und Versammlungsrecht gegen Streikende

Leo Verkauf und Isidor Ingwer beschreiben, wie das Vereins- und Versammlungsrecht repressiv gegen Streikende angewendet wird. Nach § 6 Vereinsgesetz 1867 werden gewerkschaftliche Fachvereine laufend aufgelöst: „Wenn der Verein nach seinem Zwecke oder nach seiner Einrichtung gesetz- oder rechtswidrig oder staatsgefährlich ist, kann die Landesstelle dessen Bildung untersagen."

Streikversammlungen können sowohl nach Vereins- als auch Versammlungsrecht verboten bzw. aufgelöst werden. Nach § 21 Vereinsgesetz sind Vereinsversammlungen vom anwesenden Regierungskommissar zu schließen, „wenn sich in der Versammlung gesetzwidrige Vorgänge ereignen, wenn Gegenstände in Verhandlung genommen werden, welche außerhalb des statutenmäßigen Wirkungskreises des Vereines liegen, oder wenn die Versammlung einen, die öffentliche Ordnung bedrohenden Charakter annimmt".

Die Geschichte der Arbeitervereine und Fachvereine ist geprägt von Auflösungen wegen Überschreitung des statutarischen Wirkungskreises nach § 24. Gewerkschaftliche Vereine werden liquidiert, weil sie (angeblich) statutenwidrig Streikunterstützungen ausgezahlt haben: Jeder Verein kann aufgelöst werden, „wenn er seinen statutenmäßigen Wirkungskreis überschreitet oder überhaupt den Bedingungen seines rechtlichen Bestandes nicht mehr entspricht".

Soweit die Arbeiterorganisationen als „politische Vereine" eingestuft waren, unterlagen sie noch schärferer behördlicher Kontrolle. Sie mussten nicht nur ihre Mitglieder melden, es war ihnen auch untersagt, „Zweigvereine (Filialen) zu gründen, Verbände unter sich zu bilden, oder sonst mit anderen Vereinen, sei es durch schriftlichen Verkehr, sei es durch Abgeordnete, in Verbindung zu treten".

Laufend kam in Arbeitskämpfen auch der § 6 des Versammlungsgesetzes zum Tragen: „Versammlungen, deren Zweck den Strafgesetzen zuwiderläuft oder deren Abhaltung die öffentliche Sicherheit oder das öffentliche Wohl gefährdet, sind von der Behörde zu untersagen."[14]

Ausnahmezustand, „Prügelpatent", Abschiebungen

Bei schwer eskalierenden Arbeitskämpfen – so bei einem böhmischen Bergarbeiterstreik 1882 – wurde zusätzlich zu starkem Militäreinsatz auch die förmliche Verhängung des Ausnahmezustandes in den Raum gestellt. Auf Grundlage des Gesetzes vom 5. Mai 1869, „womit auf Grund des Artikel 20 des Staatsgrundgesetzes vom 21. December 1867, RGBl. Nr. 142, die Befugnisse der verantwortlichen Regierungsgewalt zur Verfügung zeitweiliger und örtlicher Ausnahmen von den bestehenden Gesetzen bestimmt werden", konnten Grundrechte, wie jenes der „Freiheit der Person", des Hausrechts, des Briefgeheimnisses, des Vereins- und Versammlungsrechts oder der Pressefreiheit suspendiert werden. Faktisch war gerade über die mährisch-böhmischen Streikregionen in den 1890er Jahren häufig eine Art Ausnahmezustandsregime verhängt.

Gegen streikende Arbeiter sehen Leo Verkauf und Isidor Ingwer das ganze Arsenal willkürlich administrativer und polizeilicher Maßnahmen in Stellung gebracht, so neben einem Erlass zur streikbrechenden Militärassistenz, also dem Einsatz von fachkundigen Soldaten, vor allem das so genannte „Prügelpatent", die kaiserliche Verordnung vom 20. April 1854, „wodurch eine Vorschrift für die Vollstreckung der Verfügungen und Erkenntnisse der landesfürstlichen politischen und polizeilichen Behörden erlassen wird" (RGBl. Nr. 96/1854).

Auf dieser Grundlage wurden Streikposten etwa wegen „Passagenverstellens" von Wachorganen im kurzen Weg arretiert. Ingwer vergleicht diese Vorgangsweise mit dem „Groben-Unfug-Paragraphen" im deutschen Strafrecht.

Ganz abgesehen davon, dass – so Ingwer – ein Streik ohne Streikposten wie ein Krieg ohne Wachtposten ist, gehen sowohl Verkauf als auch Ingwer davon aus, dass ein derartig freihändiges, täglich geübtes polizeiliches Verbotsrecht nicht einmal durch das „Prügelpatent" gedeckt ist.

Sowohl Leo Verkauf als auch Isidor Ingwer stützen sich dabei auf eine Studie des Wiener Verwaltungsrechtsdozenten Carl Brockhausen, der 1896 in „Grünhuts Zeitschrift für das Privat- und Öffentliche Recht der Gegenwart" dargelegt hatte, dass selbst nach dem „Prügelpatent" den Polizeibehörden kein Verbotsrecht an sich zusteht, dass jeder polizeiliche Maßnahmenakt vielmehr eine spezifische gesetzliche Regelung voraussetzt.

Brockhausen hat überzeugend dargetan, dass auf Grund des § 7 des „Prügelpatents" den politischen und polizeilichen Behörden ein Verbotsrecht überhaupt nicht zukommt. Brockhausen zitiert den § 7: „Ist im Wirkungskreise der politischen oder polizeilichen Behörden ein Verbot erlassen worden, solches mag sich auf eine einzelne Handlung oder auf eine bestimmte Gattung von Handlungen beziehen, so haben die betreffenden politischen oder polizeilichen Behörden zur Durchsetzung dieser Vorschrift unmittelbar gegen diejenigen, welche das Verbot zu übertreten suchen oder in dessen Nichtbeachtung verharren, die zum Zwecke führenden Vollzugs- und Executionsmittel in Anwendung zu bringen, und die für den Fall der Übertretung oder Widersetzlichkeit bestimmte oder in Ermanglung einer ausdrücklichen besonderen Strafsanction die im § 11 festgesetzte Strafe zu verhängen."

Auch wenn viele Juristen annehmen, dass das „Prügelpatent" durch die Staatsgrundgesetze aufgehoben sei, prägte es weiter bis 1918 eine „vormärzliche" Polizeipraxis, die glaubte, ohne diese Maßnahmenermächtigung gar nicht auskommen zu können. Nach Brockhausen hat dieses polizeiliche Verbotsrecht aber gar „niemals zu Recht" bestanden: „Es ist nicht gerechtfertigt, wenn aus der kaiserlichen Verordnung vom 20. April 1854 das Recht für die politischen und polizeilichen Behörden abgeleitet wird, Verbote zu erlassen, zu welchem sie nicht bereits durch anderweitige gesetzliche Basis legitimirt sind."[15]

Isidor Ingwer vertrat viele politisch missliebige Gesellen, die als Streikaktivisten kurzerhand als „ausweis- und bestimmungslose Individuen" abgeschoben wurden. Bis zur Aufhebung durch das Koalitionsgesetz 1870 konnten „Streikrädelsführer" nach § 481 StGB entfernt werden. Ab 1871 wurden viele Arbeitskämpfe eingedämmt, indem die Behörden die besten Vertrauensleute der Streikenden nach den Bestimmungen von „Vagabundengesetzen" abschoben oder dauernd auswiesen („abschafften"), so nach dem Gesetz vom 27. Juli 1871, RGBl. 88, „in Betreff Regelung der polizeilichen Abschaffung und des Schubwesens" gegen „Landstreicher und sonstige arbeitsscheue Personen". Mit dem „Vagabundengesetz" vom 24. Mai 1885, RGBl. Nr. 89, „womit strafrechtliche Bestimmungen in Betreff der Zulässigkeit der Anhaltung in Zwangs- oder Besserungsanstalten getroffen werden", erhielten die Verwaltungsbehörden eine weitere Waffe im Kampf gegen die Arbeiterbewegung.

„Kontraktbruch", Arbeitsbuch

Ein Blick in die jährliche amtliche Streikstatistik konnte verdeutlichen, dass Abstrafungen nach der Kontraktbruchregelung des § 85 der 1885 novellierten Gewerbeordnung neben Verurteilungen nach § 3 Koalitionsgesetz zu den häufigsten Maßregelungen zählten. So heißt es in der die Verurteilungen kaum vollständig erfassenden Zusammenstellung über „die Arbeitseinstellungen und Aussperrungen in Österreich während des Jahres 1911": „Als kontraktbrüchig im Sinne des § 85 Gewerbeordnung wurden 79 Streikende verurteilt."

Mit Recht zählte Isidor Ingwer 1912 die gewerbebehördliche Strafbarkeit des Kontraktbruchs, also vor allem jene des Austritts aus dem Arbeitsverhältnis aus Anlass eines Streiks ohne Einhaltung der Kündigungsfrist, neben dem Arbeitsbuch zu einer der zentralen „Fesseln des Koalitionsrechtes". Ingwer unterstützte den von den sozialdemokratischen Reichsratsabgeordneten und Gewerkschaftlern Johann Smitka und Anton Schrammel 1909/10 eingebrachten sowie von Julius Ofner unterstützten Antrag auf Abschaffung dieser „asymmetrisch" auf die Arbeiterschaft begrenzten Strafbarkeit. Nach rechtsstaatlichen Kriterien soll es keinen Weg vom allein zivilrechtlich relevanten Vertragsbruch zum Strafrecht geben.

Smitka, Schrammel und Genossen beantragten, dass an die Stelle des derzeitigen § 85 Gewerbeordnung 1885, RGBl. 22, folgende Bestimmung tritt: „§ 85 Vorzeitiger Austritt. Wenn ein Hilfsarbeiter den Gewerbeinhaber ohne gesetzlich zulässigen Grund (§ 82 a und 101) vorzeitig verlässt, so ist der Gewerbeinhaber berechtigt, den Hilfsarbeiter zur Rückkehr in die Arbeit für die fehlende Zeit zu verhalten und Ersatz des erlittenen Schadens zu begehren. Der Betrag des vom Gewerbeinhaber anzusprechenden Schadens darf nie höher sein als der Lohn und die sonst vereinbarten Genüsse, der dem Arbeiter für die ganze Kündigungsfrist, beziehungsweise für den noch übrigen Teil der Kündigungsfrist auszuzahlen gewesen wäre."

Den Antragstellern zufolge war es eine Anomalie an sich, dass der vertragsbrüchige Arbeiter einer Übertretung der Gewerbeordnung schuldig sein kann, weil damit „die Einhaltung eines privatrechtlichen Kontraktes unter öffentlichrechtliche Strafsanktion" gestellt ist, und vor allem auch, „weil eine analoge Bestimmung für den Kontraktbruch des Arbeitgebers fehlt". Die weitere zivilrechtliche Bestimmung, „die Schadenersatzforderungen des Unternehmers auf den Betrag des 14tägigen Lohnes des Arbeiters zu beschränken, ist eine Forderung der Billigkeit, da auch der Arbeiter im Falle des Kontraktbruches des Unternehmers nicht mehr fordern kann".

Die Schadenersatzansprüche gegen Streikende und deren Verbände waren nämlich durchaus nicht harmlos, wie Ingwer 1912 beobachtet: „Viele von Ihnen werden sich denken: Schließlich und endlich kann es uns gleichgültig sein, wenn Arbeiter zur Zahlung von ein paar tausend Kronen verurteilt werden, sie haben nichts und man wird bei ihnen auch nichts finden. Das ist nicht wahr. Es sind mir gerade in meiner Praxis Fälle vorgekommen, die sich besonders schwierig gestaltet haben. Während eines Streiks der Brauereiarbeiter hat sich folgender Fall ereignet: Es hat sich da um Brauer gehandelt, die außerhalb Wiens arbeiten. Nun ist Ihnen bekannt, dass auf dem Lande kleine Grundbesitzer, kleine Häusler, die als Landwirte oder als Hausbesitzer nicht so viel verdienen, als sie zu ihrem Unterhalt brauchen, genötigt sind, in Fabriken zu arbeiten. Gerade bei diesem Streik der Brauereiarbeiter ist es vorgekommen, dass unter diesen Arbeitern viele kleine Besitzer waren, darunter Leute, die ursprünglich gar nicht der Organisation angehört haben und die nur durch die mächtige Streikbewegung mitgerissen wurden, sich freiwillig dem Streik angeschlossen und so während des Streiks der Organisation große Dienste geleistet haben. Diese Leute wurden nun auf Schadenersatz geklagt, weil die Maische dadurch, dass die Arbeiter die Arbeit eingestellt haben, verdorben wurde, und so ein Schade von Tausenden von Kronen erwachsen ist. Diese Leute wurden auch verurteilt. Nun waren sie der Gefahr ausgesetzt, dass sie ihr kleines Besitztum verlieren. (…)

Das ist aber nicht nur bei dem Streik der Brauereiarbeiter vorgekommen. Erst im vergangenen Jahre war in Böhmen ein Streik der Textilarbeiter, bei dem die Unternehmer ebenfalls auf Ersatz eines Schadens, den sie mit vielen Tausenden von Kronen bezifferten, geklagt haben. Es wurde eine Unmasse von Arbeitern geklagt und es wurde nach dem berühmten Muster der Versuch gemacht, die Organisation zu packen; es wurde daher auch die Union der Textilarbeiter als Mitschuldige belangt, weil sie den Kontraktbruch angeblich veranlasst haben soll." In diesem Fall vergeblich![16]

Unter einem verlangte Ingwer die Abschaffung der Arbeitsbücher, der „Steckbriefe" gegen die Sklaven des Kapitalismus, der „Fußkette der polizeilicher Legitimation". Das Arbeitsbuch degradiert den Proleten gerade auch im Streikzusammenhang „zu einem Paria", da er in den Arbeitsbüchern nicht nur mit geheimen Zeichen als Sozialist markiert wird, sondern auch als Streikteilnehmer. Arbeiter, die seit 1890 für die Bewegung des 1. Mai agitiert haben, werden nicht nur über „schwarze Listen", sondern auch dadurch gebrandmarkt, dass das Entlassungsdatum in Buchstabenform „erster Mai" in das Arbeitsbuch eingetragen wird. Johann Smitka, Anton Schrammel und Genossen beantragten deshalb 1909 im Reichsrat auch die Beseitigung der in der Gewerbeordnung vorgesehenen Arbeitsbücher: „Der vorliegende Antrag bezweckt die Beseitigung eines jahrhundertealten Schandflecks des österreichischen Arbeiterrechts, die Beseitigung des Legitimationszwanges für alle Kategorien von gewerblichen Arbeitern, die Beseitigung des Arbeitsbuches in allen seinen Formen. (…) Für den Arbeiter aber ist das Arbeitsbuch eine wahre Kette, die er in seinem ohnehin so dornenvollen Leben mit sich fortschleppen muss. (…) Das Arbeitsbuch ist daher das Merkmal der Sklaverei, der Hörigkeit, der gelbe Fleck, der all denen angeheftet wird, die als Ausgestoßene, als Minderwertige, als Kontrollbedürftige angesehen werden. (…) Das Arbeitsbuch belastet aber auch die Gerichte mit einer Unzahl von Prozessen der unleidlichsten Art. Kein Gebiet des Arbeitsrechtes ist so kontrovers wie gerade dieses. Da muss entschieden werden, ob der Arbeitgeber berechtigt ist, das Arbeitsbuch zurückzubehalten, wenn das Arbeitsverhältnis nicht ordnungsmäßig gelöst wurde, wie lange er es zurückbehalten darf, ob er es bei sich behalten oder ob er es bei der Gemeinde, bei der Polizei oder bei Gericht deponieren darf. Es muss entschieden werden, ob eine gemachte Eintragung zulässig, aber überflüssig, ob sie unzulässig, ob sie schlechtweg zulässig ist. (…) Ein Gewerbegericht erklärt die Eintragung ‚Wegen Streik entlassen' für unzulässig, das andere für zulässig." Arbeitsbuch und Kontraktbruchregelung wurden erst im Jänner 1919 in den ersten Tagen der Republik beseitigt.[17]

„Erpressung": Streik und Strafrecht

Sowohl Isidor Ingwer als auch Leo Verkauf sahen den § 2 des Koalitionsgesetzes, der Streikvereinbarungen jede rechtliche Wirkung absprach, als ausdehnend angewendeten zivilrechtlichen Schutz des Streikbrechers an. Auch das mit der Vereinsauflösungsdrohung bewehrte, dem Arbeitskampf hinderliche Verbot, wonach Gewerkschaften keine Streikgelder sammeln durften, wurde bürgerlich rechtlich begründet. Da solche Solidaritätsunterstützungen auch rechtswidrig aus dem Arbeitsvertrag ausgetretenen Arbeitern zukommen konnten, wurden solche Ansprüche nach den §§ 878 und 879 ABGB als unmöglich oder unerlaubt qualifiziert, zumal sie gegen gesetzliche Verbote und gegen die guten Sitten verstoßen könnten, wie dies Leo Verkauf anhand von Gerichtsentscheidungen dokumentiert. Im „Volkstümlichen Handbuch des Österreichischen Rechtes" druckten Isidor Ingwer und Isidor Rosner 1908 eine Musterklage an das Reichsgericht wegen Auflösung eines Fachvereins der Schneider ab, weil dieser angeblich statutenwidrig Streikende unterstützt hat.

Ein verschärfter strafrechtlicher Schutz der „Arbeitswilligen" stand in den letzten Jahren vor dem Weltkrieg auf der Daueragenda der Industriellenbünde. Ab 1907 verlangen Unternehmerverbände ein „neues" Koalitions- und Streikrecht, wie dies zwei Jahrzehnte später in vorfaschistischen Jahren 1930 mit dem „Bundesgesetz zum Schutz der Arbeits- und Versammlungsfreiheit (,Antiterrorgesetz')", also mit dem Schutz der so genannten „negativen Koalitionsfreiheit" gelingen sollte.[18] (*Vgl. Anhang 5 und 6*)

Die schon 1889 von Justizminister Friedrich Graf Schönborn geplante Strafgesetznovelle zur Verschlechterung und Kriminalisierung des Koalitions- und Streikrechts hat Leo Verkauf 1894 zeitaktuell kommentiert. Vor dem Hintergrund verschärfter Streikkämpfe (im Bergbau) verlangte der streng konservative Ackerbauminister Julius Graf Falkenhayn im Mai 1890 eine Verschärfung des Koalitionsgesetzes von 1870, um den „Umtrieben fremder und einheimischer Agitatoren" entgegentreten zu können: „Diese Agitatoren üben selbst auf die friedlich gesinnten Arbeiter eine solche Vergewaltigung aus, dass letztere selbst bei Vorhandensein militärischen Schutzes oft nicht den Muth haben, die Arbeit wieder aufzunehmen."

Die jüngeren Entwürfe einer Strafrechtsreform von 1906 aufwärts hat Isidor Ingwer gemeinsam mit Isidor Rosner in der Linie der wilhelminischen „Zuchthausvorlage" von 1898/99 und in der Linie des rigiden Streikerlasses des preußischen Innenministers Robert Puttkamer aus dem Jahr 1886 gesehen, weshalb Ingwer mit Blick auf die Strafrechtsreformer Heinrich Lammasch und Hugo Hoegel auch von „unseren Puttkamers" spricht: Diese Entwürfe würden Solidaritätskämpfe für entlassene Vertrauensleute, Abwehrstreiks, Streiks um die Aufrechterhaltung der Organisation bei gleichzeitiger Erleichterung von Aussperrungen erschweren.

Das deutsche, 1899 im Reichstag abgelehnte „Gesetz zum Schutze des gewerblichen Arbeitsverhältnisses", bekannt als die berüchtigte „Zuchthausvorlage", hatte hohe Zuchthausstrafen für Streikaktivisten, einen excessiven Schutz von Streikbrechern und ein Verbot der Streikposten vorgesehen. Innenminister Puttkamer hatte ein gutes Jahrzehnt zuvor 1886 im Streik weniger den Kampf um bessere Lohn- und Arbeitsbedingungen gesehen als die angeblich dahinterstehende sozialdemokratische Agitation zur Verschärfung der Klassengegensätze, zur sozialrevolutionären Schürung des Klassenhasses, bekannt über Puttkamers Sager: „Hinter jeder einer solchen Arbeitseinstellung lauert die Hydra der Gewalttat und Anarchie." Puttkamer verlangte deshalb, zum Schutz der „Arbeitswilligen" die Ausnahmebestimmungen des Bismarckschen Sozialistenverbots von 1878 anzuwenden.[19]

Ist die Streikankündigung unter den strafrechtlichen Tatbestand der Erpressung (§ 98 StGB) subsumierbar, kann dies der gefährlichen Drohung, der versuchten Nötigung zugerechnet werden bzw. soll dies im Zug der seit langem anstehenden Strafrechtsreform ermöglicht werden? Kann die bloße Drohung mit einem Streik strafbar sein, wenn der Streik selbst straffrei bleibt?[20]

Während mehrere parlamentarische Unternehmerpetitionen im Jahrzehnt vor Kriegsbeginn 1914 eine Verschärfung der Strafbestimmungen des § 3 Koalitionsgesetz einklagten, sah der (nicht realisierte) Lammasch-Högelsche Entwurf deutlich angehobene Freiheits- und Geldstrafen („Gefängnis oder Haft von drei Tagen bis zu sechs Monaten oder an Geld von 20 bis 2000 Kr. Mit der Freiheitsstrafe kann Geldstrafe von 50 bis zu 2000 Kr. verbunden werden.") vor, wenn sich jemand „vorsätzlich durch Ausnützung der wirtschaftlichen Notlage des anderen Vertragsteiles einer aus einem Lohnvertrag entspringenden Pflicht entzieht, um sich oder einem Dritten einen Vermögensvorteil zuzuwenden".

Isidor Ingwer kritisierte eine Judikatur, die das Koalitionsrecht der Arbeiterschaft, die „organisatorischen Bestrebungen" der Gewerkschaften durch eine inflationäre „Handhabung des Erpressungsparagraphen" hemmt. Ingwer beschreibt dazu einen die Gewerkschaften beunruhigenden Fall aus dem Jahr 1905. Ein neu eintretender Metallarbeiter wird von zwei Vertrauensleuten bedrängt, dem Verband der Eisen- und Metallarbeiter beizutreten, u. a. mit den Worten: „Überlegen Sie sich es, entweder Sie lassen sich aufnehmen oder wir lassen Sie gar nicht anfangen." Die beiden Gewerkschaftler wurden deshalb vom Landesgericht Wien im November 1905 „auch tatsächlich des Verbrechens der Erpressung schuldig erkannt".[21]

1913 wurden zwei Wiener Wäschereiarbeiterinnen wegen Erpressung angeklagt. Sie haben zu arbeitswilligen Kolleginnen während eines Arbeitskampfes gesagt: „Es kann Ihnen passieren, dass Sie ein Ständchen bekommen und keine Arbeit mehr finden können." bzw. „Die Leute werden nach dem Streik weiterarbeiten und Sie nicht mehr arbeiten lassen und Sie werden in keiner Wäschereifabrik mehr Beschäftigung finden." Da dies in einem „zuredenden Ton" vorgebracht worden sei, wurden die Angeklagten vom Vorwurf der Erpressung freigesprochen, da solche Äußerungen zwar ein „Mittel der Einschüchterung" sein könnten, „wegen ihres Tones und des Mangels der Intensität [aber] nicht geeignet sind, den Tatbestand herzustellen, den das Verbrechen der Erpressung" voraussetzt. (Die Gewerkschaft vom 25. Februar 1913)

Am 16. September 1913 berichtet „Die Gewerkschaft", dass Unternehmer, die Arbeiter zum Austritt aus Organisationen zwingen, nie wegen Erpressung angeklagt werden, während jüngst wieder „zwei Bauarbeiter, die sich bemühten, einen vertragsbrüchigen Unternehmer zur Einhaltung der vereinbarten neunstündigen Arbeitszeit, die er mit unorganisierten Leuten überschritt, zu veranlassen, und weiters auch darum, die Leute der Organisation zuzuführen", vom Wiener Landesgericht wegen Erpressung zu sechs Wochen und sechs Monaten Kerker verurteilt wurden.

Ingwer schloss schon 1909 die rhetorische Gegenfrage an, „ob Unternehmer, wenn sie Arbeiter mit Entlassung bedrohen, falls sie aus der Organisation nicht austreten, ebenfalls wegen Erpressung bestraft werden". Für Österreich galt das, was ein deutsches Unternehmerblatt 1907 in zynisch triumphierender Offenheit so beschrieben hat: „Man kann es nicht oft genug wiederholen, dass es verboten ist, einen Arbeiter zum Eintritt, aber erlaubt, ihn zum Austritt aus der Organisation zu zwingen."[22]

Der Sozialdemokratische Parteitag von 1912 protestierte in einer Resolution gegen die Verschlechterung des Koalitionsrechts, vor allem gegen die angedachte „Vernichtung des Koalitionsrechtes der Eisenbahner und der Angestellten der öffentlichen Betriebe", wie sie dann im Vorfeld der Kriegserklärung im Sommer 1914 im Zug einer Streiknotverordnung Wirklichkeit werden sollte. Der Parteitag verlangte nicht nur wieder einmal die Abschaffung der Arbeitsbücher und der Strafbarkeit des Kontraktbruchs, sondern auch eine Beseitigung jener Polizeiwillkür, die Streikposten ohne rechtlichen Grund „zum Verlassen ihres Postens aufforderte oder sie gar, wie es täglich vorkommt, verhaftet und nach dem Prügelpatent bestraft". Der Resolutionspunkt bezüglich der Entkriminalisierung des Streiks trug die Handschrift von Isidor Ingwer: Es sind die „strafgesetzlichen Bestimmungen über Erpressung und gefährliche Drohung (§§ 98 und 99 StG.), die seit sechs Jahren gegen den Wortlaut des Gesetzes mit klassenbewusster Brutalität auf Arbeiter angewendet werden, welche aus den edelsten Motiven [ohne Gewinnabsicht] im Interesse ihrer Organisation tätig sind", abzuändern. Vor allem müsse aber die bloße Warnung vor „einem Übel, von dem der Genötigte weiß oder ohnehin wissen muss, dass es eintreten werde, wenn die geforderte Handlung, Duldung oder Unterlassung nicht erfolgt", straffrei gestellt werden.[23]

Spätestens 1929 wusste Isidor Ingwer, wovon er sprach, hatte er doch oft genug gewerkschaftlich aktive Arbeiter, die wegen Nötigung oder Erpressung im Zusammenhang mit „Koalitionszwang" angeklagt waren, verteidigt. Im Dezember 1929 referierte Ingwer vor dem Wiener Metallarbeiterverband aus Anlass des geplanten Gesetzes „zum Schutz gegen Nötigung und die Störung von Versammlungen" über „Koalitionsrecht und Antiterror": „Aber kommt Zeit, kommt Rechtsbruch. Man ist auf die Idee verfallen, Arbeiter, die aus den edelsten, selbstlosesten Motiven handelten, zu Erpressern zu stempeln."

Die freien sozialdemokratischen Richtungsgewerkschaften waren zu diesem Zeitpunkt seit der Niederlage im Juli 1927, als die Arbeiterproteste im Zusammenspiel von bürgerlichem Staatsapparat, d. h. Bürokratie, Bundesheer, Polizei, mit streikbrechender „Technischer Nothilfe" und rechten Heimwehrparamilitärs niedergeschlagen worden waren, im Rückzug begriffen. In der kapitalistischen Weltwirtschaftskrise gerieten die Organisationen der Arbeiterklasse nicht nur als „Koalitionsterroristen" unter Druck, auch sozialpolitisch gerieten sie in die Defensive. So forderte der „Handelskammertag" der Unternehmer 1930 massive Sozialabbaumaßnahmen, u. a. Reduktion der Abfertigung und der Entgeltfortzahlung im Krankheitsfall, Herabsetzung der Überstundenentlohnung um 50 Prozent, Beschränkung der Unterstützungsdauer bei Arbeitslosigkeit.

Isidor Ingwer kannte den realen Organisationszwang, der von den „gelben", vom Kapital geförderten heimwehrfaschistischen Pseudogewerkschaften, wie sie besonders aggressiv in den Werken der Alpine Montangesellschaft mobilisiert wurden, ausging. Dort wurden keine sozialdemokratisch organisierten Arbeiter geduldet.[24]

In den verschiedenen Regierungsvorlagen zum Schutz der „Organisationsfreiheit" – in Kollektivverträgen festgeschriebene Organisationsklauseln galten nach diesen als sittenwidrig – sah Ingwer 1929 Pläne für ein „Ausnahmegesetz allerschlimmster Art, ein lebensgefährliches Attentat gegen die Koalitionsfreiheit der Arbeiter". Den österreichischen Arbeitern droht mit dem „Antiterrorgesetz" eine neue „Zuchthausvorlage". In zynischer Umkehr erklärten bürgerliche Regierungsvertreter und Juristen der Kapitalverbände, die „Gewerkschaftsfreiheit" werde nicht von den Unternehmern, sondern von den freien Gewerkschaften gefährdet, folglich bedürfe es neuer Bestimmungen zum Schutz der „negativen Koalitionsfreiheit".

Ingwer sah hinter der „Antiterrorbewegung" die vorfaschistische Tendenz, gewerkschaftliche Arbeit zu denunzieren. Die Erpressungs- und Nötigungsdogmatik bürgerlicher Juristen führt ausschließlich zur Diskriminierung der Arbeitervertreter, denn, so Ingwer: „Haben Sie schon einmal gehört, dass ein Unternehmer wegen Erpressung verurteilt wurde, weil er den Arbeitern gesagt hat: ‚Wenn Sie aus dem Metallarbeiterverbande nicht austreten, werde ich Sie alle entlassen?' (Lebhafte Zustimmung.) Das haben Sie noch nicht gehört, ich auch nicht. Diese Fälle kommen aber sehr oft vor. Unzählige Strafanzeigen wurden gegen Unternehmer wegen solcher Äußerungen erstattet. Haben Sie gehört, dass auch nur einer angeklagt wurde? Eine Idee. Oder verurteilt wurde? Ausgeschlossen."

Ingwer ruft im Dezember 1929 die freien Metallgewerkschafter dazu auf, den diffamierten „Koalitionszwang" als solidarische Errungenschaft der Arbeiterklasse zu sichern. Das Gesetz muss aussprechen, „dass die Erklärung der Angehörigen einer Berufsorganisation, mit Personen, die keiner Berufsorganisation angehören, nicht zusammenarbeiten zu wollen, weder strafbar ist, noch zum Schadenersatz verpflichtet". Ingwer sieht im „Nichtorganisierten" den Zwillingsbruder des Streikbrechers, der zwar von den kollektivvertraglichen Errungenschaften der Gewerkschaften profitiert, um sie gleichzeitig zu gefährden: „Bei der Organisationsarbeit handelt es sich nämlich nicht bloß darum, dem großen Heere neue Streiter zuzuführen, sondern auch darum, dass die Erfolge der Organisation durch Indifferente und insbesondere durch bewusste oder unbewusste [„gelbe"] Söldlinge der Unternehmer – und deren gibt es in der Arbeiterschaft mehr als man ahnt – nicht vereitelt werden. Je stärker, je mächtiger eine Organisation ist, desto weniger kann sie es dulden, dass in den einzelnen Betrieben ihre dem Arbeiterstand angehörenden Feinde die in jahrzehntelangen Kämpfen errungenen Früchte zerstören. Nur böse Absicht kann es leugnen, dass der nichtorganisierte Arbeiter in den Fabriken, in den Werkstätten und überall, wo sich fleißige Menschenhände regen, für die Arbeiterklasse eine ständige Gefahr bedeutet. Er ist der geborene Lohndrücker, der Verschlechterer der Arbeitsbedingungen, der Spion des Unternehmers im Lager der Arbeiter und sehr oft der zielbewusste Vereitler aller auf die Verbesserung ihrer Lebenslage gerichteten Bestrebungen."

Ingwer forderte vergeblich „die Aufnahme der Bestimmung in den Nötigungsparagraphen, dass er auf Streiks keine Anwendung findet": „Es wäre aber verbrecherisch, den Zwang aus idealen Motiven der Erpressung oder Nötigung gleichzustellen", wie dies der zuständige Ministeriallegist Ferdinand Kadecka vorgesehen hat.

Kadecka, später Strafrechtsprofessor an der Universität Wien, steigt – für Ingwer – aus den Trümmern des Arbeits- und Strafrechts empor, „in der Hand die Zuchthausvorlage Wilhelm II. in tausendmal verschlechterter Auflage" haltend: „Wird der § 499a [des StG-Entwurfs] Gesetz, dann Ade Koalitionsrecht, Ade Koalitionsfreiheit".[25] Der Kadecka-Entwurf – schlussendlich wurde der „Koalitionszwang" 1930 nicht im Rahmen des Strafgesetzes, sondern in Form des „Antiterror"-Spezialgesetzes sanktioniert – ist ein Anschlag auf das Koalitionsrecht. Mit diesem Ausnahmegesetz könnte selbst der Streik „in der harmlosesten Form als Nötigung" bestraft werden.[26]

Neben Isidor Ingwer traten der Wiener Anwalt und Verfassungsrichter Arthur Lenhoff, ein 1938 vertriebener Arbeitsrechtsdozent der Universität Wien, der 1930 bei Springer in Wien ein Büchlein „Die Koalition als Grundlage des Arbeitsrechts" herausgeben sollte, sowie der SP-Nationalratsabgeordnete und sozialpolitische Referent der Gewerkschaftszeitung „Der Metallarbeiter" Viktor Stein (1940 im KZ Sachsenhausen ermordet) und der 1934 nach den Februarkämpfen verhaftete und entlassene Arbeiterkammerjurist Hermann Heindl gegen das „Antiterrorgesetz" auf.[27]

2. Aus der Geschichte der Streikdisziplinierung und Gewerkschaftsrepression seit 1867[28]

Mit der im Gefolge der liberalen Staatsgrundgesetze Ende 1867 einsetzenden Gründungswelle von Arbeiterbildungsvereinen und gewerkschaftlichen Fachvereinen kam es in den Jahren der Konjunktur des spekulativ kapitalistischen „Gründungsfiebers" zu zahlreichen Lohn- und Streikbewegungen. Angesichts der sozialdemokratischen Tendenz dieser Arbeitervereine und konfrontiert mit der vermehrten proletarischen Klassenbewegung reagierte der Staatsapparat schon ab 1868 mit polizeilich administrativer Unterdrückung, die im Sommer 1870 in einem antisozialistisch inszenierten Hochverratsprozess und in der sich auf die §§ 24 und 25 des Vereinsgesetzes 1867 stützenden Auflösung unzähliger Arbeiterorganisationen gipfelte. Die Anklage wegen Hochverrats und öffentlicher Gewalttätigkeit stützte sich auf die Paragraphen 58b, 76 und 214 StG 1852.[29]

Im Herbst 1868 wurde ein „sozialdemokratisches Komitee" aufgelöst. Ein allgemeines österreichisches Arbeiterverbrüderungsfest in Wien, auf dem unter anderem volle Koalitionsfreiheit verlangt werden sollte, wurde untersagt. Politische Inhalte wurden als gesetzwidrige „Statutenüberschreitung" geahndet. Die wenigen Querverbindungen zur Internationalen Arbeiterassoziation (IAA) wurden unterbunden.

Die Sympathie für das als „staatsgefährlich" qualifizierte Eisenacher Programm der deutschen Sozialdemokraten und die am 13. Dezember 1869 in einer Demonstration von 20.000 Arbeitern vor dem Wiener Reichsrat ihren Höhepunkt findende Agitation für das Koalitionsrecht sowie die Anfang 1870 von den Arbeiteraktivisten Josef Krosch und Andreas Scheu mit organisierten Proteste im nordwestböhmischen Reichenberg endeten in Verhaftungen und in blutigem Militäreinsatz.[30]

Laut der erstmals 1908 veröffentlichten Gewerkschaftsgeschichte von Julius Deutsch kam es 1868/69 zu Arbeitsausständen in einer Wiener Schuhfabrik, von Eisenbauarbeitern in Simmering, von Buchdruckern an mehreren Orten, von Schlossern in Graz, von Schneidergehilfen in Prag oder von Werftarbeitern in Triest.[31]

Im Sommer 1869 streikten die Brünner Textilarbeiter gegen massiven Widerstand der Unternehmer und Behörden ein Monat lang, unterstützt vom lokalen Arbeiterbildungsverein: „In mehreren Arbeitervereinen der Monarchie wurden Solidaritätskundgebungen und Sammlungen durchgeführt. Der Brünner Streik hatte in der Arbeiterschaft starken Widerhall gefunden, weil er der bedeutendste der vielen Streiks des Jahres 1869 war." Um im Frühjahr 1870 einen großen Wiener Buchdruckerstreik zu unterdrücken, wurden vom Militärkommando des Setzens und Druckens kundige Soldaten als Streikbrecher eingesetzt. Mitte der 1870er Jahre wurden Lohnbewegungen der Buchdrucker von den Behörden schon prophylaktisch behindert, indem etwa 1875 der Redakteur der Vereinszeitung „Vorwärts" unter dem Vorwurf der Agitation aus „allen im Reichsrate vertretenen Königreichen und Ländern" ausgewiesen wurde.

Viele Streiks endeten mit Niederlagen und in der Auflösung von Arbeitervereinen. Folglich warnte die sozialdemokratische „Volksstimme" im April 1870 vor zu großer Streikeuphorie. Verlorene Streiks kämen verlorenen Schlachten gleich: „Durch Arbeitseinstellungen wird die soziale Frage nicht gelöst." Arbeitskämpfe seien als „Linderungsmittel und Agitationsmittel gegen das soziale Elend" anzusehen.

Der sozialdemokratische Parteihistoriker Ludwig Brügel (1866–1942 im KZ Theresienstadt) schildert 1922 das juristisch administrative Vorgehen anhand eines Grazer Schneiderstreiks im September 1869, also kurz vor dem Inkrafttreten des Koalitionsgesetzes im April 1870 im Licht der noch geltenden strafrechtlichen Bestimmungen aus 1852. Brügel zitiert aus einem Polizeivermerk vom Februar 1870 „über die Abstrafung der Rädelsführer der im September 1869 stattgehabten Arbeitseinstellung der Schneidergehilfen": „Die im Sinne des § 481 StGB bei dem hiesigen k. k. städt. del. Bezirksgericht wegen gemeinsamer Arbeitseinstellung abgeführte Strafverhandlung resultierte in einer Verurteilung der als Rädelsführer erkannten Schneider Anton Straßer, Wenzel Peschan, Josef Hederer und Wilhelm Moser wegen Übertretung des vorzitierten Paragraphen und zwar des erstgenannten zu acht Tagen, der drei letzteren zu je sechs Tagen Arrest. Die Vollziehung dieses Strafkenntnisses vom 25. Oktober 1869, nach welchem gegen Straßer, Peschan und Hederer auch die Abschaffung aus dem Kronlande Steiermark Platz griff, wussten die Genannten jedoch unter Anwendung aller gesetzlich möglichen Rechtsmittel der Berufung und von Strafaufschubgesuchen so lange hintanzuhalten, dass deren endlicher Abgang erst am 6. d. M erfolgte. Der hiesige Arbeiterbildungsverein ‚Vorwärts' wollte die abgeschafften Vereinsmitglieder in Masse mit der Vereinsfahne aus der Stadt begleiten."

Zum 23-jährigen Schneider Wilhelm Moser – er wird 1871 an der durch die Haft verschlechterten Lungentuberkulose sterben – hält die Grazer Staatsanwaltschaft am 28. August 1870 fest, dass er ein aktiver sozialdemokratischer Agitator mit Querverbindungen womöglich zur „Genfer Internationale" im aufgelösten Arbeiterverein „Vorwärts" gewesen war: „Einen ebenso werktätigen Einfluss nahm derselbe an dem Streik der Schneidergehilfen in Graz, und wurde deshalb wegen Mitschuld der nach § 479 St.G. strafbaren Übertretung mit sechstägigem Arrest bestraft."[32]

Im März 1870 wurde ein in eine Sozialrevolte übergehender Streik in den Textilfabriken des Gablonzer und Reichenberger Bezirks von Infanteriekompanien per Bajonettangriff liquidiert, fünf Tote blieben zurück. Herbert Steiner berichtet: „Im März 1870 fanden im Reichenberger Bezirk, in den Textilfabriken von Tannwald und Swarow, Streiks der Arbeiter statt. Damals war das vom Reichsrat beschlossene Koalitionsrecht noch nicht in Kraft, es wurde erst im April 1870 verlautbart. Abermals schritt die bewaffnete Macht gegen die streikenden Arbeiter ein. (…) Im April fand in Wien eine Solidaritätskundgebung für die blutigen Opfer des Streiks von Swarow statt. Große Empörung und Trauer rief die Nachricht vom Tod des beliebten Reichenberger Arbeiterführers [Josef] Krosch in seinem Prager Gefängnis hervor."[33]

Emil Strauß (1889–1942 im KZ Buchenwald) schildert in seiner Parteigeschichte 1925 die „Schüsse von Swarow" im Detail. Ständige Schikanen, Lohnstrafen haben die Arbeiter in den sozialen Widerstand getrieben. Strauß nennt die Namen der „auf diesem Schlachtfelde des Klassenkampfs" gefallenen Arbeiter. Er beschreibt auch die weitere Bewegung: „Im Dezember 1871 erschütterte der erste größere Streik das nordwestböhmische Braunkohlenrevier, die Bergleute von Dux stellten die Arbeit ein, weil die Bergherren die geforderte Lohnerhöhung beharrlich verweigerten. In den Monaten April, Mai und Juni 1872 herrschte im Reichenberger Gebiet ein wahres Streikfieber – die günstige Geschäftskonjunktur erreichte damals kurz vor dem Zusammenbruch von 1873 den Höhepunkt – viele Hunderte von Arbeitern legten die Arbeit nieder. (…) Größeren Umfang nahm ein Ausstand im Katharinberger Tal an, der sich rasch auf 39 Spinnereien ausdehnte. Der Streik dauerte sechs Wochen und brachte den Arbeitern einen bedeutenden Erfolg. Die Löhne wurden erhöht, die Arbeitszeit verkürzt." Die Arbeiter ließen sich von behördlicher Maßregelung, von gerichtlichen Verurteilungen und vom Umstand, dass viele abgeschoben „den Wanderstab nehmen" mussten, nicht einschüchtern. Arbeitskämpfe in Bodenbach oder im westböhmischen Asch folgten.[34]

Im Frühjahr 1871 kam es zu so vielen Lohnkämpfen, dass der sozialdemokratische „Volkswille" am 6. Mai 1871 vor „nicht im mindesten organisierten und nur ins Blaue hinein vom Zaun gebrochenen" Streiks warnte, da sie nicht unterstützt werden könnten und deshalb meist erfolglos blieben. Trotz der bedrückenden Lohn- und Arbeitszeitverhältnisse sollte mehr taktisch vorgegangen werden. Außerdem gab es getragen von „Lohnfondstheorien", die wie das (von Ferdinand Lassalle anerkannte) „eherne Lohngesetz" von einer durch soziale Kämpfe nicht beeinflussbaren marktökonomischen Bestimmtheit der Lohnhöhe ausgingen, generell Zweifel am Nutzen von Streiks.

Julius Deutsch zählt für das Frühjahr 1871 folgende Lohnkämpfe auf: „Kleidermacher in Judenburg und in Laibach, die Müllerburschen in Fischamend, die Gold-, Silber- und Juwelenarbeiter in Wien, die Schneider in Lemberg, die Tischler (teilweise in Wien), die Arbeiter der Tramwaygesellschaft in Hernals, die Hafnergehilfen in Graz, die Hutmacher in Klagenfurt, die Manufakturabteilung (teilweise) in Wien, die Hornknopfarbeiter in Ottakring, die Metallarbeiter (teilweise) in Wien, die Sattler-, Riemer- und Taschnergehilfen in Wien usw. usw."

Fachvereine, denen eine Beteiligung an bzw. die Unterstützung von Streiks unterstellt wurde, wurden nach § 24 Vereinsgesetz aufgelöst, so 1872 der Gewerkschaftsverein der Wiener Brauereigehilfen und der Fortbildungsverein der Buchdrucker, der Juwelenarbeitern ein Streikdarlehen von 100 Gulden gewährt hatte. Auch der Gewerkverein der Schneider wurde anlässlich eines Streiks behördlich aufgelöst. Die Bildung eines überregionalen Gewerkschaftsverbandes war nach § 6 Vereinsgesetz vorab als „staatsgefährlich" untersagt worden.

Diese Vorgangsweise wurde über die Jahrzehnte immer wieder gewählt, so wurde im März 1888 der Wiener Fachverein der Bäcker „polizeilich sistiert", um zu verhindern, dass er einen Streik von 7000 Bäckergehilfen weiter unterstützen kann. Laufende Vereinsversammlungen wurden verboten bzw. von den anwesenden Regierungskommissären aufgelöst. Die Löschung erfolgte unter dem Vorwand, dass sich der Vorstand eine „Autorität in einem Zweig der staatlichen Exekutivgewalt" angeeignet hat, indem er sozialstatistische Erhebungen über die Lage der Bäckergesellen durchgeführt hatte, weshalb er „im Sinne des § 20 des Gesetzes über das Vereinsrecht vom 15. November 1867, RGBl. Nr. 134" und „auf Grund der [Ausnahmezustands-] Verordnung des hohen Gesamtministeriums vom 30. Jänner 1884, RGBl. Nr. 15, beziehungsweise des § 6, lit. a des Gesetzes vom 5. Mai 1869, RGBl. Nr. 66" einzustellen gewesen sei.[35]

Über Lohnkämpfe an der von der sozialdemokratischen Bewegung erst in Anfängen tangierten Peripherie wie in Oberösterreich berichtet Anton Weiguny, Mitglied des 1868 in Linz gegründeten Arbeiterbildungsvereins, später oft „August Bebel von Linz" genannt: „Im Frühjahr 1870 organisierten sich die Schneider zu einer Lohnbewegung." Die Löhne waren miserabel: „Die Arbeitszeit war eine willkürliche, überaus lange." Nacht- und Sonntagsarbeit waren üblich. In den Jahren bis 1873 folgten Streiks der Schumacher, der Tischler und Zimmerer.[36]

In Tirol, wo erst 1875 in Innsbruck ein sozialdemokratisch ausgerichteter Arbeiterbildungsverein gegründet werden konnte, streikten im Juli 1872 die Schuhmachergehilfen über eine Woche mit teilwesem Erfolg für die Anhebung der sehr niedrigen Löhne um 25–40%. Unmittelbar nach Kampfbeginn wurde das neunköpfige Streikkomitee in vorbeugende Untersuchungshaft genommen und nach § 3 Koalitionsgesetz zu zwei Tagen Arrest verurteilt.[37]

Die zahlreichen Arbeitskämpfe 1872/73 – unzählige Werkstattstreiks, lokale Branchenausstände – versetzten das Bürgertum in Unruhe. Herbert Steiner verweist u. a. auf viele Wiener, auch Salzburger Handwerkerstreiks, auf einen Streik der Spinner in Bielitz (Schlesien), bei dem es zu Zusammenstößen mit dem Militär kam. An vorderer Streikfront finden sich immer wieder die Brünner Textilarbeiter. Die Fabrikanten bemühten sich um Militärunterstützung in Form von zum Streikbruch einsetzbaren Präsenzsoldaten. So verlangten 1872 niederösterreichische Bierbrauereien (in diesem Fall vergeblich) Militärassistenz an: „Das Gremium der Buchdrucker und die Allgemeine österreichische Transportgesellschaft erbaten sich beim Buchdrucker- und Kutscherstreik gleichfalls Militärassistenz. (…) Im Jänner 1873 kam es in Bleiburg, Kärnten, ebenfalls zu größeren Arbeiterunruhen. Als die Unternehmer und die lokale Gendarmerie mit den Arbeitern nicht fertig werden konnten, schritt Militär aus Villach ein. Ursache der Empörung war die selbstherrliche Verlängerung der täglichen Arbeitsschicht um eine Stunde durch die Direktion (…)."

Mit dem „Börsenkrach" von 1873, den Jahren der Depression, der Arbeitslosigkeit, des dramatischen Rückgangs der Reallöhne um mindestens ein Drittel ging die Streikbereitschaft stark zurück. Zahlreiche Arbeiterorganisationen, gewerkschaftliche Fachvereine erlitten dramatische Mitgliederverluste, viele zerfielen ganz. Ein Übriges trug die nach dem sozialdemokratischen Parteitag von Neudörfl 1874 erneut einsetzende „Hochverratsjustiz" bei.

Bemerkenswert war deshalb ein von sozialdemokratischen Arbeitern geleiteter Streik der Brünner Textilarbeiter 1875. Die Löhne der Textilproletarier waren um 40% gesunken: „Am 13. Juni 1875 meldete die Brünner Polizeidirektion, dass Arbeitervertrauensleute für einen Streik agitieren, der dann auch um den 20. Juni 1875 ausgerufen wurde. Das Streikplakat wurde von der Polizei beschlagnahmt. Es streikten ca. 2000 Textilarbeiter. Nach über einem Monat ist die Streikbewegung Ende Juli mit einem Teilerfolg einer 15–20%

Lohnerhöhung zu Ende gegangen." Ein Manufakturarbeiterverein, der Streikunterstützungen ausbezahlte, wurde Anfang Juli 1875 behördlich aufgelöst. Die maßgeblichen Funktionäre wurden verhaftet, bewaffnete Militäreinheiten gingen gegen demonstrierende Streikende vor: „Alle Streikenden, die nicht nach Brünn zuständig waren, wurden von der Polizei ausgewiesen. (…) Inzwischen waren aus Brünn 900 Arbeiter ausgereist, 40 saßen im Gefängnis und über 200 blieben arbeitslos. Die Unternehmer nahmen ihre Rache an den Arbeiterfunktionären. Der Brünner Polizeidirektor berichtete darüber am 11. August [1875]: ‚Die Mitglieder des Streikkomitees und die meisten Vertrauensmänner, welche, ungeachtet unter ihnen tüchtige und geschickte Weber sind, ebenfalls keine Arbeit erhalten können, fangen bereits an, um ihre künftige Existenz besorgt zu werden.'"

Selbst gegen kleinere Streiks wie jene des Jahres 1877 in Wien und Umgebung, in Mähren und Böhmen, die sich gegen ständige Lohnsenkungen richteten, wurde Gendarmerie, oft auch Militär eingesetzt: „Beim Streik der Wollwarenfabrikarbeiter in Asch, Böhmen, erschossen die Gendarmen einen Arbeiter und verletzten mehrere andere schwer."

1882/83 – vor dem Hintergrund der in die beiden Flügel der „Gemäßigten" und „Radikalen" gespaltenen sozialistischen Arbeiterbewegung – setzen wieder zahlreiche Gewerkschaftskämpfe ein: „Im Jahre 1882 gab es umfangreiche gewerkschaftliche Kämpfe der Bergarbeiter Böhmens, der Buchdrucker Wiens und verschiedener einzelner großer Betriebe.

Zu den größeren Streiks um Verbesserung der Löhne und Herabsetzung der Arbeitszeit gehörten in Wien und Niederösterreich jene der Nordbahnarbeiter, der Vöslauer Kammgarnfabrik und der Meidlinger Eisen- und Emailwarenfabrik. In der Steiermark gab es im Kohlenrevier und im obersteirischen Industriegebiete einige wirtschaftliche Kämpfe größeren Ausmaßes. Die Polizei erklärte in ihren Berichten über die Streiks: ‚Die Einstellung der Arbeit erfolgte in diesen Fällen zweifellos, ja teilweise nachgewiesenermaßen unter dem Einfluss sozialistischer Agitation und zeigten die Beteiligten sich wohl organisiert.'"[38]

Die Buchdrucker und Schriftsetzer streikten an der Jahreswende 1882/83 für angehobenen Minimallohn, für Arbeitszeitbeschränkungen, für die Aufhebung der Sonntagsarbeit. Der Kampf musste nach rund acht Wochen abgebrochen werden. Von den zahlreichen Arretierungen waren die Arbeiter unbeeindruckt geblieben. Es gelang ihnen aber nicht, den zahlreichen Zuzug von Streikbrechern zu unterbinden. Die Gewerkschaft „hatte die ungeheure Summe von 70.000 Gulden Unterstützungsgelder ausgezahlt. Den Buchdruckereibesitzern war es aber gelungen, aus verschiedenen Teilen Österreichs und vor allem aus dem Ausland graphische Arbeiter nach Wien zu bringen, mit denen sie die wichtigsten Arbeiten durchführen konnten. Ein Teil der Maschinenmeister fiel den Streikenden in den Rücken (…)." Immer wieder musste der Buchdruckerverein seine Streikkassa, seine Tarifschutzgelder durch Umgehung vor behördlicher Beschlagnahme sichern, indem man – so etwa später 1888 – formell eine Schenkung an eine Vertrauensperson vornahm. 1890 wird der Verwaltungsgerichtshof eine Beschwerde der Gewerkschaften, ihnen das Recht auf Geldsammlungen zuzuerkennen, abweisen, sodass in der Folge bis 1914 zur systematischen Umgehung dieses Verbots sogenannte formal unabhängige „Freie Organisationen", also ein Netz von Vertrauensleuten, errichtet wurden, wie dies Leo Verkauf 1905 in seiner „Geschichte des Arbeiterrechts" beschreibt. Angesichts des Unterstützungsverbots mussten die Streikfonds aus Sicherheitsgründen noch jahrzehntelang separat außerhalb der Fachvereine geführt werden.[39]

Knapp vor den Buchdruckerkämpfen hatten im Oktober 1882 radikale Wiener Schuhmacher nach der Auflösung ihres Fachvereins gemäß den §§ 24 und 25 Vereinsgesetz, RGBl. 134/1867 in arbeitermilitanter Weise („Schuster-, Bäckerkrawalle") demonstriert. Ein Polizei- und Militäreinsatz forderte viele Verwundete.

Im Februar 1883 streikten ca. 1000 Wiener Schmiede: „Sie verlangten die Abschaffung der Hausbeköstigung und des Hauslogis, eine zehnstündige tägliche Arbeitszeit und zehn Gulden Mindestlohn pro Woche. (…) Die Gehilfen arbeiteten damals von fünf Uhr, manchmal vier Uhr morgens bis um acht Uhr abends." Viele Werkstattinhaber forderten Militärschmiede an, sodass die Streikenden nach drei Wochen kapitulieren mussten.

Etwas später im Frühjahr 1883 kämpften Wiener Bäckergesellen, die täglich oft mehr als 15 Stunden in düster überhitzten und schmutzigen Räumen schufteten, um die Einführung einer neunstündigen Normalarbeitszeit und um eine deutliche Anhebung des Minimal-Wochenlohns. Eine Streikversammlung, in der diese Forderungen besprochen werden sollten, wurde verboten: „Die Meister machten Zusagen, die sie dann z. T. nicht einhielten, so kam es Anfang Mai zu ‚Krawallen', etwa 70 Bäckergehilfen mussten infolgedessen Wien per Schub verlassen."[40]

Im Rahmen einer Besprechung des Wiener Magistratsdirektors, des Polizeidirektors und eines ranghohen Militäroffiziers wurde von Seite der Generalintendanz zugesichert, dass „im Falle eines Streiks der Bäckergenossenschaft eine genügende Anzahl von Militärbäckern" abgestellt wird. Im April 1883 machte der Magistrat öffentlich kund, dass Gehilfen, die ohne rechtmäßige Kündigung die Arbeit verlassen, wegen Kontraktbruchs nach den Bestimmungen der Gewerbeordnung streng bestraft werden: „Derjenige aber, welcher, um das Zustandekommen, die Verbreitung oder die zwangsweise Durchführung obiger Verabredung zu bewirken, Arbeitnehmer an der Ausübung ihres freien Entschlusses, Arbeit zu nehmen, durch Mittel der Einschüchterung oder Gewalt hindert oder zu hindern versucht, ist nach § 3 des eben erwähnten [Koalitions-] Gesetzes, sofern die Handlung nicht unter eine strengere Bestimmung des Strafgesetzes fällt, einer Übertretung schuldig und von dem Gericht mit Arrest von acht Tagen bis zu drei Monaten zu bestrafen."[41]

Ein Teil der sozialrevolutionär orientierten Arbeiterradikalen, so Josef Peukert, hielt nicht nur soziale Reformen, wie Arbeitsschutz- oder Sozialversicherungsmaßnahmen, für hilflos ablenkende „Palliativmittel", sie zweifelten auch am Wert ökonomischer Kämpfe. Der spätere sozialdemokratische Reichsratsabgeordnete Josef Hybes meinte 1883 – noch als Agitator der Radikalen: „Auch die Normalarbeitszeit wird uns nichts nützen, so wie das Streikmachen uns nichts nützt."

Aus Anlass eines riesigen Bergarbeiterstreiks in Nordböhmen und in der Region Mährisch-Ostrau mit über 20.000 Teilnehmern, die neben Lohnaufbesserungen den zehnstündigen Arbeitstag forderten, die teils erstmals die Parole des Achtstundentages ausgaben, setzten die Behörden im Frühjahr 1882 nicht nur Gendarmerie und Militär zur Niederschlagung des Ausstandes ein. Die Statthalterei in Prag dachte gemeinsam mit Ministerpräsident Taaffe sogar die Verhängung des Ausnahmezustandes an: „Der Statthalter hat sich genötigt gesehen, zur Aufrechterhaltung der bedrohten Ruhe und Ordnung an Militär im ganzen 20 Kompagnien, 1 Eskadron und 50 Gendarmen [im Umfeld von Dux – Anm.] aufzubieten."

Ministerpräsident Taaffe trug dem Kaiser im Mai 1882 vor: „Ich beabsichtige daher, dem Antrag des Statthalters entsprechend, die in Ehrfurcht angeschlossene, die Art. 8 (Freiheit der Personen), 9 (Hausrecht) und 12 (Vereins- und Versammlungsrecht) des Staatsgrundgesetzes über die allgemeinen Rechte der Staatsbürger suspendierende Verordnung im Sinne des Gesetzes vom 5. Mai 1869, RGBl. Nr. 66, vorzulegen und zur Erlassung derselben die Allerhöchste Genehmigung einzuholen." Ein System der Sonderstrafgerichtsbarkeit sollte installiert werden.

Nach elf Tagen konnte der Streik mit aller disziplinären Brutalität beendet werden. Zahlreiche Vertrauensleute wurden verhaftet und abgeschoben, um so die Arbeiter um ihre besten Organisatoren zu bringen. Die politische Überwachung verdächtiger sozialistischer Kräfte wurde verschärft: „Der Führer der Bergarbeiter Schwarz wurde von der Gendarmerie gefesselt nach Pilsen gebracht. Über eine erschütternde Episode aus diesem Kampf berichtete der ‚Arbeiterfreund': ‚Einige Frauen bewarfen jene Arbeiter, welche trotz des Streiks eingefahren waren, eines Abends als sie aus dem Schachte kamen, wegen dieser ihrer Handlungsweise mit Erdschollen und Steinen. Diese Frauen wurden mittels Gendarmerie und einer Militärpatrouille verhaftet und in der Gendarmeriekaserne untergebracht. (…) Nachträglich wurden 15 dieser Bergarbeiterfrauen zu je 48 Stunden Arrest verurteilt. Die Bewegung der Bergarbeiter veranlasste den Statthalter von Böhmen, eine schärfere Überwachung der Bergarbeiterreviere anzuordnen. Er forderte zu diesem Zweck vom Innenminister größere Geldmittel ‚für die unumgänglich notwendig gewordene konfidentielle Überwachung dieser Arbeiterbewegung und der ihr zugrundeliegenden sozialistischen Umtriebe.'"[42]

Neben den Bergarbeitern zählten die böhmischen Textilarbeiter zur Avantgarde der Streikbewegung, so traten im März 1884 über sieben Wochen rund 10.000 Weber und Spinner mit der Hauptforderung des zehnstündigen Arbeitstages in den Kampf. Abgesehen von Verhaftungen zielten die Behörden vor allem auf die Solidaritätsgelder. Ein Sammelverbot wurde erlassen: „Was an Spenden auf der Post aufgegeben wurde, wurde wider Recht und Gesetz von den Behörden beschlagnahmt."[43]

Gustav Haberman(n) hat 1914 in Erinnerung an seine Zeit als Arbeiterradikaler der 1880er Jahre auf den Unterschied dieser Sozialrebellionen im Vergleich zu später gewerkschaftlich organisierten Streiks aufmerksam gemacht. Erst durch diese militanten Kämpfe seien bis dahin „gedankenlos darbende und das schwere Los des Lohnsklaven" blind schicksalsergeben tragende Arbeitergruppen – die Bergarbeiter im gefährlichen Kohlenschacht oder die Weber im entlegenen Dorf – in die (sozialistische) Arbeiterbewegung hineingerissen worden: „Die ersten Streiks und Arbeiterkämpfe in Böhmen, in Wien und im ganzen Reiche waren alle aus diesem Geiste [des Klassenkampfs – Anm.] geboren und hatten durchaus revolutionären Charakter. (…) In einigen Werkstätten bestrichen die streikenden Arbeiter vor dem Verlassen der Arbeit die Hobelbank, die Schrauben und Schubladen mit Leim und zogen dann die Schrauben an, so dass alles zusammengeleimt war und beim Auseinandernehmen ruiniert wurde. (…) Bewilligung der Forderung oder Vernichtung!" Folglich hatten „die Streiks und Arbeiterkämpfe mehr revolutionären Ausbrüchen [ge-]glichen als Lohnkämpfen zwischen Arbeit und Kapital".[44]

1889 – dem Jahr nach dem „Hainfelder Parteitag", der Phase des auslaufenden deutschen Sozialistenverbots, dem Gründungsjahr der zweiten sozialistischen Internationale mit dem Aufruf zum Kampf für den 1. Mai, mit der Achtstundentags-Losung – kam es in Österreich zu zahlreichen Streiks, besonders markant die Ausstandbewegung in den Kohlenrevieren der Steiermark, Kärntens und im Krain. Von Leoben griff der Streik (u. a. um die 8-Stundenschicht) Mitte Juli auf den Bergbau der Köflacher-Voitsberger Region über, um sich dann auf die Untersteiermark auszudehnen: „In einem zusammenfassenden Bericht, den der Statthalter von Steiermark über die im Juli 1889 ausgebrochenen Streiks an das Ministerium des Inneren erstattete, erklärte dieser nach Schilderung der stürmisch verlaufenen Bewegung – es mussten mehrere Bataillone Militär ‚zur Aufrechterhaltung der Ruhe und Ordnung' aufgeboten werden – dass die Forderungen der Arbeiter maßvolle waren."

Obwohl zahllose Arbeiter verhaftet, fast alle Versammlungen verboten und zahlreiche „aufhetzerische Agitatoren" abgeschoben wurden, hatte manche Bezirkshauptmannschaft im Sommer 1889 auch die elende Lage des Knappenproletariats als Streikursache im Blick und hielt es deshalb nicht für angeraten, weiter eskalierend vorzugehen, auch wenn man den Streik Arbeiterführern wie Viktor Adler zuschreiben wollte: „Es ist ein Glück, dass die politische Behörde vorsorglicher und humaner war, als die Leiter der Actiengesellschaften. Wäre nach dem Plane der Alpinen oder der Graz-Köflacher-Gesellschaft wirklich der Versuch unternommen worden die streikenden Arbeiter aus ihren Wohnungen zu delogieren und aus dem Bezirk abzuschieben, so würde es zu den bedauerlichsten Zwischenfällen gekommen sein." Vom Statthalter in Graz bis zu allerhöchster kaiserlicher Stelle wurde beklagt, dass die Stadtgemeinde Leoben „sich gegen die Abschiebung der streikenden Bergarbeiter von Seegraben so energisch verwahrte".[45]

Im Frühjahr 1889 brach in Wien ein Streik der Tramwayangestellten aus. Ludwig Brügel berichtet: „Überlange Arbeitszeit und elende Bezahlung der ‚weißen Tramwaysklaven' hatten die armen Menschen zur Niederlegung der Arbeit bewogen. (…) Als die [sozialdemokratische] ‚Gleichheit' das Vorgehen der Polizei und des Militärs bei ihrem ‚Ordnungsmachen' besprach, erfolgte nicht bloß die Beschlagnahme des Blattes, sondern auch die subjektive Verfolgung gegen den Herausgeber Dr. Viktor Adler und den verantwortlichen Redakteur L. A. Bretschneider." Im Juni 1889 wurde das weitere Erscheinen der „Gleichheit" von der Wiener Polizeidirektion wegen einer Streikreportage verboten. Die „Gleichheit", die dann von der „Arbeiter-Zeitung" abgelöst wurde, hatte am 26. April 1889 berichtet, dass die zivilen und militärischen Behörden zum Schutz der „Coupons der Tramwayaktionäre" nicht nur die Kutscher schikanieren, sondern auch Streikbrecherdienste leisten: „Sie ließen Militär kommen: Dragoner in Favoriten, Husaren in Hernals."[46]

Die im Juli 1889 gegründete „Arbeiter-Zeitung" berichtete fortan laufend in einer eigenen Rubrik über Lohnkämpfe, so in den ersten Ausgaben am Beispiel der Weber- und Textilarbeiterstreiks in Brünn und Jägerndorf über die üblichen Maßnahmen von Justiz und Bezirkshauptmannschaften. Die Jägerndorfer Arbeiter hatten teilweise erfolgreich 10–20-prozentige Lohnerhöhung durchgesetzt: „Als Opfer des Streiks sind eine Anzahl Genossen wegen Übertretung des Koalitionsgesetzes zu acht Tagen bis zu einem Monat Arrest verurtheilt worden, darunter befindet sich Genosse Robert Hirt, dessen Frau während seiner Haft an den Blattern gestorben ist; er konnte sie nicht mehr sprechen. Weiters sind 5 Genossen wegen Übertretung des Versammlungsgesetzes und des Vergehens des Auflaufes zu 3 Tagen leichten Arrest verurtheilt worden. Dieselben wurden in der Nacht aus den Betten mit großem Aufgebot von Gendarmerie und Polizei geholt und verhaftet und später unter Gendarmerie-Eskorte dem Landesgerichte in Troppau eingeliefert und nach 14tägiger Untersuchungshaft zu obiger Strafe verurtheilt." (Arbeiter-Zeitung [*fortan kurz: AZ*] 9. August 1889)

Streikfrequenz – Streikmilitanz 1889–1900

In die Streikwelle 1889/90 hinein warnten gewerkschaftliche Fachvereine wieder öfter vor der Überschätzung des Werts von Lohnkämpfen für die Emanzipationsbewegung der Arbeiterklasse, aber auch vor unorganisiert spontan „wilden", leicht zu isolierenden einzelbetrieblichen Streiks. (*Vgl. Anhang 2 und 3*)

Die in den 1890er Jahren an Einfluss verlierenden radikal syndikalistischen Strömungen sahen hinter derartigen Warnungen den Versuch zunehmend reformistisch ausgerichteter gewerkschaftsbürokratischer und „arbeiteraristokratischer" Kreise, die autonom proletarische Kampfkraft einzudämmen.

Angesichts der vielen nicht zuletzt wegen mangelhafter Widerstandskassen gescheiterten Arbeitskämpfe veröffentlichte „Die Gewerkschaft" als Zentralorgan der Arbeitervereine im August 1894 ein erstes „Streik-Reglement": Jeder Angriffsstreik, „welcher von der Gewerkschafts-Kommission unterstützt werden soll, ist spätestens sechs Wochen vor seinem Beginne bei der Kronlands-Zentralleitung (Landesvertrauensmänner) und bei der Gewerkschafts-Kommission anzumelden, sowie die Zustimmung der letzteren zum Streik einzuholen." Dies gilt nicht für Abwehrstreiks: „Für partielle oder Werkstättenstreiks haben die betreffenden Organisationen in der Regel selbst aufzukommen und sind zu diesem Zwecke eigene Widerstandsfonds zu gründen."[47]

1890 wurde ein von Arbeiterwut getragener Streik der Glasschleifer des Tannwalder Bezirks niedergeschlagen, ausgebrochen nachdem zugesagte Lohnerhöhungen zurückgezogen worden waren. Der Lohn für strapaziöse, oft

14- bis 17-stündige Arbeit betrug 25 kr. bis 30 kr., die Akkordlöhne waren seit Mitte der 1880er Jahre um die Hälfte gesunken: „In allen Schleifmühlen war nach jener Versammlung die Arbeit wieder aufgenommen worden und es schien, dass der Streik beendet sei. Plötzlich erklärte eine Firma in Tessendorf, sie könne die erhöhten Löhne nicht zahlen und, wer nicht 40 Prozent nachlasse, könne von ihr keine Arbeit mehr erhalten. Die Firma versicherte, dass die Schleifereien in den benachbarten Orten sich ihr angetragen hätten, die Bestellung durch ihre Arbeiter zu billigeren Löhnen ausführen zu lassen. Nach dem Bekanntwerden dieser Erklärungen bemächtigte sich der Arbeiter eine große Erbitterung; sie zogen nach Albrechtsdorf und Marienberg und zertrümmerten in den dortigen Schleifmühlen alle fertigen Waren." (AZ 31. Jänner 1890)[48]

Es „kam zu jenen Unruhen, welche das Eingreifen des Militärs nach sich zogen. Die Folgen waren 3 Todte, sehr viele Verwundete und etwa 50 Verhaftungen. (…) Darum zerstörten [die Glasarbeiter] die Maschinen, eine Erscheinung, wie sie zu allen Zeiten und in allen Ländern vorgekommen ist, wo arme, hungernde, unwissende Menschen dem für sie allein sichtbaren Feinde, der Maschine, zuerst begegneten." (AZ 7. Februar 1890)[49]

Viele Streiks wurden auch durch Unterbindung solidarischer Berichterstattung im Weg presserechtlicher Verurteilungen, Konfiszierungen behindert, so auch im Fall Gablonz: „Das k. k. Landesgericht Wien als Preßgericht hat auf Antrag der k. k. Staatsanwaltschaft erkannt, daß der Inhalt der Nummer 6 der periodischen Druck-Schrift ‚Arbeiter-Zeitung', Organ der österreichischen Sozialdemokratie, vom 7. Februar 1890, und zwar die auf der 2. und 3. Seite enthaltenen Artikel mit den Aufschriften ‚Zum Nothstand der Gablonzer Glasarbeiter' und ‚St. Veit a. d. Glan' das Vergehen nach § 302 St.G. begründen, und es wird nach § 493 St.P.O. das Verbot der Weiterverbreitung dieser Druckschrift ausgesprochen, zugleich wird gemäß § 489 St.P.O. die von der k. k. Sicherheitsbehörde vorgenommene Beschlagnahme bestätigt und gemäß § 37 P.G. auf Vernichtung etwa saisierter Exemplare erkannt. Gründe. In den beiden vorangeführten Artikeln werden andere zu Feindseligkeiten gegen einzelne Klassen und Stände der bürgerlichen Gesellschaft, hier die Arbeiter gegen die Arbeitgeber aufzureizen gesucht, und erscheint somit der Inhalt der obigen Druckschrift geeignet, den Thatbestand des Vergehens gegen die öffentliche Ruhe und Ordnung nach § 302 St.G. zu begründen. Wien, am 15. März 1890." (AZ 21. März 1890)

Repression gegen die 1. Mai-Bewegung ab 1890

Im Frühjahr 1890 kam es zu weiteren „exzessiven" Streikbewegungen, sodass die staatliche Bürokratie scharf gegen die gleichzeitige Bewegung für den 1. Mai 1890 vorging. Am 25. April 1890 fragt die „Arbeiter-Zeitung" angesichts der erstmaligen Arbeiterfeier am 1. Mai: „Ist das Feiern am 1. Mai strafbar?" Gilt die Teilnahme an der Maidemonstration als Kontraktbruch nach § 85 Gewerbeordnung? Der Statthalter von Niederösterreich hatte erklärt, dass „es nach den bestehenden gesetzlichen Vorschriften nicht in dem Belieben der Arbeiter liege, an einem gewöhnlichen Wochentage die Arbeit zu meiden. Diejenigen, welche am 1. Mai ohne vorhergegangene rechtzeitige Kündigung oder ohne Einwilligung ihres Arbeitgebers die Arbeit verlassen würden, hätten nicht nur sofortige Entlassung aus dem Arbeitsverhältnisse, sondern auch die Bestrafung nach § 85 der Gewerbe-Ordnung zu gewärtigen."[50]

Viele Unternehmer reagierten auf das Fernbleiben von der Arbeit am 1. Mai über die Jahrhundertwende hinaus mit Aussperrungen. Emil Strauß berichtet aus der Geschichte der böhmischen Arbeiterbewegung: 1894 erklärt der Bezirkshauptmann von Teplitz, dass „gegen eigenmächtig feiernde oder zur eigenmächtigen Arbeitseinstellung aneifernde Arbeiter mit aller Strenge des Gesetzes bzw. der betreffenden Dienstordnung vorgegangen würde". Auf einer Industriellentagung in Reichenberg wurde erklärt, dass alle Arbeiter, welche am 1. Mai der Arbeit fernbleiben als kontraktbrüchig zu entlassen sind. In die Arbeitsbücher wurde „bei den wegen des 1. Mai Entlassenen das Datum der Entlassung nicht in Ziffern, sondern in Buchstaben (am ersten Mai)" beigesetzt. 1896 wurden in der Nähe von Reichenberg während einer Solidaritätsdemonstration zugunsten von wegen des 1. Mai Gemaßregelten drei Arbeiter von Gendarmen erschossen.

Allein für 1897 vermerkt die amtliche Streikstatistik für Böhmen und Mähren Aussperrungen in sieben Betrieben wegen „Feier des 1. Mai": „Die Aussperrung wurde für den Fall der Feier des 1. Mai seitens der Arbeiterschaft durch die Vereinigung zur Wahrung industrieller und gewerblicher Interessen für Reichenberg und Umgebung beschlossen." Im Fall einer Eisengießerei im mährischen Prerau wird angemerkt: „Trotz des Verbotes der Firma feierten 22 Gießer den 1. Mai und sollten dafür 1 Gulden zu Gunsten der Krankencasse entrichten. Da die Gießer diesen Strafbetrag nicht zahlen wollten, wurden 3 entlassen und der Rest ausgesperrt." Aus Mährisch-Weißkirchen und Tannwald erging etwa folgende Zuzugswarnung aus Anlass einer Mai-Aussperrung: „Achtung Metallarbeiter! Sämmtliche Berufsgenossen werden hiermit ersucht, die hiesige Firma A. Kunz, Wasserleitungs- und Pumpenbau-Anstalt zu meiden. Der Eigenthümer hat sämmtliche Arbeiter wegen der Maifeier ausgesperrt. Unterstützung nöthig. (…) Tannwald. Gegen tausend Textilarbeiter und eine größere Anzahl Bauarbeiter wurden in Tiefenbach und Dessendorf ausgesperrt." (AZ 4. Mai 1897)[51]

Ein weiteres Beispiel von Unzähligen ein knappes Jahrzehnt später: In den Eisenwerken im mährischen Witkowicz traten am 2. Mai 1906 10.000 bis 15.000 Metall- und Hüttenarbeiter in einen zweiwöchigen Ausstand, da die Werksdirektion diesen „Rothschild-Sklaven" sowohl das gewerkschaftliche Koalitionsrecht als auch die Feier des 1. Mai untersagte. Drei Streikende wurden verhaftet, drei gerichtlich abgeurteilt: „Da kam der 1. Mai, der von 10.000 Arbeitern – genau 72 Prozent aller im Werke beschäftigten Arbeiter – in musterhafter Disziplin zum erstenmale gefeiert wurde. Die Direktion antwortete darauf mit der Entlassung von 400 im Vordergrund der Organisation stehenden Arbeitern. Wie ein Mann stellten sich binnen 48 Stunden die 15.000 Arbeiter unter die Fahne der Solidarität gegen ihre Unterdrücker." (Die Gewerkschaft vom 25. Jänner 1907)

Im Bleckmannschen Eisenwerk in Mürzzuschlag wurden ebenfalls 1906 300 Arbeiter eine Woche wegen „eigenmächtiger Einstellung der Arbeit am 1. Mai" ausgesperrt. Wie so oft seit 1890 berichtet „Die Gewerkschaft" am 25. Jänner 1907 über diesen Fall: „Die Maifeier führte zu einer achttägigen Aussperrung der bei der Firma Bleckmann in Mürzzuschlag beschäftigten Metallarbeiter. Die Vertrauensmänner durften sogar erst am 1. Juni wieder die Arbeit beginnen und die meisten von ihnen wurden später durch die ihnen zuteil gewordene Behandlung hinausgeekelt. Die Organisation der Metallarbeiter hat aber infolge des gegen sie unternommenen Vorstoßes keine nennenswerte Einbuße erlitten."[52]

1907 traf die beunruhigende Nachricht ein, dass der Oberste Gerichtshof die Markierung von Mai-Aktivisten in den Arbeitsbüchern gebilligt hat: „Die Ascher Textilfabrikanten hatten ihren wegen der Maifeier ausgesperrten Arbeitern das Austrittsdatum ‚erster Mai' mittelst Buchstaben in die Arbeitsbücher eingetragen, um sie so bei den übrigen Unternehmern kenntlich zu machen. Auf Grund der Klage der Arbeiter wurde eine dieser Firmen vom Bezirksgericht zur Ausstellung neuer Arbeitsbücher und Schadenersatz verurteilt. Das Kreisgericht hob das Urteil auf und auch der Oberste Gerichtshof entschied, dass es dem Arbeitgeber überlassen bleiben müsse, das Datum in Buchstaben oder Ziffern einzusetzen." Emil Strauß etwa vermerkt, dass 1906 allein im westböhmischen Asch 1000 Textilarbeiter wegen der Teilnahme an der Maifeier ausgesperrt wurden. (Die Gewerkschaft vom 8. Februar 1907)[53]

Aus Anlass der ersten sozialistischen Maifeier 1890 hatten Teile des Bürgertums in den Kämpfen der böhmischen Bergarbeiter drohende Signale gesehen. Im Ostrauer Revier „der Nordbahn, der Gebrüder Gutmann, des Grafen Wilczek, des Fürsten Salm, des Rothschild" und anderer „adeliger und nichtadeliger Kapitalmagnaten" streikten nämlich über 30.000 Bergarbeiter für die Verkürzung der zwölfstündigen Arbeitszeit, für die Beseitigung eines in Hörigkeit haltenden Lohnstrafensystems, für die Abschaffung des Trucksystems, des Blechmarkenwuchers, nach dem Arbeiter in den Betriebskantinen „einen auf 10 fl. lautenden Koupon um 7 fl" und weniger eintauschen mussten: „In Witkowitz, wo es zu einem ernstlichen Zusammenstoß mit dem Militär kam, trug sich die Sache so zu, dass als zirka 200 Arbeiter sich auf einem Platze in der Nähe eines Gewerkes aufhielten und ruhig dort verharrten, von einem Offizier zur Platzräumung aufgefordert wurden und sich weigerten, derselben nachzukommen, dieser selbe Offizier seinen Zug zum Sturm kommandirte, worauf einige in der Nähe angesammelte Gassenjungen das Militär mit Steinwürfen regalirten. Gleich hierauf wurde in die Menge scharf geschossen, wodurch vier Arbeiter getödtet und sechs schwer und noch einige leicht verwundet wurden. Noch an anderen Orten kamen Verwundungen von Personen durch Bajonettstiche von rückwärts vor." (AZ 25. April 1890)

Im Pilsener und Mieser Steinkohlenrevier ging Ende Mai 1890 rechtzeitig mobilisiertes Militär gegen Streikende vor: „Selbstverständlich wurde sofort Militär requirirt und auch von der Schusswaffe Gebrauch gemacht, wobei mehrere Todte und viele Verwundete ‚auf dem Platze blieben', wie sich die kapitalistische Presse ausdrückt. (…) Ein Bergwerksdirektor klagt in demselben Organ für Kouponabschneider [gem. die „Neue Freie Presse"], dass das Militär zu spät eingeschritten sei." (AZ 30. Mai 1890)

In Blansko wurden zur gleichen Zeit die Vertrauensmänner von 60 Eisengießern allein schon wegen der Aufstellung von Lohnforderungen verhaftet: „Als nun aber die beiden Abgesandten das Komptoir betraten, waren daselbst schon ein Kommissär und zwei Gendarmen anwesend, welche die beiden Arbeiter in Empfang nahmen und sie, an den Händen gefesselt, nach dem etwa zwei Stunden weit entfernten Blansko transportirten." (AZ 30. Mai 1890)

Ende September 1890 streikten einige Tausend Bergarbeiter im Ostrau-Karwiner Kohlengebiet, da ihnen „von Baron Rothschild und Ritter v. Guttmann die Achtstundenschicht hartnäckig verweigert" wurde. Die Mitglieder einer Delegation, die die Forderungen deponieren sollte, wurden vorab verhaftet und in Untersuchungshaft genommen. Johann Matusek berichtete im Dezember 1890 auf einem Kongress der Berg- und Hüttenarbeiter Österreichs in Wien: „Den zweiten Tag, als wir zusammen kommen wollten, war schon alles mit Soldaten besetzt, wir wurden zur Schicht nicht zugelassen und auseinandergetrieben wie Schafe auf den Feldern. Einige gingen nach Ostrau, um sich zu beraten, was sie tun sollten, dort wurden sie aber verhaftet und zum Landesgericht nach Teschen abgeführt. Am 27. [9.] früh verhafteten sie auch mich. Sieben Wochen war ich in Untersuchungshaft und bin jetzt als Führer und Hetzer zu vier Monaten verurteilt. Unser 36 waren angeklagt, 4 wurden freigelassen, 32 verurteilt. Unsere Familien sind brotlos, aus den Wohnungen wurden wir hinausgeworfen: Ist das Menschlichkeit? (…) Wir, obwohl wir schon drei Monate nichts arbeiten, haben uns dennoch entschlossen, hieher zum Kongress zu kommen. Als das aber unsere Vorgesetzten erfuhren, welche Hindernisse legten sie uns in den Weg! Der Bezirkshauptmann von Freistadt avisierte die Gendarmerie, uns auf den Stationen zu ergreifen und nicht fortzulassen. Wir sind aber fünf Stunden weit zu Fuß auf die Station gegangen, um nicht zu Hause verhaftet zu werden."[54]

Weiters wurde in Mährisch-Ostrau ein Arbeiterverein wegen Unterstützung dieses Ausstandes aufgelöst: „Sistirt wurde von der k. k. mährischen Statthalterei die Thätigkeit des hiesigen Arbeiter-Bildungs-Vereines. Diese Maßregel erfolgte deshalb, weil der Verein angeblich seinen statutarischen Wirkungskreis überschritten habe, indem er gelegentlich des vorletzten Streiks im Ostrauer Revier um 20 fl Brot unter die Kinder der gemaßregelten Bergleute vertheilte. Der Verein besaß an barem Gelde 600 fl, ein neues Klavier im Werte von 400 fl, welches alles sammt den Geschäftsbüchern mit Beschlag belegt und weggeschleppt wurde! Sämmtliche Funktionäre des Vereines stehen unter scharfer Beobachtung und haben vielerlei Chikanen zu erdulden." (AZ 10. Oktober 1890)

„Schub", „Abschaffung" von Streikaktivisten

Julius Deutsch hat für seine Gewerkschaftsgeschichte am Beispiel eines Streiks von rund 7000 Bergarbeitern der steirischen Region Voitsberg im Winter 1891/92 ein Schub- und Delogierungserkenntnis der lokalen Bezirkshauptmannschaft dokumentiert. Mitte Jänner 1892 wurde der 36-jährige Bergmann Vinzenz Maier, „als Agitator im Sinne der Arbeitseinstellungen beziehungsweise der Fortführung des gegenwärtigen Streiks bekannt", von der Trifailer Werksleitung entlassen und folglich von der Bezirkshauptmannschaft als „bestimmungslos" zur „weiteren Schubbehandlung" nach „§ 2 des Gesetzes vom 27. Juli 1871, RGBl. Nr. 88" überstellt und für zehn Jahre aus der Gegend um Voitsberg „abgeschafft".

Über Hans Resel, den bekannten Redakteur des Grazer „Arbeiterwillens", wurde unter einem zwei Monate später im März 1892 vom Landesgericht Graz die Untersuchungshaft verhängt, da er den Voitsberger Arbeitern Unterstützungsgelder übergeben ließ, um „so die Arbeiter zu weiterem Ausharren in der Streikbewegung zu veranlassen". Die Grazer Staatsanwaltschaft wollte Resel belangen, indem sie daraus ein Verbrechen des Betrugs konstruierte.[55]

Im Frühjahr 1894 wurde ein Streik von Gießereiarbeitern nahe Reichenberg dadurch zugunsten des Unternehmers beendet, dass die Behörden ortsfremde Streikende abschoben. Bekannt wurde dies durch ein zynisches Zirkular der Werksleitung: „Es dürfte Ihnen nicht unbekannt sein, dass meine Gießerei Ende Februar in Streik trat, welcher Streik von der Behörde dadurch endgiltig gelöst wurde, dass sämmtliche fremde Streikende zwangsweise in ihre Heimathsgemeinde abgeschoben wurden, so dass dem neuen Zuzug kein Hindernis mehr im Wege steht."

Am 3. April 1894 stellte die Bezirkshauptmannschaft Reichenberg, die während des zweimonatigen Arbeitskampfs selbst die harmloseste Aktivität von Streikposten durch Gendarmeriestreifen unterbunden hatte, zwölf Abschiebungsbescheide aus, etwa: „An Herrn N. N. in Alt-Harzdorf. Es ist sichergestellt, dass Sie sich bereits längere Zeit in Alt-Harzdorf arbeits- und bestimmungslos aufhalten, ohne einen erlaubten Erwerb oder Einkommen nachweisen zu können. Weil sich unter diesen Umständen Ihr weiterer Aufenthalt in Alt-Harzdorf aus Rücksichten der öffentlichen Ordnung und Sicherheit als unzulässig darstellt, finde ich mich bestimmt, Sie auf Grund der Bestimmung der §§ 1, 4 und 5 des Gesetzes vom 27. Juli 1871, Nr. 88 RGBl., in Ihre Heimatsgemeinde Neudorf, Bezirk Böhmisch-Brod abschieben zu lassen." Obwohl die Arbeiter Ersparnisse und Unterstützungszahlungen nachweisen konnten, blieb der Rekurs an die Statthalterei erfolglos. Der Streik war im Verbund mit zahlreichen anderen Betrieben des Reichenberger Bezirkes von 100 Gesellen über 58 Tage gegen die „Entlassung eines Arbeiters wegen Agitation behufs Schaffung einer Werkstättenorganisation" geführt worden. Die Arbeiter verlangten ferner vergeblich eine 20-prozentige Lohnerhöhung, 10-stündige Arbeitszeit, Sonntagsruhe und Freigabe des 1. Mai: „Von den Strikenden nahmen 56 die Arbeit wieder auf, 44 wurden entlassen und durch neue Arbeiter ersetzt. 28 Arbeiter wurden gerichtlich abgestraft, 18 ausgewiesen." (AZ 20. April 1894)[56]

Streikstatistik als „Strafregister" (ab 1894)

Die 1894 einsetzende amtliche Streikstatistik liest sich wie ein Strafregister. Durch die Streikchronik ziehen sich Maßnahmen gegen gewerkschaftliche Vertrauensleute, Angriffe auf das Organisationsrecht. Im Reichenberger Bezirk protestierten im Frühjahr 1894 die Arbeiter mehrerer Betriebe gegen solche Angriffe auf das Koalitionsrecht, gegen die Entlassung von „Arbeiteragitatoren". Oft gingen die Unternehmer in die Offensive und sperrten die Arbeiterschaft mit Polizeihilfe aus. Die „Arbeiter-Zeitung" berichtete etwa am 6. März 1894: „In jedem Bezirke, wo der Klassenkampf zwischen Unternehmern und Arbeitern in eine neue Phase tritt, stellen sich die Behörden zunächst, ohne auch nur im Gesetzbuch nachzuschlagen, welche Haltung ihnen vorgeschrieben ist, mit allergrößter Naivetät auf Seite der Ausbeuter, so lange, bis wir ihnen mühsam beigebracht haben, was ihre Pflicht ist."[57]

Aus Anlass einer Aussperrung hat der Abgeordnete Engelbert Pernerstorfer im Abgeordnetenhaus eine Interpellation eingebracht: „Im Monate Februar dieses Jahres hatten sich die ungefähr 1100 Arbeiter der Firma J. Ginzkey in Maffersdorf bei Reichenberg geeinigt, in die Gewerkschaftskommission einzutreten. Zu diesem Zwecke wurde für Sonntag 11. Februar eine auf geladene Gäste beschränkte Versammlung einberufen. Zu den Geladenen gehörte auch die Fabriksleitung. Diese erschien nicht, suchte vielmehr die Einladenden mit Hinweis auf unangenehme Folgen einzuschüchtern. Die Versammlung fand trotzdem mit folgender Tagesordnung statt: 1. Zweck und Nutzen der gewerkschaftlichen Organisation; 2. Beitrittserklärungen; 3. Wahl von Vertrauensmännern; 4. allgemeine Besprechungen. (…) Am Montag den 12., an welchem Tage wie gewöhnlich Alles an der Arbeit war, wurden Mittags die Einberufer der Versammlung, sowie noch 26 Arbeiter (zum großen Theile solche, die in der am Vortage abgehaltenen Versammlung zu Vertrauensmännern gewählt worden waren) entlassen. Hierauf erklären sich am Nachmittage 1000 Arbeiter der Fabrik mit den Entlassenen solidarisch und legten die Arbeit nieder."

Die Behörden verhielten sich keineswegs neutral, nahmen wenig Rücksicht auf das garantierte Koalitionsrecht, reagierten u. a. mit Versammlungsverboten: „Mit besonderer Beziehung auf diese Erklärung ist zu bemerken, dass schon am Montag, den 12. Februar Früh der Maffersdorfer Gendarmerieposten verstärkt war und noch im Laufe des Tages um elf Mann vermehrt wurde; (…) Versammlungen wurden den Streikenden nicht gestattet. (…) Hierauf nahmen die meisten, entmuthigt insbesondere durch die Haltung des k. k. Kommissärs, die Arbeit wieder auf, wobei ihnen vor dem Eintritte in die

Fabrik folgende Bedingungen gestellt wurden: 1. Die Feier des 1. Mai aufzugeben; 2. Arbeitervereinen nicht mehr beizutreten; 3. sich jeder Agitation zu enthalten; 4. die Beschlüsse des Sonntags für null und nichtig zu erklären."

Ende März 1894 streikten die Wiener Gasarbeiter ebenfalls für die Wiederaufnahme eines „wegen Propaganda für die Gewerkschaft" entlassenen Kollegen. Unter Polizei- und Behördenassistenz karrte die Gasgesellschaft verelendete slowakische Arbeitssklaven als Streikbrecher an: „Die Empörung der Arbeiterschaft des Gaswerkes Währing über die Provokation von Seite der Gesellschaft durch die frivole Entlassung eines Mannes, der sich 17 Jahre von ihr ausbeuten ließ, war die Ursache, dass unmittelbar, ohne Verabredung der Streik ausbrach. (…) Die englische Ausbeutergesellschaft sah in der Organisation der Gasarbeiter, die sie sich seit etwa einem Jahre gegeben haben, eine Gefahr für ihre ungeheuerliche Profitlust; sie fürchtete, dass die Verbindung der Arbeiter zu einer Gewerkschaft sie zwingen werde, die von ihr gemachten Zugeständnisse, hauptsächlich in Bezug auf die Alterszulage, an die Arbeiter pünktlich zu erfüllen. Darum unternahm sie einen Versuch, diese Organisation zu sprengen und an Stelle der klassenbewussten Arbeiter, welchen sie ihre Dividenden verdankt, eine gefügigere Proletarierschichte zu setzen. Wie aus den unten folgenden Berichten hervorgeht, hatte die Gesellschaft bereits vor längerer Zeit große Lieferungen an Menschenfleisch abgeschlossen. Sie hatte sich mit anderen Ausbeutergesellschaften koalirt, insbesondere mit der k. k. Ferdinands-Nordbahn, welche ihre ganzen Transporte von slowakischen Kulis nicht nur rekrutirte, sondern auch in's Haus lieferte, und zwar in plombirten Viehwagen." (AZ 3. April 1894)[58]

Tage zuvor findet sich in der „Arbeiter-Zeitung" ein weiterer von unzähligen Berichten zur Repression wider jeden gewerkschaftlichen Organisationsversuch, so in einer Grazer „Pferdegeschirr- und Lederwarenfabrik", in der „sieben Gehilfen ihrer Thätigkeit im Fachverein wegen entlassen wurden. Allen übrigen bei der Firma beschäftigten Arbeitern wurde die Entlassung angedroht, wenn sie nicht bis Samstag, den 10. März aus dem Verein austreten". (AZ 6. März 1894)

Anwendung des „Prügelpatents" 1854

Mit Hilfe der von Leo Verkauf und Isidor Ingwer eingehend beschriebenen polizeilichen „Prügelpatent"-Willkür, also gestützt auf die berüchtigte Polizei-Verordnung aus dem Jahre 1854, wurden Streikaktivisten alltäglich im kurzen Weg ausgeschaltet, so während eines kleinen Wiener Werkstattstreiks im

März 1894: „So stünde also der Streik [der Stockarbeiter] ganz gut. Bemerkenswerth ist aber das Verhalten der Polizei zu demselben. [Der Unternehmer] steht den größten Theil des Tages vor dem Hausthor. Lässt sich einer von den Streikenden erblicken, so fordert er den nächstbesten Wachmann auf, ihn zu arretiren, was derselbe auch gehorsamst thut. (…) Das Neubauer Bezirks-Kommissariat scheint überhaupt ganz eigenthümliche Begriffe von unserem Koalitionsrecht zu haben. So wurde ein Genosse verhaftet, blos weil er einige Male vor dem Geschäfte des Herrn Popper auf und abging. Er wurde wegen Nichtfolgeleistung einer polizeilichen Anordnung ‚auf kurzem Wege', d. h. auf Grund der Verordnung vom Jahre 1854 zu 24 Stunden Arrest verdonnert." (AZ 13. März 1894)

Neben dem „Prügelpatent" wurde vermehrt auf das Strafgesetz zurückgegriffen.[59]

Tote in böhmisch-mährischen Bergarbeiterkämpfen 1894

Im Fall des Falkenauer Bergarbeiterstreiks von 1894 wurde im Jahr 1899 sogar noch die Erinnerung an die Opfer dieses Kampfes nachträglich sanktioniert. Die Staatsanwaltschaft inkriminierte einen Erinnerungs-Grabstein. 2500 Bergarbeiter hatten im April und Mai 1894 über 34 Tage für die Erhöhung der Mindestlöhne, die Abschaffung des Akkords und die achtstündige Schicht gestreikt: „Den Kassationshof beschäftigte gestern ein Fall, der seine Vorgeschichte in dem denkwürdigen Falkenauer Bergarbeiterstreik im Jahre 1894 hat. Am 3. Mai dieses Jahres kam es zu dem wohl noch allen Arbeitern in wehmüthiger Erinnerung stehenden Zusammenstoß der Gendarmerie mit streikenden Bergarbeitern vor dem Bahnhof in Ziedic. Die Gendarmerie machte damals von der Schusswaffe Gebrauch, auf die Streikenden wurden mehrere Salven abgegeben. Drei Bergarbeiter, Karl Hölzl, Christian Heinz und Josef Spitzl, fielen als Opfer des Lohnkampfes. (…) Die sozialdemokratische Arbeiterschaft in Falkenau fasste den Beschluss, das Andenken an die drei gefallenen Bergarbeiter äußerlich in der Weise zu ehren, dass ihre Grabstätten in Falkenau mit Denkmälern geziert werden sollten. Der Grabstein des Josef Spitzl sollte auch mit einer ehrenden Inschrift versehen werden. (…) Im September vorigen Jahres wurden die Grabsteine aufgestellt. Auf dem Grabstein des Josef Spitzl wurde nachfolgende Inschrift angebracht: ‚Josef Spitzl, Bergmann aus Untereichen, geboren am 1. November 1862, erschossen am 3. Mai 1894 durch den Postenführer Skorzepa in dem Bergarbeiterstreik bei Ziedic. Jeder Tropfen von dem vergossenen Blute dringt tief in unsere Herzen ein; wir wollen nicht rasten und nicht ruhen, bis wir die Bergarbeiter von ihrem Joche befreit haben. Glück auf! Die sozialdemokratische Arbeiterschaft in Falkenau.' (…) In der Aufstellung dieses Grabsteines, insbesondere in der Inschrift erblickte die Staatsanwaltschaft in Eger das Vergehen gegen die öffentliche Ruhe und Ordnung nach § 305 [StG], begangen dadurch, dass durch den Inhalt der Inschrift die dem Tode vorangegangene Handlung der Streikenden verherrlicht und gutgeheißen wird. In den Gründen der Anklage wurde des Näheren ausgeführt, dass die Streikenden bei dem erwähnten Zusammenstoß jedenfalls das Vergehen des Auflaufes begangen, sohin durch die Grabschrift dieses Vergehen gebilligt wurde." (AZ 11. Juni 1899)

Der Militär- und Gendarmerieeinsatz galt selbst für die „moderne Gesittung im Kriege als verwerflich". Am 3. Mai 1894 „wollten die Arbeiter eine Versammlung mit nachfolgender Tagesordnung: 1. Wiederaufnahme der Arbeit, 2. Bruderladengesetz, abhalten. Die Arbeiter kamen in Folge dessen Nachmittag am Han, einem Berge nächst Falkenau, zusammen, wo sie beriethen, ob sie alle die Arbeit wieder aufnehmen sollen. Von dort gingen die Leute ruhig nach Hause. Ruhig und ohne jede Erregung, denn es ist klar, dass, wenn Arbeiter sich entschließen, die Arbeit wieder aufzunehmen, keine Leidenschaft mehr in ihnen ist. (…) Die Gendarmen mit dem angetrunkenen Heldenmuth rufen ihnen ‚Halt!' zu. Die Leute wenden sich um und eilen davon. Die Gendarmen, offenbar sinnlos und in Raserei versetzt, schießen in die fliehenden Massen von rückwärts und mit so gutem Erfolg, dass vier Todte und neun Verwundete, darunter einige, lebensgefährlich, am Platze bleiben. (…) Von ‚Nothwehr' oder dergleichen, was man immer, wo die Bewaffnung gegen das Volk ihre blutigen Früchte trägt, faselt, kann hier niemals gesprochen werden. (…)

Die Liste der Opfer ist folgende:

Josef Spitzl, von rückwärts durch den Kopf geschossen und sofort todt liegen geblieben.
Christian Hainz [Heinz], von rückwärts durch die hintere Schulter geschossen, Nachts gestorben.
Karl Götzl [wohl Hölzl?], von vorne durch die rechte Schulter geschossen, liegt im Sterben.
Franz Bauernfeind, von rückwärts im Unterschenkel geschossen, wird operirt.
Josef Mosch, von rückwärts im Unterschenkel geschossen
Josef Honisch, von rückwärts zwei Schüsse in die Schulter, Tags später gestorben; war Vater von sieben Kindern.

Wenzl Stingl, von rückwärts in die Schulter geschossen, Lebensgefahr.
Michael Müller, von rückwärts einen Schuss durch den Arm.
Franz Kraßberger, von rückwärts einen Schuss durch das Knie, verliert den Fuß.
H. Brandl, von rückwärts durch den Arm geschossen.
H. Hahn, von rückwärts durch den Arm geschossen.
Eine Frau, deren Namen noch unbekannt, von rückwärts durch die Schulter geschossen; Lebensgefahr. (...)

Das ist die entsetzliche Liste der Opfer, die schuldlos gemordet und verstümmelt worden sind! Der Abgeordnete Pernerstorfer hat zugesichert, die Angelegenheit im Parlament auszutragen und ist heute, über Aufforderung der Streikenden, mit Dr. Verkauf nach Falkenau abgereist." (AZ 8. Mai 1894)

Noch vor dem Arbeiterbegräbnis wurden zahlreiche Familien delogiert, den Weiterstreikenden wurde in üblicher Polizeiroutine mit der Abschiebung gedroht: „Die Werke haben sie aus der Arbeit entlassen, die Wohnungen sind ihnen gekündigt worden: sie sind vogelfrei. Die Behörden haben das sicherste Mittel angewendet, um den Streik zu ersticken: wer Montag die Arbeit nicht aufgenommen haben wird, verfällt dem Schubwagen. Das ist österreichische Koalitionsfreiheit." (AZ 11. Mai 1894. Die AZ vom 16. Mai 1894 druckt das stenographische Protokoll aus dem Abgeordnetenhaus betreffend „Die Ereignisse von Falkenau und Ostrau" ab!)

Noch mehr Tote forderte ein Polizeieinsatz gegen rund 10.000 – kaum gewerkschaftlich organisierte – Bergarbeiter in Polnisch- und Mährisch-Ostrau, „auf den Werken der Nordbahn, des Grafen Wilczek, des Fürsten Salm, des Zwierzina und einem Rothschildschen-Werke". Wieder wurden einige Regimenter Militär requiriert. Streikauslöser war die Nichtfreigabe des 1. Mai: „Zu Ausschreitungen ist es bisher nirgends gekommen, die Streikenden verhalten sich musterhaft. In Zarubek gehen die Mannschafen jeden Tag zur Grube und fragen, ob sie die Achtstundenschicht antreten sollen. Nach erfolgter Ablehnung kehren sie wieder ruhig heimwärts. Die Streikenden haben auf allen Werken folgende Hauptforderungen unterbreitet:

1. Tägliche Achtstundenschicht, Ein- und Ausfahrt eingerechnet, und strenge Einhaltung der Sonntagsruhe.
2. Lohnerhöhung für alle Arbeiterkategorien um 25 Prozent.
3. Menschliche Behandlung seitens der Aufseher.
4. Kein Vertrauensmann der Streikenden darf entlassen oder in der Arbeit verfolgt werden. (...)

Es war so wie an anderen Tagen. Die Bergleute wollten auf die Schicht gehen. Als die Genossen zirka 100 Schritte vor dem Dreifaltigkeits-Schachte waren, wurden dieselben von Gendarmerieposten, acht Mann stark, aufgehalten. Die hinten Gehenden riefen in die vorderen Reihen, sie mögen nur gehen, und in diesem Momente hat der Gendarmerie-Wachtmeister von Polnisch-Ostrau ‚Feuer' kommandirt, ohne vorher etwas zu den Bergleuten zu sagen, ohne sie zum Auseinandergehen aufzufordern, und so wurden mehrere Salven abgefeuert, so dass auf der Kaiserstraße 10 Todte und 16 Schwerverwundete lagen, acht Leichtverletzte sind noch weggelaufen. Unter den Todten befindet sich auch ein Knabe von acht Jahren, ein Frauenzimmer ist schwer verwundet, welche mit Milch von Bludowitz nach Ostrau ging. Die Salve wurde in einer Entfernung von zirka sechs bis acht Schritten abgegeben. Eine Anzahl Bergarbeiter sind heute nach Wien gefahren, um gegen diesen Vorgang Protest zu erheben, darunter auch Genosse [Petr] Cingr." (AZ 11. Mai 1894)

Mährisch-Ostrau wurde in ein regelrechtes Feldlager verwandelt: „Vor dem Rathhause und an allen ‚bedrohten' (von wem?) Punkten und Plätzen stehen starke Abtheilungen Infanterie in feldmäßiger Ausrüstung mit scharfgeladenen Gewehren und hochernsten Mienen. Dragonerzüge und Gendarmeriepatrouillen durchstreifen die Stadt. (…) Hie und da sieht man einzelne Streikende, das Zusammenstehen in Gruppen wird nicht geduldet. Die Herren Ausbeuter können ruhig sein, ihr Staat hat dafür gesorgt, dass die murrenden Lohnsklaven im Zaume gehalten und die gestörte Harmonie nöthigenfalls mit Mannlichergewehren hergestellt wird." Obwohl die Bezirkshauptmannschaft eingestand, dass von den Bergarbeitern keine Aggression ausgegangen war, wurden weiterhin alle Streikversammlungen untersagt: „Dagegen wurde von der Bezirkshauptmannschaft eine Kundmachung affichirt, in welcher die Arbeiter vor Ausschreitungen gewarnt und zur Arbeitsaufnahme kategorisch aufgefordert werden. Während also die k. k. Bergbehörde – natürlich nur um die ‚Freiheit der Arbeit' zu wahren – jede Intervention zur Schlichtung des Lohnkampfes meidet, wird durch die Kundmachung der politischen Behörden und massenhafte Militärentsendung zu Gunsten der Unternehmer eine Pression auf die Streikenden ausgeübt.

Die Grubenbarone haben die Forderungen der Streikenden rundweg abgelehnt und erließen am 11. Mai folgende Kundmachung: ‚Die Arbeiterschaft wird hiermit ernstlich aufgefordert, ihre Arbeit sogleich aufzunehmen, da sonst der § 30, Absatz 6 der Dienstordnung in volle Kraft tritt. Auf eine achtstündige Schicht, somit eine Lohnerhöhung kann aus wirthschaftlichen Gründen und wegen der ausländischen Konkurrenz nicht eingegangen werden.' (…) Am 15. Mai wurde allen Streikenden, die in den Kolonien (Werkswohnungen) wohnen, die gerichtliche Kündigung übermittelt. (…) Am 12. d. M. Nachts wurden mit großem militärischen Aufgebot fünf Verhaftungen vorgenommen."

Die entlassenen Arbeiter verloren alle Ansprüche auf Leistungen der Bruderlade: „Da zeigt sich sofort die angeblich aufgehobene Hörigkeit des Arbeiters, der kapitalistische Feudalismus, die furchtbare Abhängigkeit des Grubenarbeiters vom Grubenbesitzer. (…) Außerdem die gerichtlichen Wohnungskündigungen und die Sperrung der Lebensmittelmagazine, und die Leser können sich einen Begriff machen, welche ungeheuern Machtmittel die koalirten Behörden und Unternehmer zur Niederschlagung der Bergarbeiterausstände in der Hand haben." (AZ 18. Mai 1894)[60]

Abstrafungen nach § 3 Koalitionsgesetz 1870

Die Abstrafung von Streikposten nach § 3 Koalitionsgesetz begleitete fast jeden Arbeitskampf in geradezu selbstverständlich erscheinender Routine, so wurden im Zug eines Wiener Tischlerstreiks von April bis Juni 1894 über 51 Streiktage hinweg 38 Arbeiter gerichtlich und 122 polizeilich zu insgesamt 88 Monaten Haft verurteilt. Rund 9000 Tischlergehilfen kämpften – wie das böhmischmährische Bergwerksproletariat – vergeblich für einen Minimalwochenlohn von 12 Gulden, für achtstündige Arbeitszeit, die Abschaffung des Akkords und die Freigabe des 1. Mai. Vor allem Streikposten, die „Arbeitswillige" abhalten wollten, wurden angezeigt: „Streikbrecher werden von den Unternehmern unter allen erdenklichen Versprechungen geworben und leisten hierbei die Behörden und ihre Organe die hilfreichsten Dienste. Polizei und Bezirksämter wetteifern gegenseitig, sich in Gefälligkeiten für die bedrängten Unternehmer hervorzuthun und der § 3 des Koalitionsgesetzes wird schon nicht mehr gedeutet, sondern gedeutelt. Während die magistratischen Bezirksämter den Streikenden mit der Bestrafung des Kontraktbruches [nach § 85 Gewerbeordnung] drohen, falls sie nicht in die Arbeit gehen, droht die Polizei mit Landesgericht und Schubwagen. Wo die Polizei die Grundlosigkeit der Arretirung einsieht und wo sie bei einer eventuellen Einlieferung in's Landesgericht einen Freispruch fürchtet, dort verurtheilt sie kurzerhand auf Grund von Verordnungen aus der Steinzeit. Ja selbst der § 3 des Koal.-G., welcher eine Bestrafung bis zu drei Monaten Arrest möglich macht, wird, als zu milde, durch das Verbrechen des Hausfriedensbruches ersetzt und die so Angeklagten vor den berüchtigten Holzinger-Senat gestellt. Auf die anonymsten Anzeigen und die grundlosesten Gerüchte hin werden tagtäglich die Genossen ausgehoben und dem Landesgerichte eingeliefert."

In zwölf Wiener Arbeiterversammlungen zum Thema „das Koalitionsrecht der Arbeiter und die Stellung der Behörden" protestierte „die Arbeiterschaft Österreichs auf das Entschiedenste gegen die Vergewaltigung ihres Koalitionsrechtes, welche sie auf Schritt und Tritt in jedem Lohnkampfe erfährt". (AZ 22., 24. Mai 1894)[61]

„Nichtneutralität" des Staatsapparats

Unter dem Titel „Rothschild-Militär" verwies die „Arbeiter-Zeitung" am 18. April 1894 auf eine Rede des Wiener Korps-Kommandanten Schönfeld, der auf einem vornehmen Bürgerempfang zugesichert hatte, dass das k. k. Militär verlässlich nicht nur zur Liquidierung von Streiks beitragen, sondern auch Streikbrecherdienste anbieten wird, also „stets bereit sei, das ‚sauer' erworbene Eigenthum der Bourgeois zu schützen". Die „Arbeiter-Zeitung" verwies auch auf die Rolle der Polizei „als Arbeitsvermittlerin und Werberin von Streikbrechern". Zu offenkundig war es, dass sich der Staatsapparat in Arbeitskämpfen nicht neutral verhielt: „Die Polizei, welche sich vollständig in den Dienst der Unternehmer gestellt hat, versucht es, durch ‚Belehrungen', Drohungen, Beschimpfungen, Arretirungen, und selbst Verurtheilungen den Unternehmern Arbeitskräfte, Streikbrecher, zuzuführen." (AZ 18. Mai 1894)

Zur „Nichtneutralität" der Polizeibehörden, zu ihrer einseitigen Intervention zugunsten bestreikter Unternehmer finden sich bis 1914 zahlreiche Beispiele. So druckt „Die Gewerkschaft" vom 26. August 1913 unter „Kompromittierende Anerkennung" ein von der Wiener Polizeidirektion veröffentlichtes Schreiben ab, das dieser von Seite der Speditionsunternehmer zugegangen war: Der Verein der Wiener Spediteure „fühlt sich gedrungen, für die kräftige Unterstützung, welche den Spediteuren seitens des k. k. Polizeipräsidiums während des Streiks der Speditionsarbeiter zuteilgeworden ist, den verbindlichsten und wärmsten Dank zum Ausdruck zu bringen. Während der Dauer des Streiks, der volle acht Tage währte, waren mit großer Umsicht die umfassendsten Vorkehrungen vonseiten des k. k. Polizeipräsidiums getroffen, wodurch ermöglicht ward, dringende und unaufschiebbare Transporte nach Tunlichkeit unter ausreichender Bedeckung durch berittene und Wachen zu Fuß abzuwickeln. Durch eine vortreffliche Organisation war auch bei den Lagerhäusern der Spediteure und in den Wiener Bahnhöfen ein ausreichender Schutz geboten, der die Spediteure vor Schaden bewahrte." Aus Gewerkschaftssicht entsprach es der „Logik des Klassenstaates", dass sich die Behörden in so vielen Arbeitskämpfen auf die Seite der „Herren" stellen: „Dieser der kapitalistischen Anschauung entspringenden Auffassung der eigenen Pflichten [der staatlichen Behörden] ist es zuzuschreiben, wenn wir bei jeder Lohnbewegung die Staatsgewalten auf der Seite der Ausbeuter finden." (Die Gewerkschaft vom 26. August 1913)

Im Fall eines Streiks in Nesselsdorf in Mähren hat „Die Gewerkschaft" am 27. September 1912 über die „Kaiserlich königliche Streikbrechervermittlung" berichtet, über die „Werbung von Streikbrechern durch Kommandanten des k. und k. Heeres und der k. k. Landwehr", indem abrüstende Soldaten von Offizieren genötigt wurden, in die bestreikte Nesseldorfer Waggonfabrik einzutreten.

Wiener Ziegelarbeiterstreik 1895

Der Wiener Ziegelarbeiterstreik von 1895 verdeutlicht den dreifachen Druck, die ökonomische Bedrohung durch Entlassung und Aussperrung, den administrativ-polizeilichen Druck, auch in Form eines enormen Aufgebots an bewaffneter Macht, und die Gerichts-Repression gegen eine am Existenzminimum dahinvegetierende Arbeiterschicht. Rund 10.000 Ziegelarbeiter streiken im April 1895 fast drei Wochen für die Anhebung von Hungerlöhnen, gegen ein schikanöses Prämien- und Trucksystem und gegen die Entlassung der Vertrauensleute: „Da wird uns von den Spitzen der Wiener Polizeibehörden wiederholt und immer wieder versichert, dass man diese Neutralität einhalten wolle. (…) Und während die Versammlungen und Besprechungen der Ziegelwerksbesitzer ohne alle Polizei vor sich gehen und sich kein Mensch darum kümmert, wie viel ‚Einschüchterung oder Gewalt' angewendet wird, um ein Unternehmerkartell zu erzwingen oder aufrechtzuerhalten, wird den Arbeitern verboten, auf offener Straße, was in unserem Falle sagen will, in freiem Felde sich zu besprechen, wird jeder Versuch, Leute, die weiterarbeiten, durch gütliche Unterredung zu bestimmen, dem Streik sich anzuschließen, als Versuch der ‚Einschüchterung' angesehen und behandelt, behandelt mit Säbelhieben.

Wieder ist Blut geflossen bei einem Streik, das Blut von schwangeren Weibern und wehrlosen Greisen. (…) Fünfzehn Personen sind dem Landesgericht übergeben wegen ‚öffentlicher Gewaltthätigkeit', darunter neun Frauen und vier Verwundete. (…)

Gestern gab es blutige Köpfe. Die Direktion, die schon vorgestern das ganze Register ihrer Einschüchterungsversuche spielen ließ, griff gestern zur offenen Gewalt gegen ihre Lohnsklaven. Wer die Schilderungen der gestrigen Vorgänge liest, muss annehmen, dass in dem ganzen Vorgehen gegen die Streikenden System liegt. Es ist ein wohlüberdachter Kriegsplan, nach dem die Direktion der Wienerberger Ziegelfabrik gegen ihre Arbeiter verfährt. Zuerst wurden natürlich die landläufigen Einschüchterungen der Reihe nach durchprobirt, und als diese nicht verfingen und die Arbeiter ruhig an ihren bescheidenen Forderungen und an dem Streik festhielten, rückte das schwere Geschütz aus. Ohne jedweden Anlass, dies sei hier ausdrücklich konstatirt, ohne jedweden Anlass ‚schritt die Polizei' ein, und ihre Organe machten von den Säbeln Gebrauch. Die blutigen Ausschreitungen der Wachleute zu Fuß und zu Pferd waren keineswegs durch die Haltung der Streikenden provozirt, und die ‚Provokation' ist auf ganz anderer Seite zu suchen. Zur Ehre der Arbeiter sei es gesagt, dass sie gute Disziplin hielten und keinerlei Anlass zu den Exzessen gaben.

In Hernals zielten die Pläne der Direktion direkt darauf ab, auf bequeme Art die Führer der Streikbewegung in Haft zu nehmen, dadurch Verwirrung in die Reihen der ausgebeuteten Arbeiter zu bringen und eine Niederlage der Streikenden herbeizuführen. Einige Vertrauensmänner verhaftete man, andere kündigte die Werkdirektion." (AZ 22. April 1895)

Fast jeder Streiktag forderte verletzte Ziegelarbeiter. Der lebensgefährlich verwundete Arbeiter Franz Urbanek überlebte erlittene Säbelhiebe nicht: „Der gestrige Tag des Streiks hat neue Opfer gekostet, elf Arbeiter, darunter drei Frauen wurden von Gendarmen verletzt, zwei anscheinend schwer, acht von rückwärts. Auch sind neue Hilfstruppen im Streikgebiet eingerückt. (…) Auf dem sogenannten ‚Baronwerke' der Unionsgesellschaft waren gestern etliche Leute mit Ziegelverladen beschäftigt. Dies zu verhindern, zog um 8 Uhr ein Trupp von etwa hundert Leuten, darunter viele Weiber, zu dem genannten Werk, das von der Brunnerstraße durchschnitten wird. Links steht ein Ringofen, hinter dem die Verladung vor sich ging. Als nun die Arbeiter das Werk betreten wollten, stellten sich ihnen etwa fünfzehn Gendarmen entgegen. Die Arbeiter wandten sich zur Flucht, wurden von den Gendarmen verfolgt und zwei Leute hiebei auch leicht verwundet, und zwar von rückwärts."

In den Hernalser Ziegelwerken drohte die Werksleitung, die Arbeitsbücher der Polizei zu übergeben: „Auch müssten sie sofort die Werkswohnungen räumen, wenn sie die Arbeit nicht aufnehmen." (AZ 23. April 1895)

Empört reagierten die Arbeiter, als Militäreinheiten, „grüne Dragoner", „in voller Uniform lediglich ohne Seitengewehr zum Ziegelaufladen", zum Streikbruch herangezogen wurden: „Wenn die Leute in Inzersdorf auf der Gasse ruhig ihre Angelegenheiten besprechen und die Polizei sie auseinandertreiben will, so ist ja leicht möglich, dass ihr Widerstand gegen die überflüssige Maßregel als ‚Gewaltthätigkeit' aufgefasst wird. Es ist ebenso möglich, dass die Arbeiter aufgereizt werden, wenn man sie mit Militär umzingelt und ihre Aufregung manchem dann ‚bedrohlich' erscheint." (AZ 26. April 1895)

Die Streikstatistik vermerkt: „15 Arbeiter wurden wegen öffentlicher Gewaltthätigkeit und Übertretung des Coalitionsgesetzes gerichtlich abgestraft."[62]

Bergarbeiterkämpfe 1896

Provoziert durch die „Entlassung bezw. Kündigung einiger agitatorischer und excessiver Arbeiter" streikten im Frühjahr im Bezirk Mährisch-Ostrau mit begrenztem Erfolg über 28 Tage ca. 18.000 Bergarbeiter für 10–25% Lohnerhöhung, für wöchentliche Lohnauszahlung und für die Wiederaufnahme der Entlassenen: „Auf dem Johann-Schachte des Grafen Larisch-Mönnich in Karwin hatten am 18. und 19. d. dreißig Schlepper, junge Burschen von 14 bis 17 Jahren, die Arbeit eingestellt, weil ihnen bei der Auszahlung größere Beträge vom Lohn abgezogen wurden. Zuerst wollte der Werksingenieur Vesely gar nichts davon wissen, endlich aber bequemte er sich dazu, einigen Schleppern die Beträge nachzuzahlen. Auch versprach er ihnen eine kleine Aufbesserung des Akkordlohnes. Dafür aber ließ er zwei von ihnen, die Schlepper Klocek und Hereda, verhaften – als gefährliche Aufwiegler. Die beiden Knaben wurden Donnerstag Abends von zwei Gendarmen in Ketten gelegt und im größten Froste (bei 16 Grad Kälte) nach Freistadt geschleppt, wo sie zur Stunde sitzen." (AZ, 26. Februar 1896)[63]

In Reaktion auf den Streikausbruch wurde „ein Bataillon vom Infanterieregiment Kaiser Franz Josef I. aus Troppau" in das Karwin-Ostrauer Revier verlegt: „Das ist die ganze Kunst. Und doch sollte man glauben, dass eine Regierung gerade bei diesem Streik noch andere Pflichten hätte, als die Mannlicher-Gewehre bereitzuhalten, (…). Warum streiken die Kohlensklaven auf den Werken der Grafen Wilczek und Larisch, des Erzherzogs Friedrich, der Ferdinand-Nordbahn des Baron Rothschild, des Herrn v. Gutmann?

Ihre Hauptforderung ist, dass man ihnen ihren elenden Lohn wöchentlich auszahle, nicht aber wie bisher monatlich. Die Arbeiter von Karwin und Ostrau, die täglich dem Tod ins Auge sehen müssen, beziehen einen Lohn von 25 bis 30 fl. monatlich. Hunderte von ihnen fielen allein in den letzten Jahren den furchtbaren Katastrophen zum Opfer, und ihre verbrannten Leiber ruhen auf dem traurig-berühmten Friedhofe von Karwin. (…) Seit Monaten herrscht Unruhe im Karwiner Revier; die beginnende Organisation wurde durch Maßregelungen behindert, (…)." (AZ 28. Februar 1896)

Militärstreifen führten streikende Maschinisten zwangsverpflichtet vor: „Drei Vertrauensmänner vom Gabrielen-Schacht IV in Zarubek wurden entlassen. (…) Auf der Gabrielen-Zeche haben gestern Mittags weitere drei Arbeiter die Kündigung erhalten. In Mährisch-Ostrau trafen heute Nachts zwei Kompagnien Infanterie aus Troppau ein." (AZ 3. März 1896)

Mehrere Bergarbeiter wurden im Weg des § 3 Koalitionsgesetz diszipliniert. Streikagitation wurde presserechtlich unterbunden: „Wegen Übertretung des Koalitionsgesetzes wurden zwei junge Burschen verhaftet. (…) In Karwin treiben Soldaten und Gendarmen die Streikenden zur Arbeit. (…) In Mährisch-Ostrau sind sieben Arbeiter wegen Übertretung des § 23 P.G. angeklagt, weil sie die bekannten Zettel mit der Inschrift: ‚Wir verlangen die wöchentlichen Auszahlungen, da die monatlichen schädlich sind', unter ihren Mitarbeitern verbreiteten, beziehungsweise sie ihnen zum Unterschreiben vorlegten. Die Werkleitungen drohten den Angeklagten überdies mit Entlassung, falls sie verurtheilt werden." (AZ 5. März 1896)

Weiters kamen die üblichen vereins- und versammlungsrechtlichen Sanktionen zum Tragen. Fast alle Versammlungen, die für die Streikmoral unabdingbar waren, wurden untersagt: „In Mährisch-Ostrau wurden gestern und heute mehrere Versammlungen verboten, angeblich weil sie ‚nicht gesetzmäßig einberufen' waren. Wir wissen noch nicht, worin die ‚Ungesetzmäßigkeit' der Einberufung gelegen sein soll, und ob die Behörden wirklich genöthigt waren, das bisschen Versammlungsrecht im Streikgebiet, diese einzige Waffe der Arbeiter, zu beschneiden. Es scheint jedoch, dass diese Versammlungsverbote durchaus kein Zufall sind, sondern andeuten, dass man den Arbeitern das Versammlungsrecht überhaupt nehmen will. Wie man uns aus Mährisch-Ostrau berichtet, wurden die Obmänner der Vereine ‚Prokop' und ‚Gerechtigkeit' zur Polizei zitirt und ihnen nahegelegt, sich die Anzeigen von Versammlungen zu ersparen, da es der Behörde unlieb wäre, wenn sie sie verbieten müsste." (AZ 8. März 1896)

In die wenigen genehmigten Versammlungen drangen „ganz ungesetzlicherweise" Gendarmen ein, um Arbeiter zu verhaften: „Käme es in der Erregung zu einer Abwehr, so wäre das ‚Gewaltthätigkeit', und der Streik könnte, wie gewohnt, mit Mannlicher-Gewehren behandelt werden. (…) Für heute Vormittag war unter anderem auch eine öffentliche Versammlung des Fachvereines ‚Prokop' (…) in Mährisch-Ostrau einberufen. Acht Gendarmen, mitten auf der Straße stehend, ließen die Versammlungsbesucher Revue passiren. Die Versammlung war von etwa viertausend Personen besucht. Ab und zu entstand Unruhe im Saale, Polizeiagenten und Gendarmen nahmen nämlich in den Nebenräumen, ja im Saale selbst Verhaftungen von Bergarbeitern vor, die angeblich Flugblätter verbreiteten. Plötzlich drang eine Abtheilung von fünf Gendarmen unter lauten Protestrufen und einer unbeschreiblichen Aufregung der Versammlung durch die dichtgedrängte Menge zur Rednerbühne. (...) Als der Vereinsobmann, Genosse Cingr, den Wachtmeister aufmerksam machte, dass ein derartiges Eindringen von Bewaffneten in eine Vereinsversammlung ungesetzlich sei, entgegnete der Wachtmeister: ‚Uns ist alles erlaubt!'" (AZ 16. März 1896)

Streikaktivisten wurden nicht nur im Gerichtsweg kaltgestellt, sondern auch durch Entlassung, so vor allem Mitglieder von Streikkomitees: „Durch Entlassung der Vertrauensmänner wollen die Grubenpaschas die Organisation zerstören oder wenigstens schwächen, die Wiederaufnahme der Entlassenen bleibt daher die wichtigste Forderung der Streikenden." (AZ 22. März 1896)

Die Arbeiterpresse klagte mit Recht, dass zusätzlich noch „journalistische Lakaien der Unternehmer" und die politischen Kader des Bürgertums die Streikenden zu diskreditieren versuchen. So erklärten etwa Abgeordnete wie der langjährige Ackerbauminister Julius von Falkenhayn und der Wiener Geologieprofessor Eduard Sueß im Parlament, die gesammelten Solidaritätsgelder flössen ohnedies nur in die „Schnapsboutiquen": „Inzwischen wird gegen die Streikenden trotz ihres musterhaften Verhaltens die Abschreckungsmethode fortwährend angewendet. Am Freitag hat der Bezirksrichter von Freistadt zwei Arbeiterinnen, welche einen Bergarbeiter davon abhalten wollten, die Arbeit aufzunehmen, wegen Übertretung des § 3 des Koalitionsgesetzes zu zwei Monaten (!!) Arrest verurtheilt und beschlossen, sie in Haft zu behalten. Gestern intervenirte Dr. [Isidor] Ingwer beim Bezirksrichter dafür, dass die Frauen enthaftet werden, weil ihnen sonst die Möglichkeit, die Berufung anzumelden, benommen wird. Da diese Intervention erfolglos blieb, wurde an den Justizminister telegraphirt, der wahrscheinlich auch noch nicht gehört haben dürfte, dass jemand für Übertretung des Koalitionsgesetzes zwei Monate Arrest bekommen hat. Bis zur Stunde ist jedoch noch keine Verfügung des Justizministers bekannt geworden." (AZ 11. März 1896)

Isidor Ingwer sah als in das Streikgebiet entsandter gewerkschaftlicher Rechtsvertreter die tägliche systematische Behördenschikane. Er sah in der Entlassung der Vertrauensleute nicht nur den Angriff auf das Koalitionsrecht, sondern auf die Existenz von Arbeiterorganisationen schlechthin: „Eine große Anzahl von Frauen und mehrere Arbeiter wurden verhaftet. Die Versammlungen sind fortgesetzt gut besucht. Fast sämmtliche Bruderladenälteste, Vereinsvorstände, Vertrauensmänner und Streikcomitémitglieder wurden im ganzen Revier entlassen und erhielten Wohnungskündigungen. Die Erbitterung wächst unaufhörlich. Materielle Hilfe ist dringend nöthig." (AZ 12. März 1896)

Isidor Ingwer vertritt vor dem Bezirksgericht mehrere Arbeiterfrauen: „Das bloße Stehenbleiben auf der Straße, ‚Ansammeln' von drei bis vier Personen bedeutet nach [Richteransicht] schon die Übertretung des § 3 des Koalitionsgesetzes, weil ‚die Zeiten jetzt sehr unruhig sind'. Mit dem größten Gleichmuthe verdonnert [der Richter] die Frauen wegen ‚Übertretung des Koalitionsgesetzes' zu Arreststrafen in der Dauer von zwei Monaten. Gestern saß [ein Bezirksrichter] über elf Frauen zu Gericht; fünf davon wurden freigesprochen, weil ihnen nicht einmal nachgewiesen werden konnte, dass sie auf der Straße stehengeblieben seien, fünf erhielten Arreststrafen von drei bis acht Tagen und die Bergmannsgattin Aubrecht vier Wochen Arrest. Dem Antrage des Vertheidigers Dr. Ingwer auf Enthaftung der Aubrecht wurde nicht stattgegeben, weil ‚die Zeiten noch immer unruhig sind'. (…) Die Zahl der Verurtheilten – namentlich beim Freistädter Bezirksgerichte – steigt ins Unendliche; bis jetzt wurde uns die Verurtheilung von 15 Männern und 14 Frauen gemeldet mit einem Strafausmaße von sechsundzwanzig Monaten und vierzehn Tagen. (…) So wurde heute eine Frau, Mutter von zwei Kindern, nur deswegen von Gendarmen aus ihrer Wohnung geholt und nach Oderberg geschafft, weil sie einer Nachbarin im Gespräch Vorwürfe machte, dass deren Mann in die Arbeit geht." (AZ 14., 15. März 1896)

Unter dem Einfluss radikal syndikalistischer Gruppen („Unabhängige") streikten Anfang Oktober 1896 in spontan „wilder" Weise („ohne Vorwissen der Bergarbeiterorganisationen") über fast zwei Wochen ohne Erfolg rund 9000 Kohlenbergbauarbeiter im Brüx-Duxer Bezirk für die Anhebung der Mindestlöhne, für Arbeitszeitverkürzungen, für die Reform der Bruderladen.[64]

In der amtlichen Statistik wird als „Streikveranlassung" angeführt: „Agitationen durch Flugschriften, welche zur Arbeitseinstellung aufforderten". Die Streikstatistik vermerkt auch eine übergroße Anzahl an Disziplinierungen: „Von den Ausständigen nahmen 7.998 die Arbeit wieder auf, 190 wurden entlassen (89 in Haft genommen, 77 abgeschafft, 1 polizeilich, 78 gerichtlich schuldig erkannt) und 158 traten freiwillig aus der Arbeit aus." Zu einem zeitgleich nahestehenden Kampf von rund 500 Komotauer Bergbauarbeitern wurde notiert: „Die öffentliche Ruhe wurde nicht gestört. Eine im Freien zusammengekommene Arbeiterschar wurde durch das Militär zersprengt."[65]

Die Duxer Bezirkshauptmannschaft forderte offen zum Streikbruch auf. Sie sicherte in einer Kundmachung den bestmöglichen „Schutz der Arbeitswilligen" an: „Ein großer Theil der im Bergwerksbetriebe des politischen Bezirkes Dux beschäftigten Arbeiter hat in Folge einer gewaltsamen Einschüchterung durch herumziehende arbeitsscheue Individuen die Arbeit eingestellt. Brave, arbeitsame Arbeiter wurden mit Gewalt an dem Betriebsantritte gehindert und hiedurch öffentliche Unruhen herbeigeführt. Im Hinblick auf diesen Umstand sehe ich mich veranlasst, zu verlautbaren, dass durch die getroffenen Sicherheitsmaßnahmen einem jeden Arbeiter, der seinem Berufe nachgehen will, der ausgiebigste gesetzliche Schutz gewährleistet wird. Hiebei erwarte ich, dass jedermann die Anstifter der Unruhen den Behörden behufs strenger Bestrafung zur Anzeige bringen wird. Ich warne die Arbeiter vor unbesonnenen, ungesetzlichen Thaten und fordere sie auf, sich jeder Ansammlung zu enthalten." Unmittelbar nach Streikbeginn traf Polizeiverstärkung ein, zusätzlich wurde ein Bataillon zur Militärassistenz bereitgestellt: „Die Grubenbesitzer haben vorläufig zur Gewalt gegriffen und Militär in Massen aufmarschieren lassen. (…) Unter den Bergarbeitern der umliegenden Kohlenbergwerke wurden in den letzten Tagen hektographirte Flugblätter und Plakate verbreitet, worin die Arbeiter zum Generalstreik aufgerufen wurden. Der Streik wurde tatsächlich eröffnet und breitet sich aus von Schacht zu Schacht. (…) Bis gestern Abends sind neun Verhaftungen vorgenommen worden. Im ganzen haben gestern gegen dreitausend Mann gestreikt. Gestern Abends zog ein Trupp Streikender zum Schachte Nelson III bei Ossegg; er wurde von der Gendarmerie in den Ossegger Wald zurückgeschlagen. Heute um ½1 Uhr Nachmittags wurde die Brüxer Kavallerie-Eskadron alarmirt. Nach Dux und Ossegg wurde je ein Bataillon Infanterie abgeschickt." (AZ 1. Oktober 1896)

Am 2. Oktober 1896 vermeldet die „Arbeiter-Zeitung", dass in Brüx und Dux „eine Anzahl von Verhaftungen vorgenommen" wurde: „Wie seit jeher in diesem Streikgebiete üblich, glaubt die Behörde den Ausstand durch die Einsperrung der muthmaßlichen Häupter der Bewegung niederdrücken zu können. In Dux und Brüx herrscht vollkommene Ruhe. Einzelne Gruppen Streikender, die sich in den Gassen aufhielten, empfingen mit Heiterkeit das einrückende Militär. (…) Wegen dringenden Verdachts der Verbreitung hochverrätherischer Druckschriften sind bis jetzt zehn Personen verhaftet. (…) In Folge der Gewaltthätigkeiten auf dem Germania-Schachte ist ein halbes Bataillon des 72. Infanterieregiments aus Komotau und eine Eskadron Dragoner aus Postelberg in das Streikgebiet dirigirt worden."

Bemerkenswert an diesem rasch isolierten nordwestböhmischen Arbeitskampf ist, dass das Militär „zwei Bataillone Infanterie und zwei Eskadronen Kavallerie" offensiv aufgeboten hat und dass das gesamte Streikgebiet förmlich in einen Kriegsschauplatz verwandelt wurde: „Man hat eine neue Methode gefunden, gegen streikende Arbeiter vorzugehen. Während sonst die Gendarmen einzelne Streikende und Gruppen von ihnen mit ihren Bajonetten bedrohen und eventuell mit den Mannlicher-Gewehren niederschießen, überhaupt ‚Exempel zu statuiren' hatten, wird diesmal eine neue Strategie angewendet und die Aktion von vornherein in die Hände des Militärs gelegt. Man führt einen regelrechten Feldzug gegen die armen Menschen, die leider ohne leistungsfähige Organisation und ohne zielbewusste Führung sich gegen die Urheber ihres Elends aufbäumen und einen verzweifelten Versuch machen, ihr Joch abzuschütteln. Fast so viel Soldaten, als es Streikende gibt, sind auf den Kriegsschauplatz entsendet worden, (…)." (AZ 3. Oktober 1896)

Mit einem ungewöhnlich starken militärischen Aufgebot von 2500 im Streikgebiet konzentrierten Soldaten wurden alle vertraulichen und öffentlichen Streikversammlungen unterbunden, massenhaft gezielt Verhaftungen vorgenommen: „Die ‚Solidarität' der Unternehmer und Behörden gegenüber den ausgebeuteten Grubensklaven zeigte sich wieder einmal im schönsten Lichte. Auf die ‚Rädelsführer' wurde eine förmliche Hatz veranstaltet, so dass sie nur in den Wäldern zusammenkommen konnten. Eine einzige in Dux behördlich bewilligte Versammlung wurde aufgelöst." Gleichzeitig brachte die Staatsanwaltschaft das gesamte Repertoire des Strafgesetzbuchs bis hin zu Hochverratsanklagen in Stellung. (AZ 6. Oktober 1896)

Eisenbahner ab 1896/97: Streik, passive Resistenz?

Der im Oktober 1896 für Lohnanhebung und neunstündigen Arbeitstag geführte Streik von 500 Werkstattarbeitern der Staatseisenbahngesellschaft in Wien beunruhigte die Behörden, da sie die Koalitionsbewegung der Eisenbahnbediensteten, die sich erst ein halbes Jahr zuvor zu einem österreichweiten Fachverband zusammengeschlossen hatten, aus „Staatsinteresse" unterbinden wollten. Rund sechzig Wachleute, „zum Theil hoch zu Ross", besetzten die Eingänge zu den Werkstätten, damit „kein Haar auf dem Haupt eines Streikbrechers gekrümmt" wird: „Trotz dieses Schutzes gelang es nicht, mehr Leute als bisher in die Werkstätten zu bringen. Ja, die Anzahl der Streikbrecher hatte sich um einige vermindert. Die Scham über die wenig ehrenhafte Haltung den Streikenden gegenüber hat einige veranlasst, die Arbeit ruhen zu lassen. Als die letzten Streikbrecher, die mit dem Bahnzug aus dem X. Bezirk einlangten, die Werkstättenräume betreten hatten, zog der größte Theil der Wache ab." (AZ 7. Oktober 1896)[66]

Schon ein halbes Jahr später, im März 1897, wurden die Organisationen der Eisenbahnbediensteten als „staatsgefährlich" eingestuft und die „Auflösung der auf sozialdemokratischer Basis bestehenden Vereine für geboten" erklärt, weil sie „mit den Staatsinteressen unvereinbar sind". Die Eisenbahner zogen sich in den Folgejahren auf das Kampfmittel der passiven Resistenz zurück.

Nicht zufällig waren sie im Vorfeld des Krieges im Juli 1914 so wie alle öffentlichen Dienste von einem spezifischen Streikverbot (RGBl. Nr. 155 aus 1914) betroffen.[67]

Arbeitskämpfe für die Anerkennung der Organisation

Nicht wenige Arbeitskämpfe des Jahres 1896 wurden gegen Versuche von Fabrikdirektoren, Vertrauensleute zu entlassen, gewerkschaftliche Betriebsorganisationen zu verbieten oder „schwarze Listen" anzulegen, geführt, so etwa in der Papier-/Cellulosefabrik im steirischen St. Stefan bei Gratwein im März 1896: „Anstatt aus dem maßvollen Verhalten der Arbeiter zu lernen, trachtete die Direktion die Arbeiter erst recht unter die Fuchtel zu bringen, und als ihr dies anscheinend nicht gelingen wollte, wurden einfach die Vertrauensmänner der Arbeiter entlassen, (…)." 1300 Streikende konnten nach eintägigem Ausstand die Wiedereinstellung der Aktivisten erzwingen. (AZ 11. März 1896)[68]

Zu einem harten Aussperrungskonflikt entwickelte sich ein Streik der Neunkirchner Baumwollspinner. Ende April 1896 forderten 322, „darunter 136 weibliche" Arbeiter der Spinnfabrik von Friedrich Eltz' Erben eine 10-prozentige Lohnerhöhung. Nach 81 Tagen mussten sie den Streik im Juli erfolglos abbrechen: „Infolge eines in Neunkirchen durch längere Zeit andauernden Strikes sah sich die betheiligte Firma veranlasst, die Delogierung von 14 Miethsparteien aus ihren Arbeiterhäusern zu verfügen. Aus Sympathie und zum Zeichen der Solidarität mit den Ausständigen legten 1495 Arbeiter [von sechs Neunkirchner] Fabriken am 2. Juni die Arbeit mit dem Bedeuten an die Arbeitgeber nieder, dass sie nur für einen Tag die Arbeit einstellten, um ihre Sympathie für die Strikenden darzuthun, und dass sie am 3. Juni die Arbeit wieder aufnehmen würden. Dieses Verlassen der Arbeit bewog die Arbeitgeber, sich auch für solidarisch zu erklären, und sie sperrten die zur Arbeit nicht erschienenen Arbeiter aus. Diese Aussperrung erstreckte sich auf alle Fabrikbetriebe Neunkirchens." Die Bezirkshauptmannschaft Neunkirchen erklärte Mitte Juni 1896, „dass die Fabrikleitungen durch den Umstand, dass die Arbeiter am 2. Juni l. J. die Arbeit unbefugt verlassen hatten, gesetzlich berechtigt waren, ihre Hilfsarbeiter ohne Kündigung zu entlassen". „Die Gewerkschaft" konnte in einem Rückblick auf den Neunkirchner Streik am 15. August 1896 festhalten, dass die Neunkirchner Aussperrung exemplarisch abschreckend gegen den „Arbeiterterrorismus" geführt wurde. Hinter vielen aussperrenden Firmen standen nämlich Großindustrielle, für die eine solche lokale Aktion völlig nebenbei verkraftbar war, so für „Brevillier u. Comp." oder für „Schoeller und Comp." Von Behördenseite wurden mehrere Arbeiterversammlungen verboten.[69]

Weber-, Spinnerstreiks im Trautenauer Textilindustriebezirk 1897

1897 sorgte ein gescheiterter Aufstand der „Textilindustriesklaven" im politischen Bezirk Trautenau für Aufsehen. Am Flachsspinnerausstand beteiligten sich im April/Mai über drei Wochen rund 6000 Arbeiter, knapp mehr als die Hälfte davon Frauen. Sie verlangten eine Erhöhung der beispiellos niedrigen Lohnsätze, die zwischen zwei und nicht einmal vier Gulden .pro Woche bei im Schnitt 11–12stündiger Tagesarbeitszeit schwankten. Die „Gewerkschaft" zitierte am 15. Mai 1897 „die von Professor Dr. Singer in den Achtzigerjahren veröffentlichten Daten über die Lage der nordböhmischen und ostböhmischen Arbeiter". Nach Isidor Singer verdienten Frauen Hungerlöhne von 35 Kreuzer pro Tag, Männer 50–60 Kreuzer. Drei Dutzend Arbeiter wurden „wegen öffentlicher Gewaltthätigkeit" oder „wegen Übertretungen nach dem Koalitionsgesetz zu je 3 Monaten schweren Kerkers verurtheilt".[70]

Ende April 1897 dehnte sich der Streik über alle Spinnereien des Aupathales aus: „Die Gendarmerie und die Polizei, die selbstverständlich sofort ‚zum Schutze' der nicht bedrohten Fabriken ausrückte, griffen wiederholt die in Gruppen angesammelten Arbeiter mit blanker Waffe an. Eine große Anzahl von Arbeitern wurde wegen ‚Renitenz' und angeblichen Steinewerfens verhaftet und in Ketten geschlossen nach dem Trautenauer Gefängnis geschleppt. Unter den Verhafteten befinden sich auch eine Frau und ein jugendlicher Arbeiter. Samstag Nachmittags 4 Uhr traf in Josefstadt ein Bataillon des 74. Infanterieregiments bestehend aus einem Stabsoffizier, 12 Offizieren und 284 Mann ein. Das Militär war in zehn Waggons untergebracht. Der Bezirkshauptmann Grimm und Gewerbe-Inspektor Menzel suchen zwischen den Streikenden und den Fabrikanten zu vermitteln, doch erklärten die letzteren die Lohnerhöhung von 10 kr. täglich als ‚unerfüllbar'. Eine Versammlung der Streikenden, die gestern beim Kühn'schen Steinbruch auf der Alt-Rognitzer Straße abgehalten werden sollte, wurde von der Gendarmerie verhindert. Das rücksichtslose Vorgehen der Gendarmen, die Versammlungsverbote und die ablehnende Antwort der Gendarmen haben begreiflicherweise eine erregte Stimmung unter den Ausständigen hervorgerufen. In den Straßen von Trautenau und den anderen Fabriksgebieten herrscht ein reges Leben, überall sieht man diskutirende Arbeiter- und Arbeiterinnengruppen. Auch das

k. k. priv. Scharfschützenkorps hat sich bemüßigt gefunden, zum Schutze der durch ihre schrankenlose Ausbeutung berüchtigten Trautenauer Flachskönige auszurücken. Es versieht den Dienst im Rathhaus. Militär- und Gendarmeriepatrouillen durchziehen das ganze Streikgebiet. Verhaftungen wurden bis jetzt 24 vorgenommen." (AZ 27. April 1897)

Wegen des nahen 1. Mai trafen die lokalen Ämter „die ‚umfassendsten Vorsichtsmaßregeln'. Ein Bataillon des 74. Infanterieregimentes wird bis zur Beilegung der Arbeitseinstellung hier verbleiben, zudem dürfte am 1. Mai Verstärkung durch Kavallerie einlangen." (AZ 28. April 1897)

Mit Hilfe der Behörden planten die „Flachskönige" die „bedingungslose Unterwerfung ihrer Arbeitssklaven". Sie gebärden sich „wie Protzen, die wissen, dass ihnen unorganisirte, halbverhungerte Arbeiter gegenüberstehen. Den Arbeitern werden konsequent alle Versammlungen verboten, was ihren Lohnkampf sehr erschwert. Die massenhaft aufgebotene Gendarmerie und das Militär durchstreifen das Streikgebiet, können es aber nicht hindern, dass die Bewegung immer neue Unternehmungen erfasst. (…) Die Zahl der Streikenden beträgt zur Zeit mehr als 6000. Die Flachskönige schreien in ihren Trautenauer Organen nach Verstärkung des Militärs, anstatt den hungernden Arbeitern die bescheidene Lohnerhöhung zu gewähren. Eine ständige Garnison verlangen sie für Trautenau." (AZ 29. April 1897)

Brünner Textilarbeiterstreik 1899

Von Ende April bis Anfang Juli 1899 streikten in Brünn, im „österreichischen Manchester", ca. 10.000 Spinner/innen und Weber/innen in über 60 Textilfabriken für den Zehnstundentag, was ihnen mit dem altbekannten Schlagwort der „Konkurrenzfähigkeit" verwehrt wurde. Nur ein geringer Teil der Streikenden war gewerkschaftlich organisiert, wie die Arbeiterzeitung am 25. Juni 1899 rückblickend festhält: „Die Arbeiterschaft eines ganzen Industriezentrums, die nur zum allergeringsten Theil gewerkschaftlich organisirt, zu zwei Drittheilen aus Frauen besteht und deren Mehrheit agrikolen Ursprungs ist, tritt weniger eigentlich planmäßig als dem instinktiven Gefühle folgend, dass es nun Zeit sei, [eine] alte Forderung durchzusetzen, in den Ausstand. Während des Kampfes erst wird eine Organisation geschaffen, die in Friedenszeiten nicht zu erreichen war. Während zweier Monate wird die Schaar der Zwölftausend an Ordnung und die nothwendige Disziplin gewöhnt und lernt in den täglichen Versammlungen proletarisch, wenn nicht sozialistisch denken." (AZ 25. Juni 1899)[71]

Die Brünner Streikenden verfügten über ein großes Arbeiterheim. Dadurch liefen viele Behördenmaßnahmen zur Behinderung der Streikorganisation ins Leere. Die Streikmoral konnte hochgehalten werden. Es gelang den Textilfabrikanten nicht, die Arbeiter rasch auszuhungern: „Zum Glück steht den Arbeitern das ‚Arbeiterheim' zur Verfügung, in dessen geräumigem Saale und weitem Hofe sich die tausende von Streikenden sammeln und aufhalten können, und wo auch die nothwendigen Arbeiten der Vertheilung und Kontrole ungestört vor sich gehen können. In diesem großen Hofe wurden auch bisher die Versammlungen abgehalten, die zur Berathung und Verständigung nöthig sind." (AZ 21. Mai 1899)

Trotzdem kamen die üblichen Versammlungsverbote zum Tragen. Über zwanzig Arbeiter wurden nach dem Koalitionsgesetz bestraft: „Mehrere Arbeiterinnen erzählen uns, dass außer den Trabanten des Herrn Löw-Beer auch Gendarmen des Boskowitzer Bezirkes in die Wohnungen der Streikenden eingedrungen sind und die unwissenden Frauen zu bestimmen versucht haben, dass sie morgen in die Arbeit gehen." (AZ 6. Juni 1899)

Zur „unerhörten Bedrückung der Streikenden" trug ferner die Sperre der Brünner Fabrikskrankenkassen bei. Den Kranken wurde „nicht nur das Krankengeld verweigert, sondern sie wurden auch verhöhnt. ‚Gehen Sie zu den Streikführern um Ihr Geld!' hat man ihnen zugerufen, als sie ihr Krankengeld verlangten. Einer Arbeiterin wurde der Krankenzettel verweigert. (…) Einigen Arbeiterkrüppeln, die ein Almosen als Alterspension beziehen, wurde mit deren Entziehung gedroht, ‚weil in der Fabrik gestreikt wird'." (AZ 10. Juni 1899)

Streikposten, die sich den Betrieben näherten, wurden festgenommen: „Die Fabrik Redlich war von einem großen Kontingent von Polizisten umstellt, die die Vertrauensmänner der Arbeiter, die beordert waren, sich zu vergewissern, wie die Sache steht, wegschafften und einige sogar verhafteten." Die bürgerliche Presse rief sogar nach mehr Polizei und Militär.

Im Zug zeitgleicher Weberausstände kam es im Frühjahr 1899 in den böhmischen politischen Bezirken Nachod und Trautenau zu heftigem sozialem Widerstand („Nachoder Unruhen"). Knapp 3000 Weber und Weberinnen kämpften um eine 20–30-prozentige Anhebung ihrer Niedriglöhne. Die Arbeiter stürmten Magazine und verteilten Lebensmittel an die Demonstrierenden. Die Bezirkshauptmannschaften meldeten folgende Aburteilungen an das statistische Zentralamt: „120 Arbeiter wurden gerichtlich abgestraft, und zwar 107 wegen Verbrechen des Diebstahls und boshafter Beschädigung fremden Eigenthums, 13 wegen öffentlicher Gewaltthätigkeit und Verbrechens des Diebstahls." 12 Arbeiter wurden wegen Übertretung des Koalitionsgesetzes (§ 3) gerichtlich verurteilt.[72]

Mit den aus der Sicht der herrschenden Klasse bewährten Mitteln der Entlassung, der Delogierung aus den Werkswohnungen, der Drangsalierung durch Werkschutzagenten versuchte man 600 Tannwalder Baumwollspinner, knapp mehr als die Hälfte davon Arbeiterinnen, die ebenfalls im Mai/Juni 1899 über sieben Wochen für eine 20-prozentige Lohnerhöhung streikten, zu disziplinieren. Gleichzeitig gingen die Behörden des politischen Bezirks gegen die Arbeiterschaft vor. Selbst nach § 2 Versammlungsgesetz auf geladene Gäste beschränkte Zusammenkünfte wurden aufgelöst. Von Seite der Bezirkshauptmannschaft wurden die Gastwirte aufgefordert, den Streikenden keine Lokale zur Verfügung zu stellen: „Der größte Druck wird aber von der Behörde auf die Streikenden ausgeübt. Versammlungsverbote, Saalabtreibereien, Sprengungen von auf geladene Gäste beschränkten Versammlungen durch die Gendarmerie lassen die Streikenden zu der Ansicht kommen, als stünden einzelne Organe ausschließlich im Dienste der Unternehmer. Am 25.d. fand in Budinas Gasthaus in Schumburg eine Versammlung der Streikenden der Firma Stumpe statt. Nicht weniger als dreizehn Gendarmen waren vor dem Versammlungslokal postirt, die der Eröffnung der Versammlung harrten, um die Theilnehmer auseinandertreiben zu können. Die Streikenden, zirka 100 Personen, die die Absicht merkten, eröffneten die Versammlung nicht, sondern machten einen Ausflug auf die Stefanshöhe nach Prichowitz, wohin sie von den Gendarmen das Geleit erhielten. Die Streikenden hielten dort in Sturm und Wetter aus, bis sich die Gendarmen entfernt hatten. Dann besprach man das Nothwendigste. Am Samstag musste der Betrieb in sämmtlichen drei Fabriken wieder eingestellt werden, da zu dessen Aufrechterhaltung zu wenig Streikbrecher vorhanden sind und außerdem die Streikbrecher von den Bewohnern mit einer Verachtung behandelt werden, dass ihnen die Lust zum Arbeiten verleidet wird." Der Streikstatistik wurde gemeldet: „9 Arbeiter wurden wegen Übertretung des Versammlungsgesetzes zu je 2 Tagen Arrest und 3 wegen Übertretung des Coal.Ges. verurtheilt, wovon 2 zu je 4 Tagen und 1 zu 2 Tagen Arrest." (AZ 29. Mai 1899)[73]

Im November und Dezember 1899 schlossen sich 300 Weber und Weberinnen in den Zwickauer Buntwebereien und 400 Textilproletarier in den Jägerndorfer Tuchfabriken dem Brünner Kampf um den Zehnstundentag an. Jene Arbeiterdelegierten, die die Forderungen der Zwickauer Arbeiter überbrachten, wurden entlassen. Die Textilindustriellen sperrten in den beiden betroffenen Regionen aus Unternehmersolidarität mit den vom Streik betroffenen Betrieben rund 3300 Arbeiter aus. Der Bezirkshauptmann von Zwickau unterstützte diesen Kurs. In einer Kundmachung versprach der Bezirkshauptmann den „Arbeitwilligen", die „wieder in die Arbeit treten wollen, den

‚ausreichendsten behördlichen Schutz' und kündigt an, dass den ‚allfälligen Einschüchterungs- und Vergewaltigungsversuchen mit der vollen Strenge des Gesetzes entgegengetreten wird'." Er setzte also auf den Schutz von Streikbrechern durch bereitstehende Gendarmerie.[74]

Die Jägerndorfer Arbeiter waren von der Gewerkschaftskommission ersucht worden, angesichts des Kampfes in Zwickau von einem Streik vorläufig abzusehen, da die „Kräfte und Mittel der Commission durch die Aussperrung in Zwickau vollauf in Anspruch genommen seien". Folglich sei der „in der Geschichte der österreichischen Gewerkschaften ohne Beispiel" dastehende Beschluss, „die Bewegung in Jägerndorf nicht anzuerkennen und die Unterstützung zu verweigern", unausweichlich gewesen: „Die Vertrauensmänner der Textilarbeiter Österreichs werden aufgefordert, alle weiteren Actionen oder ernstlichen Conflicte vorläufig zu unterlassen, insolange der Kampf in Zwickau nicht beendet ist."[75]

Die Gewerkschaftskommission verwies auch auf viele laufend zu unterstützende Streikkämpfe, so auf jenen seit 11. September 1899 (bis 2. Jänner, also 113 Tage) Wochen anhaltenden Abwehrlohnkampf der „Feilenhauer in Furthof, zu deren Unterstützung der Metallarbeiterverband eine wöchentliche Steuer von zehn Kreuzern von jedem Mitgliede einhebt".

Zweihundert Former der Feilenfabrik in Furthof, St. Egyd im niederösterreichischen Bezirk Lilienfeld waren in Reaktion auf Entlassungen, auf drastische Senkung der Akkordsätze und auf dauernde Lohnreduktion in einen mühevollen Abwehrstreik getreten. Unter Assistenz der Gendarmerie wurden rund fünfzig Streikbrecher angeworben. 40 Arbeiter wurden dauernd entlassen: „Gerichtlich abgestraft wurden 5 Arbeiter, und zwar 3 nach § 3 Coal.-Ges., 1 nach §§ 312 und 314 Straf.-Ges., 1 nach § 431 Straf-Ges." Die Bezirkshauptmannschaft von Lililienfeld drohte den Metallarbeitern bereits am 25. Oktober 1899: „Die Gemeindevorstehung und die k. k. Gendarmerie sind daher angewiesen, bei neuerlichen Gesetzwidrigkeiten die vollste Strenge des Gesetzes anzuwenden. Gesetzeswidrig sind u. a.: Die Veranstaltung von nicht vorher genehmigten öffentlichen Aufzügen (§ 3 des Gesetzes vom 15. November 1867, RGBl. Nr. 135), dann der Versuch, behufs Durchsetzung der Forderungen der Strikenden andere Arbeiter an der Aufnahme oder Fortsetzung der Arbeit durch Mittel der Einschüchterung oder Gewalt zu hindern, mag ein solcher Versuch von Erfolg begleitet sein oder nicht."[76]

Großer Bergarbeiterstreik 1900

Im Jänner 1900 kam es zu einem gigantischen „Kampf des Grubenproletariats" in Böhmen, Mähren und Schlesien mit im Schnitt 50.000–70.000 Streikteilnehmern. Die Bergarbeiter gaben als Hauptstreikziele eine Lohnerhöhung im ungefähren Ausmaß von 20% und die Einführung der Achtstundenschicht aus. Die (reformistischen) gewerkschaftlichen Zentralkommissionen in Wien und Prag wurden von einem sozialen Kampf dieser Dimension völlig überrascht, sahen sich aber gezwungen den Streik zu unterstützen, nicht zuletzt um ihn nicht der tschechisch nationalistischen Propaganda zu überlassen. Hinter dem spontan „unorganisierten" Streikgeschehen standen auch radikal syndikalistische „Unabhängige", die nach Ende des Streiks in den letzten Märztagen zahlreiche (sozialdemokratische) Vertrauensleute attackierten, die für den Abbruch gestimmt hatten.[77]

In den Bezirken Kladno, Rakonitz und Schlan, wo ab Mitte Jänner über 92 Tage rund 7000 Bergarbeiter streikten, kam es nach Streikstatistik zu „128 Arretierungen, 68 Verhaftungen, 1 Ausweisung, 22 polizeilichen und 42 gerichtlichen Abstrafungen", 6 Versammlungen wurden aufgelöst, 11 verboten. In den Bezirken Brüx, Dux, Teplitz, Aussig und Komotau, wo 20.000 Arbeiter rund 70 Tage im Ausstand standen, wurden „107 Arretierungen, 90 Verhaftungen, 8 Abschiebungen, 20 Ausweisungen, 19 polizeiliche und 183 gerichtliche Abstrafungen vorgenommen." 29 Versammlungen wurden aufgelöst, 136 Versammlungen verboten.

In den weiteren böhmischen Bezirken Falkenau, Karlsbad, Pilsen, Rokitzan, Mies, Prestitz, sowie Trautenau – mit knapp 12.000 Streikenden über 50–72 Tage – wurden 6 Verhaftungen, 3 Arretierungen und 18 gerichtliche Abstrafungen vorgenommen, zwei Arbeiterversammlung wurden aufgelöst, 16 verboten.

In Mährisch-Ostrau streikten rund 5000 Arbeiter ca. 80 Tage, dabei wurden 57 Arretierungen, 9 Verhaftungen, 13 polizeiliche und 20 gerichtliche Bestrafungen vorgenommen. 7 Arbeiterversammlungen wurden aufgelöst, 9 verboten.

Im schlesischen politischen Bezirk Freistadt streikten knapp 20.000 Bergarbeiter über 70 Tage. 112 Arbeiter wurden arretiert, 67 verhaftet, 36 ausgewiesen, 9 polizeilich und 167 gerichtlich abgestraft, eine Arbeiterversammlung wurde aufgelöst, 6 verboten.[78]

„Die Gewerkschaft", Zeitschrift der Wiener Zentralkommission, urteilte im Februar 1900 über die Repression des Behörden- und Justizapparats. Was nütze es, wenn die Regierung unverbindlich ein Gesetz zur Verkürzung der

Arbeitszeit im Bergbau zugesagt habe? „Was nützt die socialpolitische Bildung der Ministerialbeamten, wenn die Bezirkshauptleute einen Streik noch immer als Revolution betrachten und ihren ganzen Eifer daransetzen, die Arbeiter in die Arbeit zurückzutreiben? Die von der Regierung ernannten Commissäre für die Streikgebiete haben einen förmlichen Ausnahmszustand etablirt. Öffentliche Versammlungen werden verboten, vertrauliche gesprengt, Aufforderungen zur Wiederaufnahme der Arbeit von den politischen und Bergbehörden unterzeichnet und placatirt, die Gendarmerie zur Anwerbung von Streikbrechern benützt. Man verbietet dem Fachverein der Bergarbeiter die Ausstandsbewegung auf die Tagesordnung seiner Versammlungen zu setzen und löst politische Vereine unter den fragwürdigsten Begründungen auf. Man confiscirt Zeitungen, blos weil sie zum Verharren im Streik auffordern, wegen Aufreizung und setzt Übertreter des Colportageverbotes in Untersuchungshaft. (…) Die Bezirkshauptleute betreiben mit staatlicher Autorität Unternehmerpolitik, die Landeschefs wissen von nichts und die Minister versprechen vollste Objectivität und strenge Wahrung des Gesetzes. (…) Man hat [die] Vertrauensmänner [der Arbeiter] verhaftet, man hat in Kladno einen der besonnensten und erfahrensten Organisationsleiter wie einen gemeinen Verbrecher in Ketten wegführen lassen – die Arbeiter lassen sich ihre beste Waffe, die ruhige Entschlossenheit, nicht rauben. (…) Neben den Verwaltungsbehörden haben auch schon die Gerichte zu ‚arbeiten' angehoben. Die böhmischen Urtheile sind geradezu ‚sächsisch'. So verurtheilte das Kreisgericht Brüx zwei Arbeiter, die einen dritten durch ‚Drohungen' von der Arbeit zurückhielten, wegen öffentlicher Gewaltthätigkeit begangen durch Erpressung, zu sechs und fünf Monaten schweren Kerkers." (Die Gewerkschaft vom 16. Februar 1900)

Gegen den „Ausstand der Kohlengräber" wurde mit sämtlichen Mitteln der Unterdrückung konzertiert vorgegangen, auf arbeitsrechtlicher Ebene beginnend mit Aussperrungen, Entlassungen, mit Werkswohnungskündigungen, die in einzelnen Revieren in rasche Delogierungen übergingen: „Da sich die Streikenden nicht einschüchtern lassen, sucht man sie offenbar durch Wohnungskündigungen zu reizen." (AZ 2. Februar 1900)

Einen Monat später wird gemeldet: „Die Unternehmer haben [in Schatzlar] ihrer Brutalität heute die Krone aufgesetzt. Die Familien mehrerer Streikender wurden heute delogirt, und da sie noch keine Wohnung hatten, wurde ihr Mobiliar auf die Straße in den Schnee hinausgestellt. Die Arbeiter sind darüber sehr erbittert." (AZ 17. März 1900)

Arbeiter klagten, dass ein Werksleiter mit „Gendarmen und Soldaten in die Quartiere der Arbeiter gekommen [ist] und ihnen gedroht [hat], dass er sie aus den Wohnungen hinauswerfen lasse. Die Gendarmen und Soldaten hätten ihm dabei assistirt. Das Zechhaus sei voll von Gendarmen und Soldaten, und nachts patrouilliren diese in den Kolonien. So wurden viele Arbeiter eingeschüchtert und gingen zur Arbeit. (…) Ein Arbeiter K. hatte gestern auf der Straße vor dem Neuschacht in Lazy zu den Arbeitern gesagt, dass niemand sie zwingen könne, zu arbeiten. Er wurde sofort verhaftet und nach Teschen geführt." (AZ 30. Jänner 1900)

In Kladno wurden schon bei Streikbeginn „drei Battaillone Infanterie und Jäger" stationiert. Unter Militärschutz wurden Streikbrecher eingesetzt, so arbeiteten beispielsweise im Falkenauer Bezirk „40 Italiener als Streikbrecher unter starker Militärbedeckung". (AZ 20. Februar 1900)

Über amtliche Bekanntmachungen wird „Arbeitswilligen", also Streikbrechern, weitgehender Schutz zugesichert: „Im Alexander-Schacht in Ossegg wurde k. k. Infanterie in Bergmannskittel gehüllt zum Umladen von sechs Wagen Kohlen und zwei Wagen Sand verwendet." Auf dem Bahnhof in Neusattl luden Streikbrecher „unter militärischem Schutz" Kohle um. (AZ 30. Jänner, 7. Februar 1900)

In Vorwegnahme von Streikbrucheinrichtungen, die später als „Technische Nothilfe" firmierten, fungierten Militäreinheiten Streik brechend: „Die Naturalverpflegsstation in Falkenau wirbt eifrig Streikbrecher an, indem sie allen zugereisten Arbeitern ihre Dokumente abnimmt und sie sodann in die Kanzlei der Reichenauer Kohlengewerkschaft sendet." (AZ 17. März 1900)

Täglich werden Festnahmen wegen Übertretung des Koalitionsgesetzes vorgenommen, so u.v.a.m. Mitte Februar. Im Ostrauer Gebiet werden Streikende vorbeugend wegen möglicher Verstöße gegen das Koalitionsgesetz aus dem Verkehr gezogen: „Sechs junge Leute, wie Stiere mit Ketten aneinandergebunden, wurden von drei Gendarmen von Polnisch-Ostrau nach Oderberg geführt. Und als wir fragten, was sie denn für ein Verbrechen begangen hatten, gab ein Gendarm kurz zur Antwort: Koalitionsgesetz! Leute, die eine Übertretung begangen hatten, die gewöhnlich mit wenigen Tagen Arrest geahndet wird, werden wie gemeingefährliche Verbrecher gekettet! Abgeordneter [Ignazy] Daszynski gab diesen Gefühlen in lauten, zornigen Worten Ausdruck und zahlreiche Passanten stimmten zu. (…) Wie wenig berechtigt diese Behandlung der jungen Leute war, ersieht man daraus, dass vier von ihnen bereits freigesprochen und zwei auf freien Fuß gestellt worden sind." (AZ 30. Jänner 1900)

Vor dem Falkenauer Bezirksgericht hatte sich ein Bergarbeiter wegen Übertretung des Koalitionsgesetzes zu rechtfertigen, da er einem Kollegen, „dem er auf dem Wege zur Arbeit begegnete, auf die an ihn gerichtete Frage, ‚ob er in die Arbeit gehen solle', geantwortet habe: ‚Thue, was du willst, die Folgen werden schon nachkommen!' Für diese Äußerung erhielt Josef Gräfberger vom Gerichtsadjunkten Sindelar fünf Tage Arrest zudiktirt. Gegen den auf der Agnes-Zeche beschäftigten Kesselheizer Bezenker ist die Voruntersuchung wegen Verbrechens nach § 87 [St.G. wegen unterlassener Instandsetzungs- und Notstandsarbeiten] eingeleitet." (AZ 9. Februar 1900)

In Teplitz will der Bezirkshauptmann „absolut nicht von der Auffassung abgehen, dass der Streik gegen § 305 St.G. verstoße". Das Kreisgericht in Brüx verurteilte zwei Kumpel, „die einen Arbeiter des Grohmann-Schachtes durch Drohungen von der Arbeit zurückhielten, nach § 98b St.G. zu sechs und fünf Monaten schweren Kerkers". (AZ 29. Jänner und 4. Februar 1900)

Tag für Tag wurden Arbeiter wegen „Bedrohung" von „Arbeitswilligen" arretirt. Aus Eger und Teplitz meldet die „Arbeiter-Zeitung" – um nur wenige Beispiele anzuführen, dass gegen „hiesige Genossen die Anklage wegen Übertretung des Koalitionsgesetzes erhoben ist, weil sie angeblich Streikbrecher, die in das Falkenauer Revier reisen wollten, zurückgehalten haben sollen". Ein syndikalistischer Streikaktivist wurde nach Prag überstellt und wegen „Vergehen gegen § 305 St.G." angeklagt. (AZ 16., 18. Februar 1900)

Leo Verkauf beklagte im Abgeordnetenhaus, dass Arbeiter wegen bloßer Übertretungen „unter großer Gendarmerie- und Militärbegleitung (...) in Ketten" abgeführt wurden, Arbeiter, die dann nach kurzer Zeit wieder in Freiheit gesetzt werden mussten! Andere Bergkumpel wurden – so Verkauf – vom Kreisgericht in Brüx wegen „des Verbrechens der gefährlichen Drohung zu fünf und sechs Monaten schweren Kerkers verurteilt! (...) Leute, die mit Listen für die Streikenden sammeln gingen, wurden wegen Übertretung des § 2 des Vagabundengesetzes verurtheilt. (...) In Oberleutensdorf sind auch sieben Gewerbsleute verurtheilt worden, weil sie für die Streikenden gesammelt haben. (...) In Falkenau wurden zwei allgemein angesehene Mitglieder des Streikcomités auf die Denunziation eines Verwalters hin verhaftet. Sie wurden dem Bezirksgericht eingeliefert und hierauf in Ketten aneinandergefesselt zum Bahnhof durch die ganze Stadt geführt. (...) In Elbogen hat ein strebsamer Adjunkt (...) ein neues Delikt entdeckt. Er hat zwei Arbeiter nach § 4 des Vereinsgesetzes wegen Übertretung verurtheilt, begangen dadurch, dass sie einem Streikcomité angehörten, das gebildet wurde, ‚ohne dass die Genehmigung der politischen Landesbehörde eingeholt worden sei'." (AZ 23. Februar 1900)

Auch die namentliche Auflistung von Streikbrechern wurde als Tatbestand nach § 3 Koalitionsgesetz gewertet: „Gestern wurde Genosse Mach vom Pressbezirksgerichte Prag zu vierzehn Tagen Arrest verurtheilt, weil er in der ‚Svoboda' die Namen von Streikbrechern veröffentlicht hatte, wodurch er eine Übertretung des Koalitionsgesetzes begangen haben soll".

Täglich wurden Arbeiter eingesperrt, weil sie Streikbrecher als Verräter „verspottet" hatten: „In Brüx wurde gestern der Bergarbeiter Schuster vom Kreisgericht wegen Bedrohung von Streikbrechern zu acht Monaten schweren Kerkers verurteilt. In Bilin wurde ein Arbeiter verhaftet, weil er angeblich Schulkinder aufgefordert habe, Streikbrecher mit Steinen zu bewerfen." (AZ 15. Februar 1900)

In der Nähe von Falkenau wurde gegen „fünf Angestellte der Buschtiehrader Bahn Strafanzeige wegen Beleidigung von Streikbrechern erstattet. Sie sollen bei der Ankunft der ‚Arbeitswilligen', die von der Neusattler Glasfabrik für den Tagbau der Agnes-Zeche beigestellt worden waren: ‚Da kommen die Streikbrecher!' [gerufen haben]. Die Eisenbahndirektion hat die fünf Arbeiter entlassen." (AZ 23. Februar 1900)

Faktisch wurde in den nordböhmischen Bergwerksrevieren ein nicht deklarierter Ausnahmezustand verhängt. Viele Verhaftungen erfolgten, ohne dass sich die Polizeibehörden auch nur zum Schein um eine gesetzliche Grundlage bemühten. Fast alle staatsgrundgesetzlich gewährleisteten Rechte standen zur Disposition: „Heute früh erschien [in Kladno] eine Abtheilung von sechs Gendarmen bei den Genossen Kratochwil und Suchy und verhaftete sie, ohne einen Verhaftsbefehl vorzuweisen oder auch nur einen Grund anzugeben, weshalb die Verhaftung erfolgte. Die zwei Genossen wurden zum Bezirksgericht Schlan eskortirt. Die beiden Genossen sind Werkvertrauensmänner."

Polizeistreifen ignorierten die Unverletzlichkeit des Hausrechts: „Die Gendarmen sind gestern und heute in den Dörfern und Kolonien [bei Nürschan] herumgelaufen, um die Bergarbeiter zur Arbeit zu bewegen; zum Schutze der ‚Arbeitswilligen' wurden Militärpatrouillen ausgesendet. In Prehaischen ist der Gemeindepolizist um 3 Uhr Früh in das Vereinslokal gekommen, weckte die Wirthin und wollte wissen, wo Genosse Soucek, der am Abend in der Versammlung referirt hatte, übernachtet und was er in der Versammlung gesprochen habe." (AZ 7. Februar 1900)

Sozialdemokratische und gewerkschaftliche Lokalzeitungen wurden laufend konfisziert und nach presserechtlichen Normen bestraft: „In Kladno fängt man jetzt mit den Maßregelungen nach Karwiner Muster an. Die täglich erscheinende ‚Swoboda' wurde zwei Tage nacheinander konfiszirt. (…) Nächsten Donnerstag sollte für die streikenden Arbeiter das Theaterstück ‚In der Dachstube und im Salon' aufgeführt werden. Obgleich das Stück ganz harmlos ist und wiederholt in der Gegend gegeben worden war, wurde die Theatervorstellung verboten mit der Begründung, dass in dieser bewegten Zeit dieses Stück nicht gegeben werden dürfe." Aus Teplitz wird gemeldet: „Die zweite

Nummer des jetzt täglich erscheinenden ‚Severocesky Dèlnik' wurde wieder konfiszirt." oder am 1. März 1900 aus Falkenau: „Die heutige Nummer des Bergarbeiterfachblattes ‚Glückauf' wurde wie gewöhnlich konfiszirt." (AZ 1., 21. Februar 1900)

Arbeiter, die konfiszierte Druckschriften verteilten, wurden „wegen Aufreizung gegen öffentliche Organe und wegen Behinderung der Sicherheitsorgane in der Ausübung ihres Dienstes" angezeigt: „Heute wurde in Seestadtl der Bergarbeiter M. Skodrousch aus Probstau wegen unbefugter Verbreitung von Druckschriften verhaftet. (…) Im Redaktionslokal der [in Falkenau] erscheinenden Zeitung ‚Glück auf!' wurden mehrere tausend Exemplare einer Flugschrift konfiszirt, die zur ‚unbefugten Verbreitung bestimmt' waren. Die Strafamtshandlung wurde eingeleitet." Häufig wurden Flugblätter und sonstige Agitationsmaterialen beschlagnahmt, weil deren Inhalt „den Thatbestand der Vergehen nach § 300 und 302 St.G." erfülle. (AZ 5., 12. Februar 1900)

Versammlungen wurden weit über Durchschnitt untersagt, auch wenn es sich um nicht öffentliche, auf geladene Gäste beschränkte „§ 2-Versammlungen" handelte. Sozialdemokratische Vereine wurden suspendiert: „Heute wurde die Thätigkeit des politischen Vereines ‚Karl Marx' in Teplitz sistirt und sein Eigenthum mit Beschlag belegt. Es geschah angeblich in Folge der gestern in Soborken abgehaltenen Versammlung, die zufällig einmal nicht verboten war, dafür aber natürlich aufgelöst wurde, da ‚während und nach der Versammlung Äußerungen gefallen seien, die der Vorsitzende nicht zurückgewiesen hat'. (…) Auch in Brüx wurde die Thätigkeit des politischen Vereines ‚Lassalle' sistirt, weshalb auch die für heute einberufenen Versammlungen nicht abgehalten werden konnten. In der heutigen ‚Freiheit' konfiszirte man nicht weniger wie fünf Stellen, die wörtlich der nichtkonfiszirten ‚Arbeiter-Zeitung' entnommen waren." (AZ 8. Februar 1900)

Die Streikversammlungen wurden deshalb so konsequent hintertrieben, da sie als ein entscheidendes Mittel galten, „einen Streik beisammenzuhalten. Ohne Versammlungsfreiheit ist das Koalitionsgesetz ein Messer ohne Schale und Klinge; ohne die volle Sicherheit, sich jederzeit besprechen zu können, gibt es kein Koalitionsrecht. (…) Zu diesen Listen, den Arbeitern das Versammlungsrecht zu rauben, nehme man noch die grauslichen Konfiskationen, die jedes auf den Streik hinzielende Wort treffen. Nehme man noch den Schrecken der Verhaftungen – in Böhmen werden jetzt Leute in Untersuchungshaft gesteckt, weil sie im Verdacht stehen, eine Übertretung des § 23 des Pressgesetzes verübt zu haben! (…) nehme man die Vigilirungen der Streiklokale, die Beschlagnahme von Unterstützungsgeldern: und man hat dann ein schwaches Bild von der Stellung der Behörden in diesem Kampfe enterbter und bedrückter Arbeiter gegen eine Bande elender Geldmacher und egoistischer Ausbeuter!" (AZ 9. Februar 1900)

Das Vereins- und Versammlungsrecht der Arbeiter existierte nur mehr in sehr geringem Ausmaß. Meist wurden Versammlungsverbote mit dem Umstand begründet, dass bei den „gegenwärtig bestehenden besonderen Verhältnissen in der Abhaltung der Volksversammlungen und Besprechung des Versammlungsgegenstandes eine Gefahr für die öffentliche Ruhe und das öffentliche Wohl gelegen sei": „Die Kommissäre dringen sogar, wie es heute in Hostowitz und Ossegg geschah, in [nicht öffentlich zugängliche, auf Geladene beschränkte] § 2-Versammlungen ein und lösen sie auf." (AZ 2. Februar 1900)

In Brüx wurde Anfang Februar die Ortsgruppe des Verbandes der Berg- und Hüttenarbeiter aufgelöst, „weil – in ihrer gestrigen Versammlung der Streik der Bergarbeiter besprochen wurde. Die wunderbare Begründung geht dahin, dass dadurch ‚ein Gegenstand in Verhandlung genommen wurde, der außerhalb des statutenmäßigen Wirkungskreises des Vereines liege'. Hiedurch habe der Verein ‚den im § 2 des Statuts angegebenen Zweck, sohin seinen statutenmäßigen Wirkungskreis überschritten' und findet sich die Behörde ‚veranlasst die Thätigkeit im Grunde des § 25 des Vereinsgesetzes einzustellen'. Die Begründung ist wirklich verblüffend. [Der Bezirkshauptmann] ist offenbar der Meinung, dass die Ortsgruppe der Berg- und Hüttenarbeiter statutenmäßig über das Melken der Kühe, nicht aber über die Lebensinteressen der Bergarbeiter sprechen dürfe. Der eifrige Kommissär, der diesen sozialpolitisch erleuchteten Bescheid intimirte, that übrigens noch ein Weiteres. Er erklärte bei dieser Gelegenheit auch, dass im Bezirke nunmehr keine öffentliche und auch keine § 2-Versammlung geduldet werde. Thatsächlich wurden auch bereits heute alle Versammlungen im Komotauer Bezirk sowie eine für Montag nach Turn einberufene Frauenversammlung verboten." (AZ 3. Februar 1900)

Zwei Tage später wurde aus Teplitz gemeldet, dass alle Versammlungen verboten wurden: „Dafür wurden zirka 50.000 Flugblätter vertheilt, die einige Versammlungen wohl ersetzen können. Heute wird gemeldet, dass man auch die Versammlungen des politischen Vereines ‚Karl Marx' in Teplitz und der Duxer Ortsgruppe des Fachvereines der Porzellanarbeiter in Dux verbieten will. Polizeikommissäre observirten Mitglieder der Streikkomitees." (AZ 5. Februar 1900)

Die Drangsalierung der Streikenden wurde zur repressiven Behördenroutine. Aus Arbeitersicht stand der Staatsapparat im Dienst der „Kohlenmagnaten", wenn gesammelte Solidaritäts- und Unterstützungsgelder beschlagnahmt wurden: „In Oberleutensdorf wurden drei Kaufleute beanstandet, weil sie für die Streikenden gesammelt hatten. In Brüx ist ein Genosse wegen Sammelns zu drei Tagen Arrest verurtheilt worden. Er hat Berufung eingelegt." In Aussig wurden drei Personen „wegen ‚unbefugten Sammelns' von Geld und Lebensmitteln für die Streikenden mit Geldstrafen belegt". Ein Genosse „aus Maltheuren wurde wegen Sammelns zu drei Tagen Arrest", „in Bilin und Schwaz wurden vier Genossen wegen Sammelns zu je vierundzwanzig Stunden Arrest verurtheilt". (AZ 19., 20., 23. Februar 1900)

Das Instrument der Abschiebung, der Abschaffung nach Bestimmungen des „Vagabundengesetzes" wurde gegen besonders unliebsam aktive Arbeiter eingesetzt, so wurden Mitte Februar vierzehn tschechische Bergarbeiter ausgewiesen: „Es ist charakteristisch, dass die Ausweisung jetzt erfolgt, obwohl die kleinen Vorstrafen, auf die sich die Ausweisung beruft, lange Zeit zurückdatiren. Aber allerdings alle vierzehn stehen im Streik und einer ist auch Mitglied eines Streikcomités. Vielleicht klärt dies das Dunkel dieser behördlichen Entschließung auf." (AZ 17. Februar 1900)

Gemeindeämter – wie jenes von Holschitz – forderten die Bergarbeiter „bei sonstiger Ausweisung zur Wiederaufnahme der Arbeit auf", „den Kaufleuten wurde nahegelegt, ihnen keinen Kredit zu gewähren". (AZ 20. Februar 1900)

Die Werksdirektoren plakatierten in Absprache mit den Bezirksverwaltungsbehörden, dass jeder, „der für den Streik agitirt oder auch nur vom Streik redet, mit sofortiger Entlassung" zu rechnen hat.

Zu Ende des Streiks ging das Militär eskalierend gegen Kundgebungen und versuchte Demonstrationen vor: „In Folge des Gerüchtes von beabsichtigten Demonstrationen war das ganze Militär des [Teplitzer] Beckens in Bereitschaft. Zu einzelnen Versammlungen waren ganze Kompagnien ausgerückt." (AZ 22. Februar 1900)

Eine Rede des für Bergbaufragen zuständigen Ackerbauministers löste bei den Streikenden Empörung aus: „Wie richtig man auch von Seite der Behörde die Wirkung der Ministerrede einschätzte, beweist der Umstand, dass die Garnisonen überall in Bereitschaft waren. Selbst die Mannschaft, die für den Fasching beurlaubt war, wurde telegraphisch in die Quartiere zurückberufen. Das Militär fand aber nirgends Gelegenheit zum Einschreiten." (AZ 27. Februar 1900)

Eine Brüxer Streikdemonstration wurde von Polizei und Militär niedergeschlagen: „Vor dem Gebäude der Zentralbruderlade für Nordwestböhmen versammelten sich heute Vormittags gegen 6000 Bergarbeiter. Sie verlangten mit dem stürmischen Rufe: ‚Wir haben Hunger!' die Herausgabe ihrer Bruderladenantheile. Der Bezirkshauptmann erschien mit den Gendarmen, forderte die versammelten Arbeiter auf, sich zu zerstreuen und ließ, als seiner Aufforderung nicht sofort Folge geleistet wurde, die Ansammlungen mit blanker Waffe auseinandertreiben. Die Arbeiter zogen vor die Kaserne, wo sie weiterdemonstrierten. Schließlich rückten Dragoner aus, die gemeinsam mit den Gendarmen den Platz räumten. Militär und Gendarmerie durchstreiften bis Abends die Straßen von Brüx." (AZ 14. März 1900)

Sämtliche Arbeiterversammlungen wurden von Gendarmerie- und Militäreinheiten überwacht, oft eingekreist: „In Mariaschein wurde eine von mehreren tausend Personen besuchte Versammlung aufgelöst. Die Anwesenden nahmen gegen den Regierungsvertreter eine drohende Haltung ein, und nur dem Eingreifen des Präsidiums hatte es dieser zu verdanken, wenn er vor Thätlichkeiten der erregten Menge geschützt wurde. Gendarmen mit gefälltem Bajonett räumten den Saal. Die Menge zog hierauf gegen den Doblhoff-Schacht, wo zum Theil gearbeitet wird. Dort wurde die Förderung sofort eingestellt und die Streikbrecher nach Hause geschickt. Die Demonstranten wurden schließlich von Gendarmen und Soldaten aus der Nähe des Schachtes verdrängt und zerstreut." Ähnlich auch in der Umgebung von Brüx, wo Militär Demonstrationszüge blockierte: „Es kam wiederholt zu Zusammenstößen, wobei vier Verhaftungen vorgenommen wurden. Einem Theil der Demonstranten gelang es trotzdem, nach Brüx zu kommen. Während von allen Seiten Demonstranten gegen Brüx anrückten, wurde von Gendarmen und Soldaten die zur Stadt führende Straße abgesperrt. Die Menge hielt den größten Theil des Vormittags die Felder und Wege in der Nähe der Stadt besetzt. Wiederholt wurde sie von Militär und Gendarmerie zersprengt, bis sie sich, wie an den beiden vorhergegangenen Tagen, von selbst zurückzog. Dabei wurden vier Verhaftungen vorgenommen." (AZ 16. März 1900)

In Karbitz wurde eine genehmigte Versammlung kurz vor Beginn untersagt, worauf 3000 Arbeiter zu einem Schacht zogen, um gegen die Arbeitsaufnahme zu protestieren: „Die Versuche der Gendarmen und Soldaten, die Massen auseinanderzusprengen, blieben anfänglich ohne Erfolg, bis das Militär Verstärkung erhielt und die Arbeiter in die Felder trieb. Die Menge zog sich dann nach Karbitz zurück, wo sie auf dem Hauptplatz von Gendarmen zersprengt wurde. Hier wurden fünfzehn Verhaftungen vorgenommen. Auch auf dem Antonihof bei Zerbitz kam es zu lebhaften Kundgebungen. Dort sollte eine § 2-Versammlung stattfinden, die jedoch nicht abgehalten werden konnte, weil sich mehrere tausend Personen angesammelt hatten. Diese zogen dann gegen den Pluto-Schacht, wo sie eine lärmende Kundgebung veranstalteten, der das Einschreiten des Militärs nach längerer Zeit ein Ende bereitete. Auch hier wurden mehrere Verhaftungen vorgenommen. Während dieser Demonstrationen verließen die Streikbrecher die Schächte, was auf die Demonstranten beruhigend wirkte." In Kladno wurden fünf junge Bergarbeiter, bloß weil sie einige Streikbrecher „verspottet" hatten, wegen Übertretung des Koalitionsgesetzes verhaftet und in Fesseln dem Bezirksgericht eingeliefert. (AZ 17. März 1900)

Nach dem begrenzten Erfolg des großen Bergarbeiterstreiks von 1900 ging die Streikmilitanz der „Kohlengräber" in den Jahren bis 1914 deutlich zurück. Einige weitere Kampfaktionen des böhmisch-mährischen Bergbauproletariats führten aber weiterhin zu heftigen Reaktionen von Staatsbürokratie und Justiz.

So streikten Ende August 1906 im nordwestböhmischen Braunkohlenunterbergbau über vier Wochen 11.000 Grubenarbeiter gegen fortgesetzten „Lohnraub". Der Streik wurde maßgeblich von der im Brüx-Duxer Gebiet noch immer einflussreichen radikal syndikalistischen Bergarbeiterbewegung („unabhängige Sozialisten") initiiert. Die sozialdemokratisch dominierte „Bergarbeiterunion" war angesichts fehlender Widerstandsfonds zögerlich. Anfang September kommt es zur Verhaftung „anarchistischer" Streikaktivisten. Mitte September spaltete sich die Streikbewegung dann endgültig: „Die Unabhängigen agitieren noch immer für den Streik, finden jedoch bei den organisierten Arbeitern entschiedenen Widerstand. Doch stehen noch ziemlich weite Schichten unter ihrer Agitation und es wird wohl noch einige Tage dauern, bis die von der Konferenz gegebene Parole [zum Streikabbruch] überall durchgeführt sein wird." Die Achtstundenschicht blieb verwehrt, anstelle der geforderten 25% Lohnerhöhung wurden in einigen Betrieben 5–15% zugesagt: „160 Ausständige wurden entlassen. (…) 57 Arretierungen, 16 Verhaftungen, 29 polizeiliche und 91 gerichtliche Verurteilungen. Zirka 100 Versammlungen, darunter 4 aufgelöste und 1 verbotene." (AZ 10., 12. September 1906)[79]

Vor dem Hintergrund großer englischer Bergarbeiterkämpfe und des großen Ruhrrevierausstandes streikten im Frühjahr 1912 auch im Brüx-Duxer und im Mährisch-Ostrauer Gebiet – bis hin in die steirischen (Trifailer) Bergreviere – an die 30.000 – teils national separatistisch organisierte – Arbeiter über zwei bis drei Wochen für folgende Forderungen: „Den Häuern im Abbau sowie auf der Strecke ist im Akkordgedinge jeglicher Art eine 25%ige Lohnerhöhung zu gewähren; überdies sind die Gedinge so zu setzen, dass jeder Häuer einen Minimallohn von 5 K pro Schicht ins Verdienen bringt. Gleichzeitig sind für alle übrigen Gruben- und Tagarbeiter die dermaligen Schichtlöhne oder Akkordgedinge um 25% zu erhöhen." Im Rückblick auf diese Bewegung klagte „Die Gewerkschaft", dass die Arbeiter in vielerlei Hinsicht gespalten agieren. Neben der von der reformistischen Gewerkschaftszentralkommission in Wien anerkannten „Bergarbeiter-Union" würden „noch deutsch- und tschechischnationale, separatistische, unabhängige, anarchistische Bergarbeiterorganisationen (…) dreinreden wollen". (Die Gewerkschaft vom 26. April 1912)

Am 20. März 1912 wurde in der Umgebung von Brüx bereits Gendarmerie und Militär zusammengezogen. Es kam zu Zusammenstößen mit Gendarmen, die eine Streikversammlung blockierten: „Ungefähr achthundert Arbeiter sammelten sich vor dem Versammlungslokal an, dessen Eingänge von Gendarmen besetzt gehalten wurden. Trotz energischer Einsprache gegen diese Maßnahme gaben die Gendarmen die Eingänge nicht frei und verhinderten mit aufgepflanztem Bajonett jeden Versuch, den Eintritt gewaltsam zu erzwingen. Die erbitterte Menge drängte jedoch immer heftiger gegen den Gendarmeriekordon an, wobei einem Arbeiter die Hand mit einem Bajonett durchstochen wurde. Dies gab das Signal zu einem Sturm gegen die Gendarmen, die schließlich zurückweichen und das Lokal freigeben mussten. Die Situation war ungeheuer kritisch. Das Versammlungslokal wurde von den Arbeitern besetzt. In diesem Moment traf ein großes Gendarmerieaufgebot aus Brüx ein, (…). Von den Demonstranten waren drei verhaftet worden." Im weiteren Streikverlauf wurden rund zwei Dutzend Arbeiter verhaftet oder arretiert, 57 gerichtlich abgeurteilt. (AZ 21. März 1912)[80]

Sinkende Streikfrequenz in der Krise 1901–1904. Militäreinsatz in Triest und Lemberg (1902)

Nach dem Ende der Hochkonjunktur der „Spätgründerzeit" ging die Streikaktivität ab 1901 für drei Jahre stark zurück, so wie dann wieder in der Rezession von 1908 bis 1910: „Das Jahr 1902 zeigt also ein weiteres sehr starkes Sinken der Zahl der Streiks gegenüber den Vorjahren. Die Abnahme der Streiks datiert aus dem Jahre 1900 und stellt sich immer deutlicher als eine Folge der Krise heraus."[81]

Trotzdem forderten zwei militant eskalierende Arbeitskämpfe des Jahres 1902 viele Tote und Verwundete. Die amtliche Streikstatistik merkt aus ihrer Sicht zum fünfzehntägigen, für die zehnstündige Arbeitszeit geführten Streik von rund 700 Triester Schiffbauarbeitern, Heizern und Maschinenmatrosen der Lloyd-Verwaltung im Februar 1902 an: Der Streik wurde vom Arbeiterverein „Circolo studii sociali" unterstützt. Der Einsatz von zivilen und militärischen Streikbrechern führte zu einem lokalen Generalstreik mit sich radikalisierenden Arbeiterdemonstrationen. „Schuldigsprechen von 92 Personen, 10 gerichtliche Verurteilungen, 12 Arbeiterversammlungen. Die Erfolglosigkeit der Verhandlungen zwischen den Streikenden einerseits und der Gesellschaft und den Hafen- und Seesanitätsbehörden anderseits rief unter den Ausständigen eine wachsende Erregung hervor, die sich zunächst insbesondere den Arbeitern der Schiffsbauanstalt derselben Gesellschaft und jenen einer benachbarten Schiffsbauanstalt mitteilte.

Die Erregung steigerte und verbreitete sich bei Bekanntwerden der Indienststellung von Marineheizern derart, dass in einer Versammlung der Triester Arbeiterschaft am 12. Februar beschlossen wurde, zum Zeichen der Solidarität mit den Streikenden die Arbeit allgemein einzustellen. Dieser Beschluss wurde am 13. Februar ausgeführt. Die zu Tausenden angesammelten Arbeiter durchzogen die Straßen der Stadt und forderten noch Arbeitende zur Niederlegung der Arbeit auf, so dass am Nachmittag die Arbeit fast allgemein ruhte, da viele Betriebe und nahezu alle Geschäftslokale in den Hauptstraßen von den Inhabern teils freiwillig, teils aus Furcht vor Ausschreitungen geschlossen worden waren. Am 14. und 15. Februar feierten mit Ausnahme der öffentlichen Gas- und elektrischen Beleuchtungswerke, ferner der Fleischhauer, Wirtshäuser, Zuckerbäcker und Gemischtwarenverschleißer alle anderen gewerblichen Betriebe mit Einschluss der Straßenbahn. Es dürften an diesen Tagen 15–20.000 Arbeiter der Arbeit fern geblieben sein. Um die durch verschiedenartige Ausschreitungen gestörte öffentliche Ruhe und Ordnung wieder herzustellen, mussten Militärabteilungen requiriert werden, welche sich genötigt sahen, von der Schusswaffe Gebrauch zu machen. Über die Stadt mit ihrem Gebiete wurden [auf Grundlage des Gesetzes vom 5. Mai 1869, RGBl. Nr. 66 per Verordnung des Gesamtministeriums] der Ausnahmszustand und [vom Statthalter nach § 429 StPO] das Standrecht verhängt." Zehn Tote blieben in den Straßen zurück. Die sozialdemokratischen Partei- und Gewerkschaftsvereine wurden sistiert.[82]

Zum teils erfolgreichen Streik von ca. 4500 Lemberger Maurern, Zimmereiarbeitern, Taglöhnern für Lohnerhöhungen und für den neunstündigen Arbeitstag merkt die Statistik der Arbeitseinstellungen 1902 an: „Teilnahme zweier Arbeitervereine, 16 Versammlungen, Straßenexzesse, Eingreifen der bewaffneten Macht."[83]

Die Lemberger Ereignisse erinnerten an die Militärexzesse in Falkenau, in Mährisch Ostrau, an den erst vier Monate zurückliegenden Ausnahmezustand in Triest, so das Zentralorgan „Die Gewerkschaft" am 13. Juni 1902: „Nach der [Streik-] Versammlung kam es [in Lemberg] zu einem Zusammenstoß mit dem Militär, es wurde geschossen, und einige Dutzend Menschen mussten die Durchschlagskraft unserer Mannlicher-Gewehre an ihrem Körper erproben. Der Mord geschah am 2. Juni um die Mittagsstunde. (…) Alsbald erschienen ungarische Husaren auf dem Platze. Die Infanterie zog sich zurück, und die Kavallerie trat in Aktion." Fünf Tote und rund 50 Verwundete blieben zurück. Am 4. Juni 1902 veröffentlichte die „Arbeiter-Zeitung" die Namen der toten Arbeiterdemonstranten.

Karl Liebknecht hat 1907 in „Militarismus und Antimilitarismus" unter den Abschnitten „Die Armee als Werkzeug gegen das Proletariat im wirtschaftlichen Kampf", „Armee und Streikbruch", sowie „Säbel- und Flintenrecht gegen Streiks" auch den österreichischen Militarismus nach Innen beschrieben: „Die häufigen Arbeitermetzeleien besonders in Galizien (hier sei nur das im Jahre 1902 in Burowicki und in Ubinie bei Kamionka vergossene Feldarbeiterblut erwähnt) sind in aller Erinnerung, ebenso die blutigen Vorgänge von Falkenau, Nürschan und Ostrau, die freilich auf das Konto der Gendarmerie fallen, dieser besonders der Aufrechterhaltung der inneren Ordnung gewidmeten und halb dem Kommando der Militärbehörden, halb dem der bürgerlichen Verwaltungsbehörden, aber einer rein militärischen Disziplin unterworfenen Spezialtruppe. Beim Triester Generalstreik vom Februar 1902 kam es gleichfalls zu Zusammenstößen mit der Armee, zehn Personen wurden teils getötet, teils verwundet. Auch die Vorgänge in Lemberg im Jahre 1902 bei dem Maurerstreik und bei den sich an diesen Streik anschließenden politischen Demonstrationen, bei denen Husaren in die Menge ritten und schossen und fünf Personen töteten, verdienen Erwähnung."[84]

Im sozial völlig verelendeten und verödeten galizischen Boryslaw streikten im Juli 1904 über ein Monat ca. 6000 Erdölarbeiter für die achtstündige Schicht. Die Gewerkschaften wurden von diesem sozialen Kampf überrascht, die polizeilich militärische Repression nicht. Von Anfang an „patrouillieren Gendarmen den ganzen Tag durch den Ort. Alle Gruben sind durch Gendarmen bewacht. Überdies wurden drei Kompagnien Infanterie aus Przeymysl herbeordert und es heißt, dass morgen noch mehr Soldaten kommen sollen." Erste Streikaktivisten werden verhaftet, Militärassistenz für Notstandsarbeiten wird rasch bereitgestellt.

Die galizischen Petroleumarbeiter wurden von Militär förmlich belagert: „Bataillon um Bataillon rückt an und mit aufgepflanzten Bajonetten bewachen die Soldaten das Eigentum der Unternehmer. (…) Drei Arbeiter wurden heute von fünf Gendarmen nach Drohobycz eskortiert! Oberbergrat Pivocki will morgen noch Kavallerie berufen!" Im Verlauf des Streiks wurde ein kleines Armeekorps zusammengezogen: „Beinahe zehn Bataillone in der Gesamtstärke von 3000 Mann, mit einem Generalmajor an der Spitze, ziehen in Boryslaw ein." (AZ 23. Juli 1904)

Von Behördenseite wurde angekündigt, dass streikende Erdölarbeiter als „subsistenzlose" Individuen in ihre Heimatgegenden abgeschoben werden. Im Gegenzug wurden Streikbrecher angeworben: „Agenten aus Boryslaw versuchen Maschinisten und Heizer als Streikbrecher nach Boryslaw zu locken." Während die Petroleumfabrikanten das Streikkomitee nicht als Verhandlungspartner anerkennen, werden die Vertrauensleute von den Behörden durch willkürliche Verhaftungen aus dem Verkehr gezogen. (AZ 10.–14. Juli 1904)

Versammlungen wurden mit der Scheinbegründung verboten, dass dadurch „die Streikenden allzusehr aufgeregt werden". Eine Polizeikompanie löste mehrere Versammlungen auf: „Mehrere Personen wurden wegen ‚Drohungen' und ‚Gewalttätigkeit' verhaftet." Die Werkswohnungen wurden laufend gekündigt. Die Arbeitsbücher wurden mit dem Vermerk „wegen des Streiks entlassen" zu Steckbriefen. (AZ 20., 21. Juli 1904)

Der den Streik unterstützende Fachverein wurde von der Lemberger Statthalterei Ende Juli 1904 unter „dem ebenso lächerlichen wie niederträchtigen Vorwand, die Petroleumarbeiter hätten dort statutenwidrige ‚Politik' getrieben", sistiert: Nach einer Streikversammlung „marschiert Militär vor dem Lokal des Fachvereins ‚Gornik' auf. Alle Gassen, die dorthin führten, wurden abgesperrt. (…) Das Lokal wurde durchsucht und hierauf Siegel angelegt." (AZ 22. Juli 1904)

Laufend erfolgten Festnahmen wegen Übertretung des § 3 Koalitionsgesetz, so meldet die „Arbeiter-Zeitung" am 25. Juli 1904: „Die Provokationen der Arbeiter werden fortgesetzt. Heute hat man eine Arbeiterin wegen angeblicher Überschreitung des Koalitionsrechtes verhaftet und sie Mittags unter Gendarmerieeskorte ostentativ durch die Straßen geführt." Ende Juli wurde über einen Tarnower Gewerkschaftssekretär ein Aufenthaltsverbot im Streikgebiet verhängt. Der Behörden- und Justizapparat verhängte „101 Arretierungen, 76 Verhaftungen, 75 gerichtliche Verurteilungen, 25 Arbeiterversammlungen, hievon 3 aufgelöst, verboten 10 Versammlungen."[85]

Ahndung des „Kontraktbruchs"

Für 1903 meldete die amtliche Statistik, dass rund 28.000 Streikende ohne Einhaltung der Kündigungsfrist die Arbeit verlassen haben, „32 Arbeiter wurden im Sinn des § 85 der Gew.-O. bestraft". Ob die Angaben vollständig waren, ließ sich nicht überprüfen, desgleichen nicht die folgenden: Wegen „Arbeitseinstellungen kamen im Jahre 1903 67 Arretierungen, 39 Verhaftungen, 3 Ausweisungen, 2 polizeiliche und 82 gerichtliche Abstrafungen vor, von denen die meisten in Übertretungen nach dem Koalitionsgesetz ihre Ursache hatten. Als Arretierung ist dabei die bloße Stellung vor die Behörde, z. B. behufs Abgabe des Nationales usw. mit darauffolgender Entlassung anzusehen. Vor und nach Ausbruch der Streiks fanden insgesamt 380 Versammlungen statt, 3 Versammlungen wurden aufgelöst, 1 Versammlung verboten."[86]

Allein für einen kleinen einzelbetrieblichen Kampf von fünf Innsbrucker Schneidern, die im Mai 1903 für die Anerkennung eines Vertrauensmannes streikten, vermerkt der Jahresbericht, dass nicht nur alle fünf Gesellen entlassen, sondern auch „im Sinne des § 85 G.O. wegen Kontraktbruches schuldig gesprochen, 4 Verhaftungen, 4 gerichtliche Verurteilungen nach § 3 des Koalitionsgesetzes" vorgenommen wurden.[87]

Viele streikstatistische Angaben scheinen (u. a. wegen unzureichender Weitermeldung von Seite der Bezirksverwaltungsbehörden) zu niedrig gegriffen, so angesichts des Umstandes, dass etwa für einen Ausstand von ca. 1.200 Sensenschmieden, der sich über mehrere Wochen der ersten Jahreshälfte 1908 hinzog, allein knapp über 800 Abstrafungen wegen Kontraktbruchs vermerkt werden. Die an Standorten wie Waidhofen an der Ybbs, Amstetten, Mürzzuschlag, Steyr, Klagenfurt, Wolfsberg oder Jenbach streikenden Sensenarbeiter verlangten 30–40-prozentige Lohnerhöhung und eine Arbeitszeitverkürzung um 30 Prozent. Allein am Standort Jenbach wurden von 130 streikenden Sensenschmieden knapp 50 wegen verschiedener Vergehen, u. a. hatten sie den systematisch angeworbenen Streikbrechern eine „Katzenmusik" bereitet, verurteilt. Die Bezirkshauptmannschaft Schwaz machte Ende Jänner abmahnend kund, dass die Jenbacher Arbeiterschaft „die Bestimmungen des Par. 85 G.O." einzuhalten habe, „wonach ein Hilfsarbeiter, der das Arbeitsverhältnis ohne gesetzlich zulässigen Grund verlässt, sich einer Übertretung der Gewerbeordnung schuldig macht und nach den Bestimmungen derselben zu bestrafen ist. Außerdem ist der Gewerbeinhaber berechtigt, den Ersatz des hierdurch erlittenen Schadens zu begehren. Weiters wird auf den Par. 3 des Coalitionsgesetzes vom 7. April 1870 RGBl. Nr. 43 aufmerksam gemacht. Die Arbeiterschaft wird sohin aufgefordert, sich jeder Demonstrationen, Überfälle und sonstiger Ausschreitungen, wie auch insbesondere der Überredungen, Bedrohungen und Einschüchterungen zu enthalten, widrigenfalls die Sicherheitsorgane einschreiten müssten."[88]

Aussperrungen: „Klein-Crimmitschau" in Österreich? (1903/04)

Vor dem Hintergrund des schweren Kampfes der Textilarbeiter/-innen im sächsischen Crimmitschau vom August 1903 bis Jänner 1904, den die Unternehmerverbände demonstrativ und exemplarisch durch provokante Massenaussperrungen zu einer entscheidenden Kraftprobe und zur nachhaltigen Niederschlagung von Streikkämpfen sowie zur Liquidierung gewerkschaftlicher Vereine nützen wollten, kam es auch in Österreich zu Arbeitskämpfen, die von den sozialdemokratischen Gewerkschaften als österreichische „Crimmitschau" angesehen wurden, so etwa der Streik von Steingutarbeitern in Znaim, wo die Unternehmer durch die Aussperrung von 400 Arbeitern „einen vernichtenden Schlag gegen die Organisation" führen wollten. So schrieb die „Gewerkschaft" am 11. März 1904 unter dem Titel „Ein kleines Crimmitschau", dass ein kleiner Betriebsstreik zu einer großen lokalen Massenaussperrung eskaliert ist: „Auch Österreich hat sein Crimmitschau. Es handelt sich allerdings nicht um eine so große Arbeitermasse wie dort, aber um ebenso wichtige Dinge. Das österreichische Crimmitschau liegt in Mähren und heißt Znaim. Dort sind gegen fünfundzwanzig Steingutarbeiter seit Juni vorigen Jahres, also seit neun Monaten, im Streik. Es sind die Arbeiter der Firma Steidl, die in den Streik treten mussten, weil der Direktor der Fabrik statt, wie zugesagt, einen Akkordtarif zu beraten, sechs Vertrauensmänner aufs Pflaster warf. (…) Die Znaimer Organisation unterstützte heldenmütig die Streikenden. Fünf Monate dauerte schon der Streik: da regte sich in den Znaimer Fabrikanten das Solidaritätsgefühl. Sie wollten die Firma Steidl nicht leiden sehen und so versuchten sie, gegen die Streikenden einen Schlag zu führen. Die Firma Ditmar kündigte anfangs November ihren Drehern und Formern, weil sie die Preise reduzieren wollte. Als sich die Arbeiter das nicht gutwillig gefallen ließen, kam es auch hier zum Streik. Da aber von der Arbeit der Dreher und Former der ganze Betrieb abhängt, so kam er vollständig zum Stillstand. Vierhundert Arbeiter wurden damit ausgesperrt. Die Arbeiter der Firma Dittmar hatten die Streikenden von Steidl aufs tatkräftigste unterstützt. Dadurch, dass man auch sie zum Streik zwang und die Aussperrung der übrigen herbeiführte, wollte man den Streikenden der Firma Steidl die Unterstützung rauben. So sind auch diese Arbeiter durch vier Monate ohne Arbeit. (…) Wenn so auch der Anlass der Znaimer Aussperrung ein anderer ist als in Crimmitschau, so findet sich doch eine Reihe von Ähnlichkeiten. In Znaim handelt es sich auf der einen Seite um die Anerkennung der Organisation, auf der anderen Seite um die Aufrechterhaltung eines erkämpften Lohntarifes. Aber auch in Znaim findet sich die tolle, an Wahnsinn streifende Hartnäckigkeit der Unternehmer, um jeden Preis, selbst um den der dauernden Schädigung des Betriebes, die Forderungen der Arbeiter zurückzuweisen." (Die Gewerkschaft vom 11. April 1904)

Laut Aussperrungsstatistik kam es bei diesem erst im Juni 1904 endenden Arbeitskampf – der Akkordsatz der Dreher und Former sollte um 30% gesenkt werden! – zu Maßregelungen auf allen Ebenen: Von den rund 100 ausgesperrten Drehern wurden „36 wieder zur Arbeit zugelassen, der Rest blieb entlassen; neu aufgenommen 57 Arbeiter." Weiter wird angemerkt: „Beteiligung einer Arbeiterorganisation, 22 Arretierungen, 2 polizeiliche, 8 gerichtliche Verurteilungen."[89]

Auch in der Aussperrung von knapp 600 Prager Tischlergesellen über mehr als sieben Monate von Dezember 1903 bis Juli 1904 erkannten die Gewerkschaftler das auf Österreich übergreifende Crimmitschauer Muster: Aussperrungen, dauernde Entlassung durch die Werksdirektionen und polizeilich gerichtliche Schikanen seitens der staatlichen Behörden. Das im Handelsministerium angesiedelte arbeitsstatistische Amt fasst zusammen: „Durch eine Kundmachung der Abwehrorganisation der Tischlergewerbetreibenden und verwandter Gewerbe in Prag und Umgebung wurden die Arbeiter in die Kenntnis gesetzt, dass am 7. Dezember 1903 die 10stündige Arbeitszeit wieder eingeführt werde und dass für den Fall, als diese Einführung seitens der Arbeiterschaft bei irgendeiner Firma mit Streik beantwortet werde, die Arbeiter der übrigen Werkstätten ausgesperrt werden. Als am 7. und 9. Dezember bei 2 Firmen der Streik tatsächlich ausbrach, sperrten die übrigen Arbeitgeber ihre Gehilfen aus."

Der arbeitsstatistische Bericht druckte auch ein Statut des „Abwehrverbandes" der Tischlereiunternehmer ab: „Die Aufgabe des Vereines ist, den Mitgliedern im Falle eines Streiks, der in ihren Betrieben ausbricht, eine Unterstützung zu gewähren, wenn sie durch diesen Streik ohne ihr Verschulden einen Schaden erleiden und soweit die Mittel des Vereines dazu hinreichen." Im Zug der Aussperrung wurden 200 Arbeiter verhaftet, 25 auch gerichtlich verurteilt.[90]

Die Wiener Gewerkschaftskommission verwies auf die penetrante „Nichtneutralität" der Behörden, die in vielfacher Weise gegen die Tischlergehilfen tätig wurden, sei es durch das Anwerben von Streikbrechern oder durch Justizschikanen: „Da ist vor allem die Prager städtische Arbeitsvermittlung, die sich offen als Streikbrecheranstalt bekennt. (…) Die Verpflegsstationen in ganz Böhmen sollen den Meistern die nötige Zahl williger Arbeiter liefern, die auch zu den schlechtesten Bedingungen arbeiten. Jeder Tischler, der in eine Naturalverpflegstation kommt, wird dort sofort vom Verwalter der Station als Streikbrecher geworben. (…) Und nun kommt auch die Polizei den Meistern zur Hilfe. Die Polizeidirektion verbietet den ausgesperrten Arbeitern den Aufenthalt auf der Straße. In Smichow wurden sieben Arbeiter verhaftet, obwohl sie nichts taten, als dass sie auf der Straße auf und ab gingen." (Die Gewerkschaft vom 26. Februar 1904)[91]

In Wien sperrten im Frühsommer 1904 570 Bauunternehmungen über eine Woche rund 23.000 Arbeiter aus, nachdem 400 Maurer in einen Streik mit dem Ziel eines Minimaltaglohns von 4 Kronen getreten waren: „Um einer

Fortsetzung dieser Streikbewegung vorzubeugen, beschlossen die Bauunternehmer Wiens, ihre Arbeiter auszusperren."[92]

Für die Streikenden stellte sich dies so dar: „Da setzte die Organisation mit partiellen Streiks ein, die den Meistern sehr unangenehm wurden, da keiner wusste, wann die Reihe an ihn kommen würde. Anstatt endlich nachzugeben (…) drohten die Unternehmer mit der Aussperrung, wenn die partiellen Streiks nicht eingestellt würden." Sie beabsichtigten, die Bauarbeitergewerkschaft damit zu zerstören: „Die Unternehmer wollten sich von dieser Organisation ein- für allemal frei machen." In der „Arbeiter-Zeitung" wurde am 12. Juli 1904 berichtet, dass der Polizeipräsident von Wien den Unternehmern empfohlen hat, „die Arbeiter auszusperren, wie das in Krimmitschau war, dann muss Ihnen Militär zur Verfügung gestellt werden". (Die Gewerkschaft vom 10. Juni 1904)

1906 wiederholte sich dieser Arbeitskampf der Wiener Maurer, Dachdecker und sonstigen Gehilfen im Baugewerbe auf größerer Stufenleiter. Fast 40.000 Arbeiter wurden zwischen Mai und Juli über sieben bis acht Wochen ausgesperrt. Die Aussperrung endete mit einigen für die Arbeiterschaft teils günstigeren Kollektivverträgen, aber auch mit 600 dauerhaften Entlassungen und zahlreichen Disziplinierungen, insgesamt wurden 35 Streikende arretiert, ca. 100 polizeilich und 15 gerichtlich verurteilt.

„Die Gewerkschaft" merkte am 22. Juni 1906 über die laufende Aussperrung an: „Der gewaltige Kampf dauert nun schon sechs Wochen an und wird auf beiden Seiten mit großer Zähigkeit geführt. Es handelt sich gar nicht mehr um die gestellten Forderungen [nach Minimallohn und Neunstundentag], genau gesagt, hat es sich bei den Unternehmern überhaupt niemals darum gehandelt. Sie wollen eine Kraftprobe liefern, die das Resultat haben soll: Völlige Zertrümmerung der Organisation der Bauarbeiter. (…) Sie hatten damit nicht genug, an die 35.000 Maurer und Bauhilfsarbeiter auszusperren, sie setzten es durch, dass am 2. Juni die Generalaussperrung einsetzte." (Gewerkschaft, 2. Juni 1906)[93]

Die sich 1906 wieder verschärfende Arbeitskampflage spiegelt sich nicht nur in der rapide ansteigenden Zahl von Aussperrungen, sondern auch in der sprunghaft ansteigenden Zahl von rechtlichen Disziplinierungen: „Infolge der Arbeitseinstellungen kamen im Jahre 1906 439 Arretierungen, 201 Verhaftungen, 1 Abschiebung, 4 Ausweisungen, 157 polizeiliche und 640 gerichtliche Abstrafungen vor, von denen die meisten in Übertretungen nach dem Koalitionsgesetze ihre Ursachen hatten. (…) Vor und nach Ausbruch der Streiks fanden insgesamt 1582 Versammlungen statt, 5 Versammlungen wurden aufgelöst, 10 verboten. Im Jahre 1906 kamen 50 Aussperrungen gegen 17 im Jahre 1905 vor."[94]

Streikrepression und regionale Arbeitskämpfe am Beispiel Tirols

Gerhard Oberkofler (1979)[95] und Werner Hanni (1983)[96] haben das Streikgeschehen für eine nur im Ansatz industrialisierte, kleingewerblich und agrarisch geprägte Region wie Tirol von 1872 bis 1918 dokumentiert.

Die Gewerkschaftskommission meldete 1905 für Tirol und Vorarlberg 5044 organisierte Arbeiter. Bei 71.379 Beschäftigten war dies ein Organisationsgrad von 7 Prozent, gleich wie in Galizien oder Oberösterreich. Geringer war der Anteil nur in der Bukowina oder Dalmatien. Bei einer österreichweiten Organisationsquote von 14 Prozent lag sie in Wien mit 30%, in Niederösterreich mit 13% und in Böhmen mit 11% am höchsten. (Die Gewerkschaft vom 25. Mai 1906)

Aber auch eine Reihe von markanten Tiroler Streikaktionen führte zu vielfältigen Disziplinierungen, so nach einem 35-tägigen Bauarbeiterstreik in Bozen im August 1900. Etwa 1000 Maurer kämpften entschlossen, aber erfolglos für die Abschaffung der Akkordarbeit und die Kürzung der Arbeitszeit an Samstagen und vor hohen Festtagen: „6 Arretierungen, 4 Verhaftungen, 1 Abschiebung, 6 gerichtliche Abstrafungen wegen Übertretung des Coalitionsgesetzes."[97]

Im Mai 1903 weitete sich – wie oben erwähnt – ein kleiner einzelbetrieblicher Schneiderstreik in Innsbruck aus. „Die Gewerkschaft" berichtet hierüber: „In Innsbruck traten im Frühjahr [1903] Schneider in eine Tarifbewegung. Der Erfolg war die Bewilligung der Erhöhung der bestehenden Tarife. In einem Betriebe, in dem vom Meister der neue Tarif nicht unterschrieben wurde, fand ein Ausstand der beschäftigten Gehilfen statt. Da sich Streikbrecher, die dem Katholischen Gesellenverein in Wien angehörten, einfanden, so wurden die Ausständigen vom Unternehmer ausgesperrt, was durch Wochen hindurch größere Demonstrationen zur Folge hatte. Vor dem Innsbrucker Bezirksgerichte hatten sich dieserhalb erst kürzlich sechzehn Angeklagte wegen Übertretung des Koalitionsgesetzes, beziehungsweise Wachebeleidigungen zu verantworten. Acht Angeklagte wurden von einem bis zu vierzehn Tagen Arrest verurteilt." (Die Gewerkschaft vom 12. Februar 1904)[98]

Im Frühjahr 1906 mündete eine Lohnbewegung von 135 Innsbrucker Malern in einen dreizehnwöchigen Arbeitskampf, der von einer einmonatigen Offensivaussperrung eingeleitet worden war. Die Arbeiter verlangten teils erfolgreich neben der neunstündigen Schicht Minimalstundenlöhne, Abschaffung des Akkords, Anerkennung der Organisation oder Freigabe des 1. Mai: „Die Forderungen der Gehilfenschaft führten vorerst zu einer Aussperrung, nach deren Aufhebung die Gehilfen zur Durchsetzung ihrer Wünsche in Streik traten."

Im Rechenschaftsbericht für die Tiroler Gewerkschaften wird festgehalten: „Gleich zu Beginn des Jahres (1906) setzten die Scharfmacher unter den Malermeistern mit einer Aktion gegen ihre organisierten Gehilfen ein." Die Forderung nach dem Neunstundentag lehnten sie ab, boten nur kleine Lohnerhöhungen an: „Als die Gehilfen nicht ohneweiteres darauf eingingen, wurde das Lohnkomitee gemaßregelt und auf eine schwarze Liste gesetzt, wobei sich die Meister gegenseitig verpflichteten, keinen der Gehilfen bei einer Konventionalstrafe von 200 Kr. innerhalb von zwei Jahren zu beschäftigen. Als diese Maßregel die Gehilfen nicht einschüchterte, erfolgte die Aussperrung aller 120 Gehilfen." Auch in einem gleichzeitigen Lohnkampf der Tischler erklärte der Unternehmerverband: „Innsbruck wird die erste Stadt sein, in der der Arbeitgeberverband eine Probe seiner Stärke geben wird." Während des Arbeitskampfes der Maler und Tischler wurden 5 Streikende „wegen Auflaufs" gerichtlich verurteilt, drei Arbeiter verhaftet. Die Tischler organisierten im Gegenzug einen erfolgreichen Boykott der bestreikten Betriebe. (Die Gewerkschaft vom 8. März 1907)[99]

Bemerkenswert war wegen der Streikdauer ein dreißigwöchiger Lohnkampf von Innsbrucker Schuhmachergesellen von April bis November 1907. Eine Demonstration wurde polizeilich unterbunden. Im Herbst 1907 berichtet „Die Gewerkschaft" von zahlreichen Tiroler Lohnkonflikten, von Abwehrstreiks gegen sich verschlechternde Tarifkündigungen, von der Lohnagitation der Grubenarbeiter bei Perlmoos in Häring, der Zementarbeiter in Kirchbichl oder von einem Ausstand der Bäcker in Hall, der an Streikbrechern scheitert: „Der Streik der Bäcker in Hall, die unter den gleichen Umständen und mit denselben Forderungen wie ihre Kollegen in Innsbruck in den Streik traten, endete mit einem Misserfolge. Die Ursache liegt in dem Umstande, dass sich so viele Streikbrecher fanden, dass die Betriebe aufrecht erhalten werden konnten. Die Haller Bäckereien sind auch derzeit sämtlich von Streikbrechern besetzt." (Die Gewerkschaft vom 11. Oktober 1907)[100]

Anfang Juni 1909 traten in Meran 640 Bauarbeiter, Maurer, 70 Maler und 90 Tischler vom 1. Juni 1909 an in den Lohnkampf. Während der Streik der Ersteren nach einer Woche, jener der Maler nach zwei Monaten endete, zog sich der relativ erfolgreiche Ausstand der Tischler für Minimaltarife und Neunstundenschicht unter zahlreichen Zusammenstößen über 142 Tage und fünf Monate hin, mit „35 Versammlungen, 10 Arretierungen, 7 Verhaftungen und 7 gerichtlichen Verurteilungen".

Die Tischlereibesitzer, die – wie oft – hinter dem Streik bloß von außen kommende „sozialdemokratische Agitatoren" sahen, planten eine generelle

Aussperrung, drohten den Streikenden eine Dauersperre für den Raum Meran an. Die Anwerbung von Streikbrechern verlief schleppend. Gendarmeriestreifen versuchten, jene Vertrauensmänner aus dem Verkehr zu ziehen, die am Bahnhof von Meran den „Zuzug auswärtiger Arbeitswilliger unterbinden" wollten. Der Bezirkshauptmann klagte: Streikposten „entfalteten eine rege Agitation am Bahnhof, um die ankommenden Arbeiter vom Streik in Kenntnis zu setzen. Tatsächlich gelang es den Streikenden mit den der organisierten Arbeiterschaft bekanntlich in hohem Grad zur Verfügung stehenden Mitteln, den Zuzug auswärtiger Arbeiter zu verhindern." Der Bezirkshauptmann stellte sich den Meistern für den „Schutz der Arbeitswilligen" zur persönlichen Verfügung, „während ich andererseits den Vertrauensmann der Arbeiter für vorkommende Ausschreitungen persönlich verantwortlich zu machen für gut befand".

Beim Bezirksgericht gingen zahlreiche Anzeigen „gegen exzedierende Arbeiter" ein. Die Streikaktivisten Oreste Clemente und Alexander Pellegrini wurden zur Fahndung ausgeschrieben: „Wegen Überschreitung des Paragraph 3 Koal.-Gesetz wurden verurteilt: Karl Wehrberger 3 Wochen, Alois Sandbichler 3 Wochen, Pius Catoi 4 Tage, Alois Trojan 4 Tage, Peter Vanzo 4 Tage, Johann Luchi 3 Tage, Blasius König 1 Tag."[101]

1910 führte ein radikalsozialistisch („syndikalistisch") dominierter Arbeitskampf der Schuhmacher in Trient zu mehreren Zusammenstößen mit Streikbrechern. Von auswärts wurde Gendarmerie „concentriert". Gegen 18 Arbeiter wurden Strafverfahren eingeleitet, fünf Urteile sind in den Statthaltereipräsidialakten dokumentiert: Karl Isaiani, Ernst Stolfi, Jakob Andreis, August Gadotti wurden zu drei bis acht Tagen Arrest wegen Übertretung des § 3 Koalitionsgesetz verurteilt, weil sie einen Botengänger bedroht hatten, weil sie zwei Kollegen beschimpfend unter Gewaltandrohung zur Arbeitseinstellung aufgefordert hatten, weil sie eine Mutter bedrängt hatten, ihr Sohn möge sich dem Streik anschließen. Johann Dauritz hat nach § 411 StG und § 3 Koalitionsgesetz zwei Wochen wegen einer Attacke auf einen Streikbrecher ausgefasst.

Für das Berichtsjahr 1910 klagte das Vorarlberger Gewerkschaftssekretariat über eine restriktive Streikjudikatur: „Auch an gerichtlichen Verfolgungen hat es nicht gefehlt. Wegen der geringsten Vergehen gegen das Koalitionsrecht (Sprechen mit Arbeitswilligen!) wurden Streikende wiederholt zu zwei bis vierzehn Tagen Arrest verurteilt. Dagegen durfte der Industriellenbund unter Androhung von Konventionalstrafen Arbeitgeber, die dem Bund gar nicht angehörten, zwingen, Arbeiter, die den Streikenden angehörten, zu entlassen, ohne dass der Staatsanwalt darin etwas Strafbares erblickte." (Die Gewerkschaft vom 14. April 1911)

Ein an der Jahreswende 1913/14 über zwei Monate anhaltender österreichweiter Streik der Buchdrucker führte auch in Tirol und Vorarlberg zu Massenkündigungen und Aussperrungen. Nach Zusammenstößen mit Streikbrecheragenten wurden mehrere Arbeiter verhaftet.[102]

Im Frühjahr 1914 klagte das Tiroler Gewerkschaftssekretariat: „Anlässlich der Lohnkämpfe hat sich – wie schon so oft, auch in diesem Jahre – insbesondere in Innsbruck wieder gezeigt, dass die Behörde das Koalitionsrecht der Arbeiter nicht gleich wertet, wie das der Unternehmer. Die Polizeibehörde ist im Strafenverhängen über die Arbeiter rasch bei der Hand, selbst wenn kein Vergehen vorliegt. (…) Insoweit Vereine im christlichsozialen oder nationalen Sinne bestehen, sind sie für die Arbeiter gefährlicher, als selbst die Unternehmerorganisationen, weil es zumeist Streikbrecherorganisationen sind." (Die Gewerkschaft vom 10. März 1914).

Werner Hanni hat die Tiroler Arbeitskämpfe nach ihren Formen (Boykott, passive Resistenz, Aussperrung), nach dem Anteil von Arbeiterinnen, nach den Streikzielen (Lohnerhöhung, Arbeitszeitverkürzung, Akkordabschaffung, hygienische Schutzmaßnahmen), nach Streikdauer, Streikerfolg oder nach Militanz und Konfliktgrad ausgewertet. Er listet die seit den 1870er Jahren erfolgten Polizei- und Gerichtsinterventionen auf sowie die namentlich erfassbaren Arbeiter, die als Streikaktivisten aus dem Kronland Tirol und Vorarlberg abgeschafft wurden: „1882 Giuseppe Panzetti, Barackenwirt in Dalaas, wird wegen Aufhetzung zum Streik aus Tirol abgeschafft. 1886 Alessandro Tentori, Schlossergeselle und sozialistischer Agitator, wird aus Trient wegen Aufreizung gegen Arbeitgeber abgeschafft. 1893 Adolf Deutsch, Gärtnergehilfe und Streikagitator wegen Aufforderung zum Streik aus Meran abgeschafft. 1894 Alois Treibenreif, Tischlergeselle und sozialistischer Agitator, wegen ,Aufreizung gegen einzelne Classen und Stände' aus Meran abgeschafft. 1902 Felix Gratz, Steinmetzgehilfe, wird aus Bozen abgeschafft."[103]

Repressiveres „Neues Streikrecht".
Forderungen des Kapitals seit 1907. Ende des Streikrechts 1914

In den konjunkturellen Einbruch von 1907/08 hinein verlangten immer mehr Unternehmerinitiativen ein verschärftes Koalitions- und Streikrecht. Das zunehmend kartellierte und konzentrierte (Groß-) Kapital forcierte im letzten Jahrzehnt vor dem Weltkrieg auch eine verschärfte Aussperrungspolitik. Gleichzeitig unterstützte die Kapitalseite sozialfriedliche „gelbe" Gewerkschaften. Industriellenverbände führten nicht nur „schwarze Listen" gewerkschaftlicher Vertrauensleute, sie kontrollierten auch „Arbeitsnachweise" mit großen, nach Art von Steckbriefen geführten Karteien von „Streikhetzern" und anderen Arbeiteraktivisten. 1905 trug der Generalsekretär der Arbeitgeber von Hamburg-Altona vor dem Bund österreichischer Industrieller vor, dass der „Arbeitgeber-Arbeitsnachweis" sich zur Ausschließung „gewerbsmäßiger Ruhestörer" bestens eignet: „Wir in Hamburg haben Personalkarten von 200.000 Arbeitern und sind in der Lage, nicht nur die Arbeitsleistung jedes einzelnen Arbeiters zu bestimmen, sondern auch die friedensstörenden Elemente."[104]

Schon 1903 war in der „Gewerkschaft" unter dem Titel „Die schwarze Feme" wieder einmal zu lesen: „Was Staatsanwälte und rückständige Polizeibüttel zu unternehmen widerwillig aufgeben mussten, will nun der berüchtigte Herausgeber der ,Arbeit' Herr Hauck-Waiß besorgen: die Betriebe von den ,Stänkerern' und ,Hetzern' befreien, die sich erfrechen, für die Verbesserung der Lage der Arbeiter einzutreten. Zu diesem Behufe veröffentlicht er in der ,Arbeit' schon zum drittenmale ein ,Namensverzeichnis jener Herren Arbeitnehmer, die sich in Werkstätten, bei Streiks, Aussperrungen, typischen Fällen im Gewerbegerichtssaal und anderen Anlässen hervortun und hervorgetan haben'." (Die Gewerkschaft vom 28. August 1903)

Im Jänner 1907 zitiert „Die Gewerkschaft" aus einem Papier eines österreichischen Industrieverbandes, wonach der Aussperrungskurs über ein förmliches Reglement zentral akkordiert werden soll: Branchenähnliche Betriebe sollen für eine bestreikte Firma vertretungsweise Ersatzarbeiten, Ersatzlieferungen übernehmen. Es soll ausschließlich mit den Arbeitern im Betrieb, nie mit deren gewerkschaftlichen Vertrauensleuten verhandelt werden. Die Zentralleitung entscheidet über das Ausmaß der Aussperrung, ob eine „Teilsperre", eine Sperre „über die gesamte Arbeiterschaft mehrerer Betriebe" oder über „gewisse Kategorien der gesamten Arbeiterschaft" verhängt wird. (Die Gewerkschaft vom 11. Jänner 1907)

Die Verbände der österreichischen Industrie bereiten – so „Die Gewerkschaft" vom 12. April 1907 unter dem Titel „Schach den Scharfmachern!" – konsequent Massenaussperrungen mit dem Ziel der Zerschlagung, zumindest der Schwächung der Gewerkschaften vor, nicht zuletzt auch um die Streikfonds zu überlasten und zu erschöpfen. Die ohnedies stagnierende österreichische Sozialgesetzgebung – etwa Richtung Achtstundentag – soll endgültig stillgelegt werden. Außerdem wünscht sich die Industriellenvereinigung einen noch weitergehenden „Schutz der Arbeitswilligen, also der verächtlichsten Elemente der Arbeiterklasse, und die ,Schaffung von Einrichtungen zur Förderung der Arbeitgeber', wie Arbeitsnachweise in der ausschließlichen Verwaltung der

Unternehmer, was dem technisch vervollkommensten System der schwarzen Listen gleichkommt." „Streikklauseln" sollen von Arbeitskämpfen betroffene Betriebe schützen.

In Unternehmerblättern häuften sich um 1908 Klagen über den „roten Terrorismus" der Gewerkschaften und damit einhergehende Forderungen nach einem „neuen Streikgesetz", nach höheren Strafen für „Koalitionsvergehen", nach einem verschärften strafrechtlichen Schutz der „Arbeitswilligen". Gewerkschaften sollen vermehrt für Schäden aus von ihnen unterstützten Streiks herangezogen werden.

Streikposten sollten so gut wie gar nicht mehr geduldet werden, wobei gegen diese ohnedies schon seit Jahren massiv auf polizeilicher Ebene vorgegangen wurde, wie Viktor Adler 1908 im Budgetausschuss des Abgeordnetenhauses vortrug. Adler berichtet, dass Gendarmen „wie Jagdhunde hinter den streikenden Arbeitern einher sind und wie Wachthunde das Etablissement umgeben, in welchem gestreikt wird. Es wird systematisch die Praxis gehandhabt, dass dem streikenden Arbeiter nicht erlaubt wird, Streikposten zu stehen, das heißt denjenigen Leuten, die Arbeit suchen und in Unkenntnis oder in falscher Auffassung der Dinge in eine Fabrik, in der gestreikt wird, gehen wollen, mitzuteilen, dass dort gestreikt wird, den Unternehmern hingegen, welche die Arbeiter aussperren, ist es gestattet, sich mit ihren Berufskollegen in jeder Weise zu verständigen. (…) Aber es muss auch die Koalitionspflicht, die Pflicht, die Solidarität mit seinem Nebenarbeiter nicht zu brechen, für die anderen Klassen und insbesondere für die Arbeiterklasse anerkannt werden. Die Koalitionspflicht ist eine moralische, eine sittliche Pflicht und das Gefühl der Fahnentreue, das die Arbeiter haben müssen, ist heute bereits ein Faktor geworden, mit dem auch die Wissenschaft rechnet. So sagt Professor Dr. Philipp Lotmar: ‚Ein besonders bemerkenswerter Fall wider ein Moralgebot verstoßender Arbeit ist diejenige, durch welche eine Koalitionspflicht übertreten wird.'

Und in demselben Sinne äußert sich auch Emil Steinbach. Ich könnte Ihnen unzählige Beweise dafür anführen, dass die Polizei streikende Arbeiter arretiert, die nichts anderes tun, als auf der Straße zu stehen und warten, um etwa ankommenden Arbeitssuchenden mitzuteilen, dass in der betreffenden Fabrik gestreikt wird. Ich verweise Sie nur auf einen gelegentlich des Sensenarbeiterstreiks vom Statthalter in Oberösterreich herausgegebenen Erlass, in dem auf Grund des § 7 des Prügelpatents das Ansammeln und Verweilen auf jenen Straßen, auf welchen die Arbeitswilligen in die Fabrik gehen, verboten wird. Derartige Erlässe sind ungesetzlich, kulturwidrig und politisch im höchsten Grade gefährlich." (Die Gewerkschaft vom 27. März 1908)

Im Sommer 1910 lag dem parlamentarischen Justizausschuss ein Antrag vor, „das Koalitionsgesetz dem allgemeinen Strafgesetzbuch einzuverleiben", und zwar in der Form, dass jede Misshandlung, Drohung oder jedes „andere rechtswidrige Mittel der Einschüchterung" während eines Arbeitskonflikts „von einem Gericht mit Haft bis zu drei Monaten bestraft [wird]. Als Mittel der Einschüchterung gelten insbesondere: Verhöhnen, Verspotten, Ehrenbeleidigung, Ehrenkränkung jeder Art, Belästigung, Nachfolgen auf der Straße, Bewachen oder Besetzthalten von Bahnhöfen, Landungsstellen, Zugängen zum Betrieb oder Abgängen von demselben." Der zuständige Ministerialreferent erklärte, dies „bezwecke lediglich", „die terroristischen Ausschreitungen jener zu bekämpfen, welche arbeitswilligen Personen die Betätigung ihrer Absicht unmöglich machten".

Die Arbeitervertreter protestierten, da durch eine solche Bestimmung „alle Mittel, die bei Streiks angewendet werden können, jede auf Aufklärung der Streikenden, jedes Streikpostenstehen mit Haft bis zu drei Monaten [bestraft wird]; auch die Maifeier möchten die Herren gern unter Strafsanktion stellen." Der sozialdemokratische Abgeordnete Heinrich Beer erklärte das Vorhaben namens der Gewerkschaftskommission zur „unerträglichen Verschlechterung" des geltenden Koalitionsrechtes, „das ohnehin den berechtigten Ansprüchen der Arbeiterschaft in keiner Weise genügt". (Die Gewerkschaft 22. Juni 1910)

In Reaktion auf diesen Vorentwurf zu einem neuen Strafgesetz schrieb „Die Gewerkschaft" am 12. August 1910 unter „ein neues Attentat auf das Koalitionsrecht" von einer „Klassengesetzgebung im wahrsten Sinn des Wortes". Vor allem sollten Solidaritätsstreiks, die auf den Erhalt einer geschlossenen betrieblichen Arbeiterorganisation oder auf die Nichtentlassung von Vertrauensleuten zielen, kriminalisiert werden.

Der sechste österreichische Gewerkschaftskongress beschloss im Oktober 1910 nicht nur eine Resolution zur Taktik bei Streikkämpfen, mit der auf die verschärfte Aussperrungspolitik des organisierten Unternehmertums reagiert werden sollte, sondern auch eine Erklärung zum aktuellen Strafgesetzentwurf. Neben einer Entrümpelung antiquierter Strafsanktionen forderte der Kongress auch die Abschaffung der Todesstrafe. Zur Frage der Eingliederung von koalitionsrechtlichen Bestimmungen in das Strafgesetz hieß es formuliert von Isidor Ingwer: „Der Kongress verlangt die Reform des geltenden vollständig veralteten barbarischen Strafgesetzes: er verwahrt sich jedoch auf das entschiedenste dagegen, dass der im September 1909 veröffentlichte Vorentwurf (…) Gesetz werde; er erblickt darin einen Hohn auf die Bestrebungen der Arbeiter, ein Attentat auf die höchsten Rechtsgüter des arbeitenden Volkes, einen schamlosen, wenn auch lächerlichen Angriff auf das Koalitionsrecht der Arbeiter und eine Verkörperung der reaktionärsten Verfolgungswut gegen Personen, die in ihren uneigennützigen Bestrebungen nach Verbesserung der Lage der arbeitenden Klassen und Hebung ihres sozialen Niveaus mit dem Gesetz in Konflikt geraten." (Die Gewerkschaft vom 11. November 1910)

Auf einer weiteren Ebene der sozialen Kämpfe sank mit der seit 1903 auch in Österreich ansteigenden Kollektivvertragsbewegung die gewerkschaftliche Konfliktbereitschaft. Dieses Tarifvertragssystem wurde innerhalb der Arbeiterbewegung widersprüchlich beurteilt. Einerseits wurden die Gewerkschaften damit indirekt als Verhandlungspartner der Kapitalverbände anerkannt. Der einzelvertraglichen Willkür der Unternehmer wurden Grenzen gesetzt. Getragen von der Macht der Arbeiterorganisation konnten für einige Berufssparten enorme Erfolge wie die Annäherung an den Achtstundentag erzielt werden, der im Weg der staatlichen sozialen Gesetzgebung erst in den Gründungstagen der Republik errungen sein wird.

Andererseits verstärkte die kollektive Tarifbewegung die „sozialpartnerschaftlichen" Tendenzen in einer ohnedies zunehmend reformistisch geprägten Gewerkschaftsbürokratie und in „arbeiteraristokratischen" (Fach-)Arbeitergruppen.[105]

Das Streikrecht selbst endete 1914 in der Militarisierung der Betriebe, im „Burgfrieden" der Kriegsleistungsverordnung, RGBl. 170 vom 25. Juli 1914, und zahlreicher weiterer Notverordnungen wie dem „Streikpatent", ebenfalls vom 25. Juli 1914, RGBl. 155, „über die Bestrafung der Störung des öffentlichen Dienstes oder eines öffentlichen Betriebes", also einem Streikverbot im Schifffahrts- Eisenbahn-, Post-, Telefon- oder Telegrafendienst.[106]

Bis 1916/17 wurde die Klassenauseinandersetzung scheinbar stillgelegt. Der soziale Widerstand, der mit dem sozialrevolutionär antimilitaristischen „Jännerstreik" von 1918 wieder offen aufflammen wird, wurde weitgehend unterdrückt. Die wenigen Arbeiterversammlungen wurden verboten. So meldet die Grazer Polizeidirektion im Dezember 1914, dass eine Betriebsversammlung auf Grund einer nach der „Ausnahmsverfügung vom 25. Juli 1914, Nr. 158 RGBl. erlassenen Verordnung" untersagt worden ist.

Im April 1915 legten Bergarbeiter der Österreichischen Alpinen Montangesellschaft in Judendorf-Seegraben nahe Donawitz die Arbeit nieder. Gegen die Arbeiter wurde eine Kompanie eines steirischen Landwehr-Infanterie-Regiments in Bereitschaft versetzt: „Bisher wurden 4 Rädelsführer eruiert und dem Landsturmarbeiterabteilungskommando Seegraben namhaft gemacht." Der Streik wurde als Meuterei qualifiziert. 11 Arbeiter, „die sich als Rädelsführer bemerkbar gemacht hatten", wurden zu „Abschreckungszwecken" verhaftet und nach § 159 Militärstrafgesetzbuch angeklagt.[107]

3. Aus Texten von Leo Verkauf und Isidor Ingwer 1894–1909

Aus Leo Verkauf: Die bürgerlichen Klassen und das Strafrecht. Eine Kritik des österreichischen Strafgesetzentwurfes. Vortrag, Wien 1894.

Leo Verkauf stellt – Anton Menger variierend – die Frage: „Entspricht der Strafgesetzentwurf schlechthin den Interessen der Besitzlosen?"

Das Strafrecht soll in den frühen 1890er Jahren im Weg der Erpressungs- und Nötigungstatbestände effizienter für das Niederhalten von Arbeitskämpfen anwendbar gemacht werden. Die Sanktionierung soll nach Absicht des Schönborn'schen Strafrechtsentwurfs von der Bedrohung mit rechtswidriger Zufügung von Nachteilen auf die nicht rechtswidrige Zufügung von Nachteilen ausgeweitet werden:

„Oder gar Arbeiter drohen mit Streik. Sie haben ein Recht, bessere Löhne, kürzere Arbeitszeit zu verlangen. Strafbar kann es daher nicht sein, wenn sie mit Streik drohen. Das ist ja nicht Zufügung einer rechtswidrigen Handlung. Da ließe sich eine derartige Formulirung des Nöthigungsbegriffes nicht benützen. Man müsse also sagen: Jede Bedrohung mit einer Verletzung an Körper, Freiheit, Ehre oder Vermögen führt zum Delikt der Nöthigung, gleichviel ob sie rechtswidrig ist oder nicht.

Ich musste diesen Begriff, der außerordentlich gefährliche Konsequenzen nach sich ziehen kann, hier erörtern, weil er sich durch eine ganze Reihe von Paragraphen und gerade jene, welche die Arbeiterschaft am intensivsten interessiren, zieht. Sie begreifen, was das heißt, wenn ich zwar das Recht habe, zu drohen mit Vermögensnachtheilen und trotzdem mich einer strafbaren Handlung schuldig machen kann, sobald ich dadurch zu einer Handlung oder Unterlassung zwingen will." (Verkauf 1894, S. 6f.)

Ein besonders gefährliches Mittel zur Beschränkung des Koalitionsrechts von 1870 sieht Leo Verkauf im Schubgesetz vom 27. Juli 1871 und im Vagabundengesetz vom 24. Mai 1885:

„Das erste Mittel der gegenwärtigen Gesetzgebung zur Erschwerung von Arbeitseinstellungen ist also das Koalitionsgesetz, welches Einschüchterung und Gewalt verbietet. Aber es gibt noch ganz andere Mittel, durch welche Streiks verhindert oder erschwert werden. (…) Sie wissen, bei einer großen Zahl behördlicher Organe gilt der Streikende als ausweislos und als arbeitsscheu.

Da ist es so naheliegend, das Vagabundengesetz heranzuziehen und mit Hilfe des Schubgesetzes Konsequenzen zu ziehen, wie sie allerorts gezogen worden sind, wenngleich sie vom Reichsgerichte als entschiedene Gesetzesverletzungen bezeichnet worden sind.

Nach § 3 des Vagabundengesetzes können ‚arbeitsfähige Personen, welche kein Einkommen und keinen Erwerb haben und die Sicherheit der Person oder des Eigenthumes gefährden', angewiesen werden, einen erlaubten Erwerb nachzuweisen. ‚Kommen sie diesem Auftrage aus Arbeitsscheu nicht nach', so können sie nicht nur gerichtlich gestraft, sondern auch als ‚ausweis- und bestimmungslose Individuen, welche kein Einkommen und keinen erlaubten Erwerb nachweisen können', nach dem Schubgesetze behandelt werden. Die Entscheidungen des Reichsgerichtes haben bisher nichts gefruchtet. Dem Arbeiter hilft der theoretische Ausspruch nicht viel, wenn er wirthschaftlich ruinirt ist.

Speziell in Wien ist aber in den letzten Jahren auch noch das Verbot von Geldsammlungen zu Streikzwecken versucht worden und manche Abstrafung in dieser Richtung erfolgt.

Aber nicht nur abwehrend, auch vorbeugend wissen die Behörden zu arbeiten. Es ist gewiss Niemand unter Ihnen, der gesehen hätte, dass ein Gewerkschaftsstatut bescheinigt worden wäre, in welchem Arbeitslosenunterstützung schlechthin in Aussicht genommen war. Es wird regelmäßig von der Regierung erklärt, es könnten Leute unterstützt werden, die unter Kontraktbruch aus der Arbeit getreten sind; das würde eine Gesetzesverletzung sein. Wir genehmigen also die Statuten insolange nicht, als Ihr nicht ausspricht, dass Leute, die aus der Arbeit ohne Kündigung ausgetreten sind, keinen Anspruch auf Unterstützung haben. Dabei stützt sich das Ministerium des Innern auf § 85 der Gewerbeordnung, welcher erklärt, dass Kontraktbruch strafbar ist beim – Arbeiter! Dem Arbeiter sind drei Dinge in Aussicht gestellt, wenn er sich des Kontraktbruches schuldig macht: 1. Schadenersatz, 2. zwangsweise Rückkehr und 3. Arrest. Dem Unternehmer wird lediglich Schadenersatz angedroht." (Verkauf 1894, 14f.)

In der geplanten Strafgesetz-Novelle 1893/94 sind zahlreiche Verschärfungen des Koalitions- und Streikrechts verborgen:

„Vor Allem hat bis jetzt die Verletzung des Koalitionsgesetzes eine Übertretung gebildet, die vom Bezirksgerichte mit Arrest zu strafen war. Von jetzt ab bildet die Verletzung nicht mehr eine Übertretung, sondern ein Vergehen, das mit Kerker, das heißt Gefängnis, bestraft wird. Es ist immer gut, daran zu erinnern, dass Gefängnis mit Kerker gleichbedeutend ist.

Der § 141 des Entwurfes, welcher vom Koalitionsrecht handelt, wird uns nun zeigen, wie weit der Entwurf in dieser Hinsicht geht, ob er sich mit dem begnügt, so fortschrittlich zu sein wie das Gesetz vom 7. April 1870.

Wir müssen in dem § 141 dreierlei unterscheiden: Mittel, Zweck und Strafe. Welches sind die Mittel, die nicht angewendet werden dürfen, deren Anwendung unter Strafe gestellt ist?

Verpönt wird: 1. die Androhung von Gewalt, 2. die Bedrohung mit Verletzung an Körper, Freiheit, Ehre und Vermögen, 3. einschüchternde Beschimpfungen, 4. Behinderung im Gebrauch von Werkzeugen.

Die Anwendung all dieser Mittel ist strafbar, wenn sie den Zweck haben, Jemanden zu bestimmen, dass er an Verabredungen, welche auf Einstellung der Arbeit oder auf Entlassung von Arbeitern oder auf Erhöhung des Preises gerichtet sind, theilnimmt, oder dass er von solchen Verabredungen nicht zurücktritt.

Was bedeutet dies gegenüber dem heutigen Gesetz? Das bedeutet, dass in einer viel größeren Anzahl von Fällen gestraft werden kann als bisher.

Denken Sie sich nur, dass Sie jemanden mit einem Vermögensnachtheile bedrohen – auch unter Arbeitern ist dies ja möglich – damit er an dem Streik theilnehme. Heute sind Sie da straflos, wenn Sie keinen rechtswidrigen Nachtheil androhen. In Zukunft wird das strafbar sein. Sie dürfen nicht einmal mit einem Nachtheil drohen, den zuzufügen Sie ein Recht haben.

Das ist noch immer das Schlimmste nicht. Es heißt im § 141: Wer Jemanden mit Verletzung an Körper, Freiheit, Ehre oder Vermögen bedroht, damit er den Verabredungen, welche auf Einstellung der Arbeit gerichtet sind, Folge leistet, wird strafbar.

Was heißt das? Ich bitte diese Bestimmung besonders aufmerksam zu betrachten. Wenn heute ein Arbeiter seinem Unternehmer droht, die Arbeit einzustellen, wenn er ihm nicht gewisse Vortheile gewährt, die Arbeitszeit abkürzt, den Lohn erhöht usw., so hat er ihn damit mit einem erlaubten Vermögensnachtheil bedroht! Nach dem Entwurfe macht er sich dadurch eines Vergehens schuldig, eines Deliktes, das bis heute noch nirgends existirt, auf das dieser Gesetzentwurf den Prioritätsanspruch erheben darf. Das einfache Unterhandeln mit dem Unternehmer wird damit in Zukunft nicht mehr möglich sein.

Sie hörten, dass im Entwurfe eine ganze Reihe von Mitteln aufgezählt ist, um Streiks zu verhindern. Der Regierung haben auch diese Schutzmittel noch nicht genügt, um mit Stumpf und Stiel die Streiks auszurotten.

Sie sagt in ihrer Vorlage außerdem: Wer durch diese und ähnliche Mittel zum Ausstand zwingen will, der sei gleichfalls strafbar.

Nun hat selbst der Ausschuss erklärt: ‚Ähnliche' Mittel sind nicht mehr nothwendig, wir haben an diesen vier Mitteln schon genug, darum können wir ‚ähnliche Mittel' weglassen: wir haben ja sogar drinnen, dass der Boykott als strafbar erklärt ist, wir können nun die liberale Maske vornehmen und sagen: ‚Die Regierung verlangt das, aber wir, wir geben es ihr nicht.'

So sieht es also nach dem Entwurf mit dem Koalitionsrecht aus. Aber noch Eines darf ich Ihnen nicht vorenthalten: Die Strafe war bis heute acht Tage bis zu drei Monaten; in Zukunft reicht das nicht mehr aus, sie muss bis zu sechs Monaten Kerker gehen. Das soll die Strafe sein für Diejenigen, welche es wagen, durch die so vielfach empfohlene Selbsthilfe eine Besserung ihrer Lage herbeizuführen, der ‚aufsteigenden Klassenbewegung' etwas nachzuhelfen.

Das ist aber noch nicht Alles. Wenn die Sammlungen bis heute lediglich in der Phantasie der Behörden nicht gestattet waren, wenn sie zu alten Verordnungen ihre Zuflucht nehmen mussten, um sie zu hindern, so wird das in Zukunft weit bequemer werden. Es ist eine Bestimmung im Entwurf (§ 421), welche Sammlungen schlechthin verbietet. Der nervus rerum für jeden Streik soll unterbunden werden, es soll unmöglich gemacht werden, Streiks durchzuführen. Denn man verbietet die Sammlungen und konfiszirt, was man findet.

Ein anderes Mittel, das man bis jetzt benützt hat, lässt man dagegen nicht fallen. Das sind die Bestimmungen über Landstreicherei. Es wird auch in Zukunft den Behörden möglich sein, von der Auffassung auszugehen, dass ein Vagabund Derjenige ist, welcher sich zur Verbesserung seiner Lage mit Genossen verbindet, um zu streiken. Er ist ein arbeitsscheues, ausweisloses Individuum, man kann ihn und seine Familie zu Grunde richten, indem man ihn zwingt, den Ort zu verlassen, wo er sich eine wirthschaftliche Existenz geschaffen hat. Der Wortlaut der Bestimmungen, die bisher im Vagabundengesetz enthalten waren, ist genau und wörtlich in den Entwurf (§ 418) übernommen, das Schubgesetz ist nicht aufgehoben. Es ist eben zu angenehm, wenn man von den Behörden erwirken kann, dass ein Streikender abgeschoben wird.

Aber auch ein Weiteres kommt dazu, etwas, was wir uns aus dem Auslande geholt haben. Wenn bis jetzt Jemand zum Streik mit sofortiger Arbeitsniederlegung aufgefordert hat, so konnte man ihm schlechterdings nichts anhaben. Der § 65 straft zwar als Verbrechen die Aufforderung zum Ungehorsam gegen die Gesetze, aber man ging von der Anschauung aus, dass es sich lediglich um Ungehorsam gegen das Strafgesetz handelte. Heute hat man gefunden, dass man in Deutschland eine sehr gute Handhabe im § 110 des deutschen Strafgesetzes hat. Wenn Jemand in Deutschland dazu auffordert, sofort ohne Kündigung die Arbeit einzustellen, so wird er nach § 110 bestraft, weil er zum Ungehorsam gegen ein Zivilgesetz aufgefordert hat. Dies datirt aus der Zeit nach dem großen Bergarbeiterstreik von 1889.

In Österreich hat man nun, um den Richter nicht erst zu Zwangsinterpretationen zu nöthigen, den § 111 aufgenommen, der bestimmt, dass, wer zum Ungehorsam gegen Strafgesetze oder Gesetze auffordert, bestraft wird.

Nun versuchen Sie, sich das zurechtzulegen und Sie finden: Wenn jemand die Arbeiter auffordert, die Arbeit niederzulegen, am nächsten Tage gleich zu streiken, ohne Kündigung, so ist er eines Vergehens schuldig, welches viel strenger bestraft wird als die Übertretung, zu der er aufgefordert hat. Die Übertretung wird mit Arrest bis zu drei Monaten bestraft, die Aufforderung zum Ungehorsam gegen die Gewerbeordnung mit Gefängnis bis zu einem Jahre!" (Verkauf 1894, 15–18)

Aus Leo Verkauf: Zur Geschichte des Arbeiterrechtes in Österreich. Erweiterter Abdruck aus dem österreichischen Staatswörterbuche, Wien 1905.

In einem Abschnitt über „Streik- und Arbeitslosenunterstützung. Freie Organisationen" beklagt Leo Verkauf 1905, dass die gewerkschaftlichen Fachvereine nur im Umweg über „freie Organisationen" Streikfonds anlegen dürfen:

„Vergleichen wir die Ausgaben der österreichischen mit denen der deutschen und englischen Gewerkschaften im Detail, so fällt eines auf. In England wurden im Jahrzehnt 1892 bis 1901 an Streikgeldern bei hundert der größten Gewerkschaften im Jahresdurchschnitt 293.552 Pfund Sterling = 19,2% der Ausgaben, in Deutschland im Jahre 1902 bei 60 Zentralorganisationen für Lohnkämpfe 1.930.329 Mk. = 19,3%, an Gemaßregeltenunterstützung 250.661 Mk. = 2,5% der Ausgaben verbraucht. Bei den österreichischen Gewerkschaften finden sich dagegen solche Ausgabeposten überhaupt nicht. Der faktische Zustand ist eben der, dass die österreichischen Arbeiter wohl das Recht haben, zu streiken, dass aber ihre Organisationen bei den Kämpfen durch Gewährung von Streikunterstützung nicht helfend eingreifen dürfen bei Gefahr der Auflösung. Die Gewerkschaften sind also gehindert, einer ihrer wichtigsten Aufgaben, der Organisierung ausbrechender Lohnkämpfe, ihre Aufmerksamkeit zuzuwenden.

An ihre Stelle sind die sogenannten freien Organisationen getreten. Die Arbeiter mancher Branchen übergeben die Eingänge regelmäßiger Sammlungen, die als Widerstandsfonds zu fungieren haben, einem ihrer Vertrauensmänner, wo eine Genossenschaft besteht, dem Gehilfenobmann, zur Verwaltung gegen Rechnungslegung unter entsprechender Kontrolle. Die Unzulässigkeit des Eingreifens der Gewerkschaften in Lohnkämpfe hat bei anderen Branchen wieder die Folge, dass Fonds zur Führung von Streiks überhaupt nicht angesammelt werden, dass man sich vielmehr auf Widerstandsfonds anderer Organisationen oder auf Sammlungen verlässt, entschieden ein bedenklicher Anreiz zu Ausständen.

Über die Einnahmen und Ausgaben der freien Organisationen sind nur spärliche Nachweisungen vorhanden. Das hat seinen Grund darin, dass der Wiener Magistrat zu Ende der Achtziger- und zu Anfang der Neunzigerjahre sich, wenn auch fruchtlos bemühte, die Sammlungen zu inhibieren und die vorhandenen Fonds zu konfiszieren.

Nach Berichten der Gewerkschaftskommission hatte der Dispositionsfonds der freien Organisationen in der Zeit vom 1. Jänner bis 30. Juni 1896 an Einnahmen 227.005 K, an Ausgaben 170.026 K. Nach dem Berichte an den Dritten Gewerkschaftskongress besaßen von 268 Gewerkschaften 99 freie Organisationen, welche Widerstandsfonds zum Zwecke der Unterstützung von Gemaßregelten und Streikenden sammelten. Die Beiträge schwankten zwischen 5 h per Monat und 20 h per Woche. ‚Die übrigen 70% der Organisationen helfen sich bei Lohnbewegungen durch freiwillige Sammlungen und verlassen sich in Zeiten ernster Kämpfe auf die Solidarität der anderen Organisationen.'

Der eigenartige Zustand, dass die Gewerkschaften keine Streikunterstützung gewähren dürfen, ist durch die Auslegung des Vereinsgesetzes seitens der politischen Behörden, wie des Reichsgerichtes geschaffen worden. Die Gewährung von Arbeitslosenunterstützung – als arbeitslos gelten auch Streikende – wird mit der Begründung verwehrt, dass sie auch bei Kontraktbruch, der nach § 85 Gew.Ordg. strafbar ist, erfolgen könnte. Das letzterflossene Erkenntnis des Reichsgerichtes vom 13. Juli 1901, Z. 292, begründet diesen Standpunkt, wie folgt:

Die statutarischen Bestimmungen seien insoferne gesetzwidrig, als mangels jeder Unterscheidung zwischen ordnungsmäßigem und gesetzwidrigem Austritt aus der Arbeit die Unterstützung auch solcher arbeitsloser Vereinsmitglieder im Rahmen der statutenmäßigen Vereinstätigkeit gelegen wäre, welche die Arbeit ohne Einhaltung der gesetzlichen oder vereinbarten Kündigungsfrist verlassen haben. Die Richtigkeit dieser Auffassung ergebe sich aus dem § 17 der Statuten, weil dieser Paragraph das bezügliche Recht der Mitglieder nur in der Richtung einschränke, dass das Mitglied nicht mutwillig aus der Arbeit ausgetreten sein dürfe. Diese Bestimmung sei aber zweifellos geeignet, gesetzwidrigen Austritt zu erleichtern und zu fördern, weshalb sie als rechtswidrig (§ 878 abGB) bezeichnet werden müsse.

Der berufene § 878 abGB lautet in der entscheidenden Stelle:

‚Was nicht geleistet werden kann, was geradezu unmöglich oder unerlaubt ist, kann kein Gegenstand eines gültigen Vertrages sein.' Das heißt doch wohl: die Vereinbarung, ein Lohnverhältnis unter Kontraktbruch zu lösen, wäre ungültig. Es kann aber unmöglich bedeuten, dass die Zusage, gegen Entrichtung eines Beitrages im Falle von Arbeitslosigkeit Unterstützung zu gewähren, unzulässig sei. Wie dem aber auch sein mag, die Gewerkschaften erklären sich außerstande, in unzweifelhafter Weise zwischen erlaubter und gesetzwidriger Lösung des Arbeitsverhältnisses zu unterscheiden. Weder der Tatbestand noch die Rechtslage können ohne richterliches Eingreifen mit solcher Sicherheit festgestellt werden, dass nicht durch Gewährung der Unterstützung während eines Streiks die Handhabe zur Vereinsauflösung geboten werde. Die Organisationen sehen deshalb notgedrungen von Streikunterstützungen ab. Die Folge ist, dass die Gewerkschaften vielfach auf die Methode der kollektiven Vertragsschließung Verzicht leisten und deren Anwendung den Gehilfenausschüssen oder freien Organisationen überlassen müssen.

Schlussergebnis: Die österreichischen Gewerkschaften mussten um ihr Existenzrecht durch ein Vierteljahrhundert einen schweren Kampf führen. Es scheint, dass die Auslegung des Vereinsgesetzes vom Jahre 1867 endlich insoferne auf eine naturgemäße Basis gelangt ist, als der Bestand und die Gründung von Gewerkschaften lokaler oder zentraler Richtung in der Regel nicht mehr als gesetzwidrig oder staatsgefährlich angesehen wird. (Ausnahmen z. B. Lokomotivführer!) Dagegen hat der Kampf der Gewerkschaften um ihre natürliche Kompetenzsphäre keine andere Sachlage zu schaffen vermocht als zu Beginn der Wirksamkeit des Vereinsgesetzes. Jede Betätigung in der Richtung einer Beeinflussung der sozialpolitischen Gesetzgebung bedroht die gewerkschaftlichen Organisationen mit der Auflösung. Die Hindernisse, die von den Unternehmern vertragsmäßigen Abmachungen von Organisation zu Organisation in den Weg gelegt werden, sind durch die behördliche Verhinderung der Streikorganisation auf dem Boden der Gewerkschaften vervielfältigt worden. Den Bemühungen, durch Einführung von Invaliden-, Witwen- und Krankenunterstützung einen Kitt für die Organisationen zu schaffen und damit gleichzeitig durch Ansammlung von großen Reserven Mittel bei Lohnkämpfen zu gewinnen, die nach Herstellung des Friedens wieder auf alte Höhe gebracht werden können, ist bisher mit Hilfe der Versicherungstechnik entgegengewirkt worden. Die jüngst eingetretene Erleichterung kann insolange nicht zur vollen Wirkung gelangen, als die Einflussnahme der Gewerkschaften auf den Arbeitsvertrag durch Untersagung der Streik- und Arbeitslosenunterstützung unmöglich gemacht wird. Bisher ist Wandel zum Besseren nicht durch Änderung der geltenden Gesetze, sondern durch sachgemäßere Interpretation derselben herbeigeführt worden." (Verkauf 1905, 19–21)

Unter der Überschrift „Arbeitseinstellungen und Aussperrungen" führt Leo Verkauf aus:

„Das ältere Recht verbietet die Arbeitseinstellungen und versagt den Gesellen die Befugnis, sich zu koalieren. Die Handwerks- und allgemeinen Gewerbepatente verfügen strenge Ahndung ‚gegen das Auftreiben und unvernünftige Aufstehen und Austreten der Gesellen', welches die vorzüglichste Quelle alles Zunftunfuges sei. ‚Sollten die Gesellen sich gelüsten lassen, unter irgendeinem Vorwande einen Aufstand zu erregen, sich zusammenzurotten, vor Erhaltung einer Bewilligung ihrer trotzigen Forderungen alle Arbeit zu verweigern und haufenweise auszutreten, so sollen solche rebellische Frevler mit Gefängnis-, Zuchthaus- und Galeerenstrafe und im Falle hochgetriebener Widersetzlichkeit selbst am Leben gestraft werden.' Als das zweckmäßigste Mittel, diese ‚Disziplinarverfügungen' aufrecht zu erhalten, betrachtete man die Aufhebung aller Gesellenbruderschaften, der so genannten Gesellentage, wie der selbständigen Gesellenladen. Zusammenkünfte ohne Vorwissen und Anwesenheit des vorgesetzten Zunftkommissärs auf den Herbergen oder an irgend einem anderen Orte waren ebenso verboten wie der Briefwechsel unter den Gesellen.

Das StG vom 27. Mai 1852, RGBl. Nr. 117 bestimmte über das Koalitionsrecht:

§ 479. Verabredungen von Gewerbsleuten, Fabriks- oder Arbeitsunternehmern oder Dienstgebern, um eine Umänderung in den Arbeits- oder Lohnverhältnissen zu erwirken, oder um den Preis einer Ware oder einer Arbeit zum Nachteile des Publikums zu erhöhen oder zu ihrem eigenen Vorteile herabzusetzen, oder um Mangel zu verursachen, sind als Übertretungen zu strafen.

§ 480. Urheber solcher Verabredungen sind nach der größeren oder minderen Wichtigkeit des Gegenstandes mit strengem Arrest von einem bis zu drei Monaten und, wenn sie zugleich Gewerbevorsteher sind, nebstdem mit Entsetzung und fernerer Unfähigkeit zum Vorsteheramte zu bestrafen. Die Strafe der übrigen Mitschuldigen ist verschärfter Arrest von drei Tagen bis zu einem Monate, je nachdem jedem derselben eine stärkere Mitwirkung zur Last fällt.

§ 481. Verabredungen von Berg- und Hüttenarbeitern, Handwerksgesellen, Hilfsleuten der im § 479 erwähnten Arbeitgeber, von Lehrjungen, Dienstboten oder überhaupt von Arbeitern, um sich durch gemeinschaftliche Weigerung, zu arbeiten, oder durch andere Mittel einen höheren Tag- oder Wochenlohn oder andere Bedingungen von ihren Arbeitgebern zu erzwingen, sind Übertretungen und an den Rädelsführern mit verschärftem Arreste von acht Tagen bis zu drei Monaten zu bestrafen; auch sind dieselben, je nachdem sie Inländer oder Ausländer sind, aus dem Kronlande oder dem ganzen Reiche abzuschaffen.

Eine Ergänzung hierzu bildet der § 14 des Vereinspatentes, der die Bewilligung eines Vereines nur dann gestattet, wenn sein Zweck erlaubt ist, und § 6 des Vereinsgesetzes von 1867, wonach die Bescheinigung eines Vereines verweigert werden kann, wenn derselbe seinem Zwecke nach unerlaubt ist. Damit waren beide Seiten des Koalitionsrechtes: die Schaffung von Organisationen zu Streikzwecken sowie der Streik selbst, untersagt und unter Strafe gestellt.

Seit 1867 forderten die Arbeiter in der Presse, in Versammlungen und durch Petitionen volle Koalitionsfreiheit. Im Abgeordnetenhause beriet ein Ausschuss die Frage, ohne einen Gesetzentwurf als Grundlage der Beratungen zu besitzen. Da trat durch die bekannte Arbeiterdemonstration vor dem Parlamente am [13.] Dezember 1869 eine unerwartete Beschleunigung ein: am 14. Dezember 1869 wurde die Regierungsvorlage eingebracht, am 4. Februar 1870 der Ausschussbericht erstattet, am 10. Februar 1870 die Debatte im Abgeordnetenhause abgeführt und am 7. April 1870 ward das sanktionierte Gesetz im RGBl. Nr. 43 publiziert. (…)

Eine Literatur über Koalitionsrecht besteht überhaupt nicht. Die Judikatur ist eine sehr dürftige. Die Praxis zeigt örtliche und zeitliche, auch von den jeweilgen politischen Verhältnissen beeinflusste Schwankungen. Der Versuch einer theoretischen Würdigung des Koalitionsgesetzes erscheint deshalb, wenn auch hier nur im engen Rahmen möglich, berechtigt. Ein wichtiges Hilfsmittel ist dabei der aus den parlamentarischen Verhandlungen sich ergebende Zweck, welchen der Gesetzgeber zu erreichen beabsichtigte. Bei der Auslegung ist auch zu beachten, dass es sich nicht um ein Gesetz handelt, das völlig neue Rechtsinstitutionen schuf, sondern an Stelle älterer Gesetze tritt. Das neue Gesetz muss deshalb im Zusammenhange mit dem alten geprüft werden.

Nach § 481 StG war die Arbeiterkoalition schlechthin untersagt: die Verabredung der Arbeiter, um durch gemeinschaftliche Arbeitsverweigerung oder durch andere Mittel günstigere Arbeitsbedingungen zu erzwingen, bildete eine

Übertretung; die Schaffung von Streikvereinen war unzulässig, weil der Zweck ein unerlaubter war. Auch die Abhaltung von Versammlungen, um Arbeitseinstellungen zu beschließen, war nicht gestattet, sie mussten bis zum Jahre 1870 untersagt werden, da der Zweck derselben den Strafgesetzen zuwiderlief (§ 6 Vers.Ges.). Der § 1 des Koalitionsgesetzes hebt nun die §§ 479 bis 481 des StG auf. Die Verabredung von Arbeitseinstellungen hört damit auf, eine Übertretung zu bilden. In Konsequenz dessen gelten Vereine, welche durch Arbeitseinstellungen oder durch andere Mittel günstigere Arbeitsbedingungen zu erzwingen suchen, nicht mehr nach ihrem Zwecke als rechts- oder gesetzwidrig; sie können demnach nicht untersagt werden, auch wenn die Veranstaltung von Streiks ihre einzige Aufgabe bildet. Es entfällt ferner die rechtliche Basis zur Untersagung von Versammlungen, bei welchen Arbeitseinstellungen oder Sperren beschlossen, Forderungen aufgestellt, über die Fortdauer oder das Aufgeben eines Streiks diskutiert werden soll. Diese Folgerung ergibt sich auch ohne Rücksicht auf den Wegfall der Strafbarkeit nach § 481 aus der Erwägung, dass mit der Zulässigkeit der organisierten Arbeitseinstellung auch die Mittel, ohne die sie undenkbar ist, erlaubt sein müssen. Ein nicht organisierter Streik d. h. eine Arbeitseinstellung ohne vorhergegangene Verabredung, war auch nach § 481 nicht strafbar. So wie jeder einzelne Arbeiter, so konnte eine Mehrheit derselben die Arbeit verlassen, um den Unternehmer zur Gewährung günstigerer Vertragsbedingungen zu nötigen. Was sich seit 1870 geändert hat, ist nicht die Befugnis zu streiken überhaupt, sondern das Recht der Fassung gemeinsamer Beschlüsse über Arbeitseinstellungen, das ohne Versammlungen nicht denkbar ist.

Die Verabredungen bildeten nach § 481 nur dann eine Übertretung, wenn sie bezweckten, vom Arbeitgeber durch Arbeitseinstellungen oder durch andere Mittel günstigere Arbeitsbedingungen zu erzwingen. Es bedurfte dabei durchaus nicht des Erfolges. Auch wenn die Arbeitseinstellung unterblieb, war die Übertretung bereits gegeben. Sie lag dagegen nicht vor, wenn es sich nicht um die Ausübung eines Zwanges, eines Druckes, sondern lediglich um eine Vorstellung, eine Petition an den Unternehmer handelte. Auch hier ist eine neue Situation geschaffen: das Gesetz gestattet, mit der Aufhebung des § 481, auf den Unternehmer durch Arbeitseinstellung oder durch andere Mittel, z. B. durch Verhängung einer Sperre, einen Druck auszuüben, um günstigere Arbeitsbedingungen zu ‚erzwingen'. Es dürfen also Forderungen erhoben, es darf für den Fall ihrer Ablehnung mit dem Streik oder der Sperre gedroht werden. Selbstredend gilt das nicht vom körperlichen Zwang, sondern nur von jenem, der in der Ausnützung der wirtschaftlichen Konjunktur gelegen ist. So wie der einzelne Unternehmer oder die Unternehmerorganisation für den Fall der Nichtannahme einer Lohnreduktion den Arbeitern ungestraft mit Entlassung drohen kann, so der Arbeiter mit Streik oder Sperre, nicht bloß durch konkludente Handlungen, sondern auch expressis verbis, wenn die Gewährung günstigerer Arbeitsbedingungen verweigert wird.

Aus dem Umstande, dass Verabredungen, um ihm Wege von Arbeitseinstellungen günstigeren Lohn etc. zu erzwingen, bis 1870 eine Übertretung bildeten, ergab sich die Ungültigkeit der von den Koalitionsgenossen übernommenen zivilrechtlichen Verbindlichkeiten. ‚Was geradezu unerlaubt ist, kann kein Gegenstand eines Vertrages sein.‘ (§ 878 abGB). Die übernommene Verpflichtung zur Zahlung von Beiträgen war nichtig, bereits geleistete Zahlungen konnten zurückgefordert werden. Nach § 2 KoalG. kommen nunmehr für die Arbeiter in Betracht a) Verabredungen, welche bezwecken, mittelst gemeinschaftlicher Einstellung der Arbeit günstigere Bedingungen zu erzwingen; b) Vereinbarungen zur Unterstützung der Streikenden; c) Vereinbarungen zur Benachteiligung derjenigen, die sich von den Verabredungen lossagen. Alle diese Vereinbarungen haben ‚keine rechtliche Wirkung‘. Wollte man annehmen, dies bedeute, dass jede übernommene Verbindlichkeit ungültig sei, nicht einmal eine Naturalobligation entstehe, so würde dies heißen, dass das neue Gesetz in zivilrechtlicher Beziehung den alten Zustand sanktioniert habe. Dies widerspricht der offenbaren Absicht des Gesetzgebers. Schon der Wortlaut des Gesetzes zeigt, dass eine natürliche Verbindlichkeit für zulässig anerkannt werden sollte, indem, was früher schlechthin ungültig war, jetzt lediglich nicht den Arm des Gesetzes zu seiner Erzwingung geliehen erhalten sollte. Der Justizminister Dr. Herbst erklärte im Abgeordnetenhause: Es sei nichts Besonderes in der österreichischen Gesetzgebung, dass Verträge zugelassen werden und nicht verboten sind, dass sie aber nur eine natürliche Verbindlichkeit nach sich ziehen, die dem Gewissen und der wahren Überzeugung des einzelnen überlassen sind, dass sie also nicht klagbar sind und keine Rechtswirkung haben. Es rechtfertigt sich diese Behandlung ebenso wie bei der Verabredung, künftig einen Vertrag abschließen zu wollen, wegen der Ungewissheit der Verhältnisse, die man nicht vorhersehen könne. Man könne nicht jemanden, der sich in Übereilung, hingerissen durch die Aufregung, zu einem unvorsichtigen Schritt verleiten ließ, auf das natürlichste Recht, auf das Recht zu arbeiten und sich seinen Lebensunterhalt zu verdienen, dergestalt verzichten lassen, dass man ihn dazu vom Richter verhalten kann. Wurden aber Beiträge an den Streikfonds geleistet, so könne das Gegebene nicht zurückgefordert werden, denn das würde zu bedenklichen Konsequenzen führen, wenn etwa das Geleistete schon zur Unterstützung Feiernder verwendet worden ist. Im Sinne des § 1432 abGB könne man eine Zahlung nicht zurückfordern, wenn man wusste, dass man sie nicht schuldig sei; mit der Unkenntnis des Gesetzes könne man sich nicht entschuldigen.

Im Herrenhause wollte man diesem Gedankengange im § 2 präziseren Ausdruck geben. Der Justizminister bekämpfte dies mit Argumenten, die mit seiner im Abgeordnetenhause abgegebenen Erklärung scheinbar im Widerspruche standen. Er brach dem aber die Spitze ab, indem er erklärte, zwischen dem Antrage des Herrenhauses und der Regierungsvorlage bestehe kein praktisch erheblicher Unterschied. Derjenige, der die Arbeiter zur Koalition auffordere, werde einfach sagen: Ihr wisset, dass ihr nach dem Gesetze nicht verpflichtet seid, die Beiträge zu leisten. Sie werden dann trotzdem geleistet werden, der Beweis eines Irrtums wird schwer zu erbringen sein, höchstens dann, wo man sich des Schwachsinns, der Unwissenheit, der Unkenntnis des Leistenden bediente und ihm weisgemacht hatte, er sei schuldig, zu zahlen. Für solche Fälle soll man allerdings das Rückforderungsrecht nicht ausschließen. Der Unterschied zwischen dem Versagen des Klagerechtes (Antrag des Herrenhauses) und der Entziehung der rechtlichen Wirkung sei also ein außerordentlich geringer, praktisch kaum anzuschlagender. Der größeren Verständlichkeit wegen solle die Fassung der Regierungsvorlage beibehalten werden. (…)

Was die dritte Gruppe anlangt, so kann wohl die Verweigerung einer Unterstützung an Streikbrecher nicht gemeint sein, weil diese mit der Lossagung von der Koalition sich eines jeden Anspruches begeben. Es kann also der Zweck des § 2 nur der sein, Verabredungen als nicht zu Recht bestehend zu erklären, die darauf abzielen, Streikbrecher dadurch aus der Arbeit auszuschließen, dass sich die Koalitionsgenossen verpflichten, mit ihnen in keiner Werkstätte zusammenzuarbeiten. Diese Verabredung (Verrufserklärung) hat keine rechtliche Wirkung, d. h. sie kann im Klagewege nicht durchgesetzt werden; Straffolgen treten jedoch nicht ein.

Die Straffolgen sind im § 3 behandelt. Nach § 481 StG waren nur die Rädelsführer wegen Übertretung des Koalitionsverbotes strafbar. Das Delikt lag vor, sobald die Verabredungen zustande gekommen waren, ohne Rücksicht darauf, ob es wirklich zu einem Streik kam, d. h. ob der Zweck der Koalition erreicht wurde oder nicht. Strafbare Handlungen aus Anlass eines Streiks erfuhren keine spezielle Behandlung: Es fanden bei Misshandlungen und Beschimpfungen etc. die entsprechenden Bestimmungen des Strafgesetzes, bei Einschüchterung und Gewalttätigkeit insbesondere die Vorschriften über Erpressung (§ 98 StG) Anwendung. Der § 3 KoalG. bringt hier eine einschneidende Änderung, insoweit es sich um Delikte von Arbeitern gegen Mitarbeiter handelt. Werden nämlich ‚Mittel der Einschüchterung oder Gewalt' gegen andere Arbeiter angewendet, um das Zustandekommen, die Verbreitung oder die zwangsweise

Durchführung der Koalition zu bewirken, so wird ein Delikt besonderer Art begangen, das bald die Qualifikationsmerkmale einer Ehrenbeleidigung, bald einer Erpressung an sich trägt. Daraus folgt, dass, wo früher die Strafbarkeit nach § 98 StG gegeben war, jetzt nur eine solche nach § 3 KoalG. vorliegt, so weit es sich eben um Mittel der Einschüchterung oder Gewalt handelt. Der § 3 KoalG. spricht allerdings aus, dass die Übertretung nur vorliegt, sofern die Handlung nicht unter eine strengere Bestimmung des StG fällt. Hier kann wohl das Verbrechen der schweren körperlichen Beschädigung und ähnliches, keineswegs aber die Erpressung nach § 98 gemeint sein. Wer dieser Auffassung widerspricht, würde damit nichts anderes behaupten, als dass die Anwendung von Mitteln der Einschüchterung oder der Gewalt vor 1870 überhaupt straflos gewesen ist. War sie es nicht, dann konnte es sich damals nur um Fälle der Erpressung handeln, die jetzt für den Bereich der Arbeiterkoalition als Übertretung eigener Art geahndet werden. Abweichend davon ist die Auffassung der oberstgerichtlichen Entscheidung vom 6. Juni 1898, Z. 5399: Nur wenn das Strafgesetz eine anwendbare strengere Strafbestimmung nicht aufweist, könne § 3 KoalG. in Frage kommen. Diese Anschauung scheint mir ganz unhaltbar zu sein.

Strafbare Tatbestände gegenüber den Unternehmern haben gleichfalls eine Einschränkung erfahren. Insoweit es sich darum handelte, dieselben durch Arbeitseinstellungen oder durch andere Mittel zu günstigeren Arbeitsbedingungen zu zwingen, konnte vor 1870 unter Umständen die Strafbarkeit wegen Erpressung nach § 98 StG eintreten. Gegenwärtig ist dieser Tatbestand, soweit die Androhung des Streiks, der Sperre etc. in Frage kommt, überhaupt straflos. Etwas anderes gilt natürlich, wenn körperliche Gewalt gegenüber den Unternehmern vorliegt." (Verkauf 1905, 26–31)

Ausführlich beschreibt Verkauf die zumeist willkürliche „Einschränkung der Koalitionsfreiheit durch die Verwaltungspraxis" – durch Vereinsauflösungen, Versammlungsverbote, Schikanen gegen Streikposten, Abschiebungen und Abschaffungen:

„Das KoalG. vom 7. April 1870 bedeutet einen wesentlichen Fortschritt. Es konnte bei einer dem Willen der Gesetzgebung entsprechenden Durchführung dauernd günstige Wirkungen erzielen. Eine solche Handhabung ist ihm jedoch nicht zuteil geworden. Die Koalitionsfreiheit stand mit jahrhundertealten Traditionen und gewichtigen ökonomischen Interessen im Widerstreit. So kam es, dass das KoalG. um seine Geltung einen schweren Kampf führen musste, der heute noch keineswegs zu Ende ist.

Mit wechselndem Erfolg wird den Arbeiterkoalitionen durch die politische Verwaltung eine Reihe von Hindernissen bereitet, von welchen die wichtigsten hier berührt werden sollen.

1. Ausweisungen. Das StG bestimmte im § 481, dass die Rädelsführer bei den Verabredungen zur Veranstaltung von Streiks neben der Bestrafung, je nachdem sie Inländer oder Ausländer sind, aus dem Kronlande oder dem ganzen Reiche abzuschaffen sind. Diese Vorschrift war durch § 1 KoalG. und damit die obligatorische Ausweisung beseitigt worden. Dafür ist die Praxis der politischen Verwaltung, im Gegensatz zur Judikatur des Reichsgerichtes, bemüht, die fakultative Abschiebung oder Abschaffung an Stelle der aufgehobenen obligatorischen gegen Streikende zur Anwendung zu bringen. Es ist klar, dass diese Praxis geeignet ist, die Koalitionsfreiheit vielfach zunichte zu machen.

Nach § 1 des Gesetzes vom 27. Juli 1871, RGBl. Nr. 88, darf die Abschaffung aus polizeilichen Rücksichten erfolgen: a) gegen Landstreicher und sonstige arbeitsscheue Personen, welche die öffentliche Mildtätigkeit in Anspruch nehmen; b) gegen ausweis- und bestimmungslose Individuen, welche kein Einkommen und keinen erlaubten Erwerb nachweisen können; (…) d) gegen aus der Haft tretende Sträflinge und Zwänglinge, insofern sie die Sicherheit der Person oder des Eigentums gefährden.

Man hat nun Streikende schon abgeschoben, wenn sie wegen Ehrenbeleidigung oder wegen Übertretung des Vereins- und Pressgesetzes bestraft waren. Auch ohne vorhergegangene Abstrafung konstruierte man bei Führern von Arbeitseinstellungen wie bei Agitatoren Rücksichten der öffentlichen Ordnung oder Sicherheit als Abschaffungsgrund. Das Reichsgericht hat dies mit E. vom 22. Oktober 1879, Z. 192, für unzulässig erklärt. Hier und da ist auch lit. a der zitierten Gesetzesstelle gegen Arbeiter, die ihr Koalitionsrecht benützten, zur Anwendung gelangt. Am häufigsten pflegt man jedoch Teilnehmer an Arbeitseinstellungen als ausweis- und bestimmungslose Individuen zu erklären. Der Vorgang ist besonders deshalb so bedenklich, weil die Betroffenen in der Mehrzahl der Fälle außerstande sind, den Instanzenzug bis zum R.G. zu verfolgen, und die Erkenntnisse so regelmäßig in Rechtskraft erwachsen. Noch bedenklicher ist es, dass die Abschiebungen als offene Parteinahme für die Unternehmer und gegen die Arbeiter aufgefasst werden müssen. Die Judikatur des R.G. zeigt die volle Berechtigung dieser Auffassung. So hat das R.G. im E. vom 28. April 1892, Z. 101, ausgesprochen, dass durch Arbeitslosigkeit wohl Beschäftigungslosigkeit, nicht aber Bestimmungslosigkeit eintrete. Die E. vom 7. Juli 1896, Z. 137 bis 140, erklären, dass die durch einen Streik eingetretene, mehrere Wochen andauernde Beschäftigungslosigkeit noch nicht genüge, um einem Arbeiter, der sich in einem speziellen Arbeitszweige durch eine Reihe von Jahren in dem nämlichen Orte verwendet hat, den Charakter der Bestimmungslosigkeit zu geben. Schon früher wurde zu Recht erkannt (E. vom 27. Oktober 1891, Z. 189), dass ein mit hinreichenden Subsistenzmitteln und mit Arbeitsbuch und Reiseschein versehener Arbeiter nicht als bestimmungslos erklärt werden könne.

Diese Stellungnahme des R.G. hat nicht gehindert und hindert auch jetzt nicht, dass zur Vorbeugung und Unterdrückung von Arbeitseinstellungen Abschiebungen in bald größerer, bald geringerer Zahl erfolgen. So weist die amtliche Streikstatistik des Jahres 1900 (der große Bergarbeiterstreik!) 10 Abschiebungen und 59 Ausweisungen auf. Von diesen entfielen 28 Fälle auf das Brüx-Teplitzer, 36 auf das schlesische Kohlenrevier, während in anderen und selbst benachbarten Streikgebieten das Mittel der Abschaffung überhaupt nicht zur Anwendung gelangt ist. Zur Beleuchtung des bedenklichen Charakters solcher Ausweisungen können zwei Aktenstücke dienen, die wir auszugsweise folgen lassen. An zwölf streikende Gießer in Nordböhmen wurde ein Abschaffungserkenntnis vom 3. April 1894 zugemittelt, das in der entscheidenden Stelle lautete: ‚Es ist sichergestellt, dass Sie sich bereits längere Zeit in N. arbeits- und bestimmungslos, ohne einen erlaubten Erwerb oder ein Einkommen nachweisen zu können, aufhalten. Weil sich unter diesen Umständen Ihr weiterer Aufenthalt in N. aus Rücksichten der öffentlichen Ordnung und Sicherheit als unzulässig darstellt, finde ich mich bestimmt, Sie in Ihre Heimatgemeinde abschieben zu lassen.' Man vergleiche diese Begründung mit den oben angeführten Bestimmungen des Schubgesetzes. Wenige Tage nach Erlassung dieses Erkenntnisses, am 11. April 1894, verschickte der betreffende Unternehmer ein Zirkular an die Herbergen, dessen Einleitung folgenden Wortlaut hat: ‚Es dürfte Ihnen nicht unbekannt sein, dass meine Gießerei Ende Februar in Streik trat, welcher Streik von der Behörde dadurch endgültig aufgelöst wurde, dass sämtliche Streikende zwangsweise in ihre Heimatsgemeinde abgeschoben wurden, so dass neuem Zuzug kein Hindernis mehr im Wege steht.' (Arbeiter-Zeitung vom 20. April 1894). Man wird die Auffassung der Arbeiter über diese einseitige Stellungnahme der politischen Behörden gewiss nicht als unbegründet ansehen können.

2. Polizeiliche Strafen gegen das Streikpostenstehen. Die gerichtlichen Abstrafungen aus Anlass von Arbeitseinstellungen weisen sehr große Schwankungen auf. Im Jahre 1900 kamen 597, im Jahre 1901 nur 38 Abstrafungen vor. Auch das Verhältnis zwischen Anklagen und Verurteilungen nach § 3 KoalG. ist ein sehr variables. So z. B. wurden 1889 von 264 Angeklagten 95 = 36% verurteilt, im Jahre 1894 von 623 Angeklagten 333 = 53%, im Jahre 1895 von 365 Angeklagten 146 = 40%.

Wie überall, so ist auch bei uns das Streikpostenstehen ein unentbehrliches Mittel zur Durchführung von Arbeitseinstellungen. Indem das KoalG. Mittel der Einschüchterung und Gewalt als strafbar erklärt, wird implicite die Zulässigkeit von Mitteln der Überredung anerkannt. Die Unternehmer dürfen auch in der Tat unbehindert auf ihre Branchengenossen einwirken. Das kann demnach den Arbeitern auch nicht verwehrt sein. In der Tat besteht eine Untersagung weder für die Anwendung des Mittels der Überredung noch auch des zu diesem Zwecke notwendigen Streikpostenstehens. In diese Lücke tritt nun das sogenannte Verbotsrecht nach § 7 der kais. Verordnung vom 20. April 1854, RGBl. Nr. 46. Brockhausen hat überzeugend dargetan, dass auf Grund des § 7 den politischen und polizeilichen Behörden ein Verbotsrecht überhaupt nicht zukommt. Dieses sogenannte Verbotsrecht besteht darin, dass die Behörde sich für berechtigt hält, eine an sich erlaubte Handlung, einen rechtlich indifferenten Tatbestand zu einem unerlaubten und strafbaren zu machen, indem sie ihn verbietet. Dieses Verbotsrecht hat in Wirklichkeit nie zu Recht bestanden. Der § 7 hat einen ganz anderen Sinn, als ihm die Praxis beilegt. Die Eingangsworte dieses Paragraphen: ‚ist im Wirkungskreise der politischen und polizeilichen Behörden ein Verbot erlassen worden (…)', verleihen kein Verbotsrecht, sondern setzen ein solches voraus. Besteht ein Verbotsrecht nicht kraft einer anderen gesetzlichen Norm, so kann § 7 überhaupt nicht zur Anwendung gelangen. Die Anordnungen über Nichtfolgeleistung stehen überdies im Widerspruche mit dem Gesetze vom 7. April 1870; eine administrative Maßregel kann nicht zur Beseitigung von Befugnissen benützt werden, die positiv durch das Gesetz verbürgt sind.

Eine unwesentliche Einschränkung des polizeilichen Verbotsrechtes spricht der Erlass der n. ö. Statthalterei aus, wonach die Nichtfolgeleistung eine Übertretung des § 7 dann nicht bildet, wenn die ein Verbot involvierende Anordnung von einem einzelnen Sicherheitsorgan ausgegangen ist (Normaliensammlung für den polit. Verwaltungsdienst, Band II, Nr. 3430).

3. Sonstige administrative Einschränkungen des Koalitionsrechtes: Nicht selten wurde die Konstituierung eines Streikcomités mit der Begründung verhindert, dasselbe stelle einen unerlaubten Verein dar. An anderer Stelle haben wir die Bedeutung des § 85 Gew.Ordg. über Kontraktbruch sowie die Institution der Arbeitsbücher für das Koalitionsrecht der Arbeiter erörtert. Durch Konfiskation der Arbeiterpresse sowie durch das Werben von Streikbrechern seitens öffentlicher Institute und Personen werden die Streikenden zuweilen benachteiligt. Klagen werden überdies – gegenwärtig in abnehmendem Maße – wegen unbegründeter Verhaftungen laut, die abschreckend wirken sollen, ferner wegen Vereinsauflösungen, die eintreten, wenn auch nur eine indirekte Beteiligung am Streik vermutet oder nachgewiesen wird.

Früher war auch das Bestreben darauf gerichtet, Geldsammlungen zugunsten der Streikenden zu verhindern. Dabei hat es sich sogar ereignet, dass das Sammeln von Beiträgen für den Streikfonds als unerlaubtes Betteln nach dem Vagabundengesetz behandelt wurde.

Die häufigste Beschwerde geht dahin, dass die politischen Behörden die Behinderung der Arbeiterkoalitionen durch Versammlungsverbote und durch Versammlungsauflösungen systematisch betreiben. Diese Beschwerden begannen bald nach Erlassung des Koalitionsgesetzes und verstummen auch in der Gegenwart nicht. Dass die Handhabung des Versammlungsgesetzes in dieser Beziehung auch heute viel zu wünschen übrig lässt, ergibt die amtliche Streikstatistik für 1900. In diesem Jahr gelangten 1899 Streikversammlungen zur Anzeige, von welchen 188 verboten, 47 aufgelöst, insgesamt 235 = 12,4% der Versammlungen vereitelt wurden. Verfolgt man diese Daten ins Detail, so ergibt sich, dass in den meisten Kohlenrevieren die Zahl der verhinderten Versammlungen eine unterdurchschnittliche war, während im Brüx-Teplitzer Revier von 433 Versammlungen 136 untersagt und 29 aufgelöst, sonach zusammen 165 = 38,1% der Versammlungen vereitelt wurden. Das ist offenbar eine schwere Beeinträchtigung der Arbeiter, die um so mehr ins Gewicht fällt, als die Unternehmer in der Ausübung ihrer Koalitionsfreiheit völlig unbehindert bleiben. In der Tat sind aus dem genannten Streikgebiete während der Arbeitseinstellung von 1900 zahlreiche Klagen über Einschränkung des Koalitionsrechtes laut geworden.

Besonders bitter wird es von den Arbeitern empfunden, wenn Soldaten als Ersatz für Streikende beigestellt werden, wie häufig bei Bäckern, vereinzelt bei Mühlenarbeitern, Sackträgern etc. geschehen ist. Nach der Normaliensammlung (Band I, Nr. 283) wurden auf Grund eines Ministerratsbeschlusses vom 17. März 1873 alle Bezirkshauptmannschaften, die Handels- und Gewerbekammern wie die Polizeidirektion Wien in Kenntnis gesetzt, dass es dem Geiste des Wehrgesetzes entspreche (!), wenn ausnahmsweise die Abkommandierung und Verwendung von handwerkskundigen Soldaten des Präsenzstandes in Fällen verfügt wird, in denen es sich um Aufrechterhaltung des möglichst ungestörten Betriebes von Gewerben handelt, die sich mit der Erzeugung von unentbehrlichen Lebensmitteln – Mehl, Brot, Fleisch – befassen, oder von Etablissements, die zur Besorgung von für Staatsbehörden erforderlichen unaufschiebbaren Arbeiten berufen sind, sobald die Betriebseinstellung mangels der erforderlichen Kräfte und infolgedessen die Störung der öffentlichen Ordnung und Ruhe zu besorgen ist, bzw. der öffentliche Dienst ins Stocken geraten würde.

Als Vorenthalten der Koalitionsfreiheit wird es empfunden, dass die Bergarbeiter mit der Entlassung aus dem Betriebe selbst jahrzehntelange Ansprüche an die Bruderladen verlieren. Die Organisation der Bruderladen wie die Sanierungsmaßnahmen haben zu zahlreichen Arbeitseinstellungen Veranlassung gegeben, die nicht selten für die Entlassenen mit dem Verluste aller Ansprüche endeten, sobald der Streik verloren ging. Bei dem Charakter der Bruderladen als Zwangskassen wird ihre Benützung als Strafmittel bei Arbeiterkoalitionen als schweres Unrecht empfunden." (Verkauf 1905, 31–34)

Aus Isidor Ingwer – Isidor Rosner: Volkstümliches Handbuch des österreichischen Rechtes I. Verfassungsrecht – Verwaltungsrecht, zweite vermehrte umgearbeitete Auflage, Wien 1907 [812 Seiten] und Isidor Ingwer – Isidor Rosner: Volkstümliches Handbuch des österreichischen Rechtes. II. Allgemeines bürgerliches Recht – Handelsrecht – Arbeiterrecht – Strafrecht – Gerichtsverfahren, zweite vermehrte umgearbeitete Auflage, Wien 1908 [780 Seiten, kurz: Ingwer/Rosner II])

Zum Verhältnis von Koalitions-, Streik- und Strafrecht:

„Durch das Nebeneinanderstellen der Worte ‚Einschüchterung' und ‚Gewalt' hat der Gesetzgeber zur Genüge dargetan, dass von ‚Einschüchterung' nur dann die Rede sein könne, wenn zumindest eine Bedrohung des Streikbrechers erfolgte. Die bloße Beleidigung oder gar Beschimpfung des Streikbrechers kann gewiss nicht als ‚Mittel der Einschüchterung' angesehen werden.

Anders die Praxis, die jede Beleidigung des Streikbrechers oder gar desjenigen, der es werden will, als Mittel der Einschüchterung auffasst. In der (…) Entscheidung des Kassationshofes vom 29. September 1896, Z. 11.319, heißt es: ‚Neben dem Falle der Anwendung von Gewalt spricht es (das Gesetz) von Einschüchterungsmitteln überhaupt. An sich betrachtet, kann es nicht zweifelhaft sein, dass je nach der Individualität des Angegriffenen als solche Mittel gewiss auch Beschimpfungen oder sonstige Ehrverletzungen (zum Beispiel Verrufserklärungen, Boykottierungen und dergleichen) ebenso dienstbar sein können, wie etwa die Ankündigung irgend eines die Qualitäten der §§ 98 b (Erpressung) und 99 StG (gefährliche Drohung) nicht erschöpfenden Übels. Ja, schon das an den Beteiligten gestellte stürmische Verlangen, sich den Beschlüssen der Koalierten zu fügen, das Andrängen der Berufsgenossen, das Geltendmachen der Überzahl und dergleichen kann nach den Umständen des Falles einschüchternd wirken.'

Nach der Ansicht des Kassationshofes können demnach Beschimpfungen, Ehrverletzungen, stürmisches Verlangen, Andrängen der Berufsgenossen, Geltendmachen der Überzahl Mittel der Einschüchterung sein. Was hat aber die Praxis daraus gemacht? In der Regel wird man wegen des landläufigsten Schimpfwortes als Verletzer des Koalitionsgesetzes auch dann behandelt, wenn der Beleidiger ein Zwerg und der Streikbrecher ein Riese ist. So werden ausdehnende Auslegungen eines Strafgesetzes durch den Obersten Gerichtshof von den Gerichten noch weiter ausgedehnt.

Wir sehen also: Unser Koalitionsgesetz ist zwar bedeutend besser als das englische, deutsche und französische Gesetz, welche zahlreiche Handlungen der Streikenden gegen Streikbrecher für strafbar erklären, während das österreichische Gesetz bloß die Anwendung der Mittel der Einschüchterung oder Gewalt straft. Die österreichische Praxis hat aber durch die Auslegung unseres Koalitionsgesetzes alle jene Fälle als Übertretung gekennzeichnet, die speziell nach dem englischen und deutschen Gesetz, nicht aber nach dem österreichischen Gesetz strafbar sind.

Das Landes- als Berufungsgericht in Wien ist sogar so weit gegangen, dass es in einer Entscheidung (…) schon das bloße Erscheinen eines Menschen an der Spitze von mehreren gleichgesinnten streikenden Arbeitern als strafbar erklärt, wenn dieser Mensch Arbeitenden zureden will, sich dem Streik anzuschließen."

Teilweise würden Gerichte aber nun doch „den Begriff Warnung von dem Begriff Drohung" trennen:

„Zahllose Arbeiter wurden seit dem Bestande des Koalitionsgesetzes mit Unrecht verurteilt, weil sie Streikbrechern in Aussicht gestellt haben, dass sie andere Arbeiter misshandeln oder mit ihnen nach Beendigung des Streiks nicht werden arbeiten wollen. Nun enthält eine derartige Äußerung bloß eine Warnung, keineswegs aber eine Drohung. In seinem Urteile vom 12. Dezember 1906, Z. 18.959, hat denn auch der Kassationshof zu Recht erkannt, dass eine Warnung, die ‚ein bloß objektiv gemeintes Aufmerksammachen auf eine bevorstehende Gefahr beinhalte', den Begriff der Drohung nicht erschöpfe.

Wiederholt wurden auch Arbeiter verurteilt, weil sie Streikbrechern in Aussicht gestellt haben, dass ihre Namen in die Zeitung kommen werden. Solche ungerechten Verurteilungen sind auch nicht mehr zu befürchten, weil das Wiener Landes- als Berufungsgericht im Urteile vom 7. Juni 1907, Bl. XIII 707, ausgesprochen hat, dass es ‚in der Bemerkung, dass die Arbeiterinnen in die Zeitung kommen werden, ein geeignetes Mittel der Einschüchterung nicht erblickt.'

Man hat übrigens – allerdings fruchtlos – den Versuch gemacht, schon die bloße in Zeitungen veröffentlichte Bemerkung ‚Zuzug ist fernzuhalten' als Übertretung des Koalitionsgesetzes zu behandeln." (Ingwer-Rosner II, 295–297)

Ingwer und Rosner über Streikposten, Streikbrecher:

„Wie ein Krieg ohne Wachtposten, so ist ein Streik ohne Streikposten nicht denkbar. Das ganze Koalitionsgesetz wäre nicht einen Schuss Pulver wert, wenn die Arbeiter nicht das Recht hätten, Streikposten aufzustellen. Die Streikposten haben eine mehrfache Bedeutung: sie haben vor allem zu überwachen, was im Betriebe geschieht, ob gearbeitet wird oder nicht; sie haben ankommende Personen, die arbeiten wollen und nicht wissen, dass in der Fabrik gestreikt wird, darüber aufzuklären; sie haben den Streikbrecher anzusprechen, und ihm zu sagen, dass es im Interesse der Arbeiterschaft liege, dass in dem betreffenden Betriebe nicht gearbeitet werde. Man darf zwar den Streikbrecher nicht bedrohen oder einzuschüchtern suchen, aber man darf ihm erklären, warum die Arbeiter streiken und man darf ihn darüber belehren, dass sie nicht mutwillig in den Ausstand getreten sind. Es kommen oft ganze Züge voll mit Leuten, die Streikbrecherdienste verrichten sollen, ohne dass sie es wüssten, dass in dem betreffenden Betriebe gestreikt wird. Diesen Leuten muss man mitteilen, um was es sich handelt. (…)

Weder das deutsche noch das österreichische Gesetz verbietet das Streikpostenstehen. Was aber nicht verboten ist, ist gestattet. (…) In Österreich hat sich kein Gericht gefunden, das jemanden wegen Streikpostenstehens verurteilt hätte. Da kam nun die Polizei und sprach nach berüchtigtem Muster: Man darf nicht Streikpostenstehen, weil man Leute belästigen könnte. Wenn nun die Posten trotz Aufforderung des Wachmannes nicht weggehen, kommt die berühmte kaiserliche Verordnung vom Jahre 1854, nach der man wegen Nichtfolgeleistens eingesperrt werden kann. Dieses Vorgehen ist ungesetzlich. Das wurde sogar von einem Statthaltereirat, der in seiner Eigenschaft als Gewerbereferent als Zeuge vor Gericht vernommen wurde, zugegeben. Dieser sagte wörtlich: ‚Es besteht ein Mangel konkreter gesetzlicher Bestimmung über das Stehen der Streikposten.' Und ein derartiger Mangel wird auch künftighin bestehen bleiben müssen, weil die Arbeiter auf das Recht, Streikposten aufzustellen, niemals verzichten werden." (Ingwer-Rosner II, 297–299)

Ingwer und Rosner 1908 über die „Abgrenzung der Übertretung des Koalitionsgesetzes von anderen strafbaren Handlungen":

„Der § 3 des Koalitionsgesetzes bestimmt, dass die Anwendung der Mittel der Einschüchterung oder Gewalt nur insofern als Übertretung des Koalitionsgesetzes zu bestrafen ist, als die strafbare ‚Handlung nicht unter eine strengere Bestimmung des Strafgesetzes fällt'. (…)

In den letzten Jahren ist der Versuch gemacht worden, die im § 3 des Koalitionsgesetzes enthaltenen Worte ‚sofern eine Handlung nicht unter eine strengere Bestimmung des Strafgesetzes fällt', dahin auszulegen, dass man Arbeiter, die nur Übertretungen des Koalitionsgesetzes begangen haben, wegen Verbrechens der Erpressung verurteilt hat. Der Kassationshof hat aber in seinem Urteile vom 1. Dezember 1906, Z. 14.129 (Nr. 3276 der Slg.) erkannt, dass sich die Übertretung des § 3 Koalitionsgesetzes vom Verbrechen der Erpressung nicht durch den Zweck, sondern durch die angewendeten Mittel unterscheidet. ‚Die Gewalt', heißt es in diesem Erkenntnisse, ‚muss eine wenigstens mittelbar gegen die Person des zu Nötigenden gerichtete sein.'" (Ingwer-Rosner II, 299)

Rosner und Ingwer über Sperr- und Boykotterklärungen:

„Eine derartige Aufforderung [bei einem bestimmten Unternehmer nicht mehr zu arbeiten – Anm.] ist weder nach den Bestimmungen des Koalitionsgesetzes noch nach den Bestimmungen des Strafgesetzes strafbar. Der Kassationshof meint zwar, dass eine derartige Aufforderung unter Umständen als eine Aufreizung zu feindseligen Parteiungen (§ 302 StG) anzusehen sei, das kommt hier aber nicht in Betracht. Uns interessiert hier eine ganze andere Frage. Nehmen wir an, dass die Arbeiter einer bestimmten Branche beschließen, bei dem Unternehmer X. nicht zu arbeiten. Sie bemühen sich, jeden, der bei X. arbeiten will, daran zu hindern. Es entsteht nun die Frage, ob sich die betreffenden Arbeiter der Übertretung des Koalitionsgesetzes schuldig machen, wenn sie Arbeitswillige durch die im § 3 KG erwähnten Mittel daran zu hindern suchen. Diese Frage ist entschieden zu verneinen, weil für die Anwendung des § 3 KG die Voraussetzungen des § 2 KG fehlen. Es liegt hier nämlich keine Verabredung der Arbeiter zur Erzielung günstigerer Arbeitsbedingungen vor. Die Arbeiter verlangen weder höheren Lohn, noch kürzere Arbeitszeit, noch überhaupt welche Arbeitsbedingungen, sie wollen nur, dass niemand bei X. arbeite." (Ingwer-Rosner II, 299)

Aus Isidor Ingwer: Das Koalitionsrecht der Arbeiter, hrg. vom Österreichischen Metallarbeiterverband, Wien 1909.

Isidor Ingwer hat in seinem 1909 veröffentlichten „Koalitionsrecht der Arbeiter" – ursprünglich als Vortrag vor dem 8. Verbandstag der Eisen- und Metallarbeiter Österreichs 1906 konzipiert – das Organisationsrecht der Arbeiter zu einem der wichtigsten „im Klassenstaat" erklärt. Er hat das Büchlein vor dem Hintergrund geplanter Verschärfungen des Arbeitskampfrechts verfasst:

„Die Lohnbewegungen der letzten Jahre und die neuesten Bestrebungen der Scharfmacher und ihrer Bedienten, das Koalitionsrecht zu verschlechtern, haben mich jedoch veranlasst, mich mit der Sache eingehender zu beschäftigen und das Koalitionsrecht der Arbeiter historisch und dogmatisch darzustellen."

Ingwer begründet den Wert der Koalition mit Karl Marx' „Anti-Proudhon" von 1847:

„Die Großindustrie bringt [schreibt Marx] eine Menge einander unbekannter Leute an einem Orte zusammen. Die Konkurrenz spaltet sie in ihren Interessen; aber die Aufrechterhaltung des Lohnes, dieses gemeinsame Interesse gegenüber ihrem Meister, vereinigt sie in einem gemeinsamen Gedanken des Widerstandes – Koalition. So hat die Koalition stets einen doppelten Zweck, den, die Konkurrenz der Arbeiter unter sich aufzuheben, um dem Kapitalisten eine allgemeine Konkurrenz machen zu können. Wenn der erste Zweck des Widerstandes nur die Aufrechterhaltung der Löhne war, so formieren sich die anfangs isolierten Koalitionen in dem Maße, wie die Kapitalisten ihrerseits sich behufs der Repression vereinigen zu Gruppen, und gegenüber dem stets vereinigten Kapital wird die Aufrechterhaltung der Assoziationen notwendiger für sie als die des Lohnes." (Marx zitiert nach Ingwer 1909, 5f.)

Ingwer stellt sich gegen die bürgerliche „Symmetriethese" von der gleichrangigen juristischen Wertigkeit von Arbeitgeber- und Arbeitnehmerpositionen, gegen die angebliche Gleichrangigkeit von Arbeitgeber- und Arbeitnehmerabsprachen:

„Dass das Koalitionsverbot gegen die Arbeitgeber eine praktische Bedeutung nicht habe, liegt in der Natur der Verhältnisse und wird durch die Erfahrung dargetan. Jeder industrielle Unternehmer bildet schon für sich nach den zutreffenden Worten Roschers seinen Arbeitern gegenüber die planmäßigste, konzentrierteste und stetigste Union! Es bedarf nicht der Koalition, um gegen die Arbeiter einen Zwang zu üben, zu welchem Zweck er schon allein die ausreichende Macht hat. Schreitet er aber dazu, so kann diese Verabredung auf wenige Teilnehmer sich beschränken, (…) ohne dass sie nachweisbar wird." Ingwer schließt deshalb: „Koalitionsfreiheit brauchten also nur die Arbeiter." (Ingwer 1909, 20)

Unter Hinweis auf eine Denkschrift der Unternehmerverbände aus dem Jahr 1906 zeigt Ingwer, dass das Koalitionsrecht von den Kapitalkreisen ständig degradiert, zur „geduldeten" Marginalie herabgewürdigt wird, indem die These aufgestellt wurde, „dass mit dem Koalitionsgesetz ‚nichts mehr und nichts weniger' gesagt ist, ‚als dass die Tatsache der Koalition geduldet wird. Von einem speziellen Recht kann also keine Rede sein'. Nach dieser kecken Verdrehung gibt es also kein Koalitionsrecht, sondern nur eine Duldung der Koalitionen":

„Das Koalitionsgesetz selbst hat der Koalitionsfreiheit sowohl auf zivilrechtlichem (§ 2) als auch auf strafrechtlichem Gebiet (§ 3) Schranken gezogen (…). Weitaus ungerechter und für die Arbeiter schädlicher sind aber die in der Gewerbeordnung enthaltenen Knebel der Koalitionsfreiheit. Ich beschäftige mich hier nur mit den Folgen des Vertragsbruches (§ 85 GO) und mit dem Arbeitsbuch, weil diese zwei Gruppen gesetzlicher Bestimmungen unter allen Umständen aus der Gewerbeordnung verschwinden müssen. Sie in allernächster Zeit zu beseitigen, muss der Arbeiterbewegung vornehmstes Ziel sein." (Ingwer 1909, 21f.)

Isidor Ingwer wendet sich gegen die Strafbarkeit des „Kontraktbruchs" nach § 85 Gewerbeordnung. Unter dem Titel „Ein perfides Klassengesetz" hatte Ingwer hierzu am 19. April 1908 auch in der „Arbeiter-Zeitung" publiziert:

„Vorerst ein Wort über den Kontraktbruch des Unternehmers. Nach § 84 GO hat der Gewerbsinhaber, der ohne einen gesetzlich zulässigen Grund einen Hilfsarbeiter vorzeitig entlässt oder ihm Grund zur vorzeitigen Auflösung des Arbeitsverhältnisses gibt, dem Hilfsarbeiter den Lohn und die sonst vereinbarten Genüsse für die ganze Kündigungsfrist zu vergüten. Im allerschlimmsten Fall kann also der Unternehmer verurteilt werden, dem Arbeiter eine Vergütung für den Entgang der vierzehntägigen Kündigungsfrist zu leisten, das heißt ihm den Lohn, den der Arbeiter durch vierzehn Tage bezogen hätte, zu bezahlen. Das ist alles; alles auch dann, wenn dem Arbeiter durch die kündigungslose plötzliche Entlassung ein maßloser Nachteil erwächst. Dabei sehe ich davon ab, dass es keinem Gläubiger so schwerfällt, seinen Anspruch vor Gericht durchzusetzen, wie dem Arbeiter, dass zahllose berechtigte Klagen der Arbeiter von den Gewerbegerichten, die sich in den elf Jahren ihres Bestands den Titel Klassengerichte ehrlich erworben haben, alljährlich abgewiesen werden, dass der Unternehmer also in unzähligen Fällen den Kontraktbruch ganz straflos begehen kann.

Untersuchen wir jetzt, welches Schicksal den vertragsbrüchigen Arbeiter erwartet. Wäre das sechste Hauptstück der Gewerbeordnung kein elendes Klassengesetz, dann müssten den vertragsbrüchigen Arbeiter höchstens die gleichen Nachteile treffen, wie den vertragsbrüchigen Unternehmer. Und nun hören wir, was der § 85 der Gewerbeordnung verkündet:

1. Der Arbeiter macht sich vor allem einer Übertretung der Gewerbeordnung schuldig und ist entweder mit einer Geldstrafe bis zu 1000 Kr. oder mit Arrest bis zu drei Monaten zu bestrafen.
2. Der Gewerbeinhaber ist ferner berechtigt, den Hilfsarbeiter durch die Behörde zur Rückkehr in die Arbeit für die noch fehlende Zeit zu verhalten und er kann endlich
3. Ersatz des erlittenen Schadens begehren.

Ich wiederhole: Während der vorzeitig entlassene Arbeiter nur Vergütung für den Entgang der vierzehntägigen Kündigungsfrist zu fordern berechtigt ist, kann der vertragsbrüchige Arbeiter eingesperrt, mit Gewalt in den Dienst wieder zurückgeführt und zum Ersatz eines unter Umständen mit Tausenden von Kronen bezifferten Schadens verurteilt werden. Ist es nicht ein perfides Klassengesetz, das derartige Bestimmungen enthält? (…)

Erst im letzten Jahre hat alles, was in Österreich den niedrigsten Ausbeuterinteressen dient, das im § 85 GO verborgene Veilchen gepflückt. Es wurde den Arbeitern gezeigt, dass sie auch auf dem Gebiete des Zivilrechtes rechtlos sind und dass sie schlimmer als die grausamsten Verbrecher behandelt werden, wenn sie es wagen, sich zur Verbesserung ihrer Lebenslage zu koalieren. Während des im Januar 1908 ausgebrochenen Streiks der Sensenarbeiter ist die ganze im § 85 GO kodifizierte Arbeiterfeindlichkeit zum Ausbruch gelangt. Zuerst hat man die Arbeiter zu Geldstrafen, die für sie unerschwinglich waren, verurteilen lassen; dann hat man ihnen die Löhne, die ihnen für ungefähr zwanzig Tage gebührten, vorenthalten; dann hat man Schadenersatzprozesse gegen sie angestrengt und dann hat man sie auf sofortige Rückkehr in die Arbeit belangt. Die Provinzjustiz hat das von den Unternehmern ihr entgegengebrachte Vertrauen gerechtfertigt. Sie hat vor allem die Zulässigkeit der Kompensation zwischen den Lohnforderungen der Arbeiter und den Schadenersatzansprüchen der Unternehmer – also die Kompensation liquider mit illiquiden Forderungen gegen die klare Bestimmung des § 1439 abGB – anerkannt und sie hat die Arbeiter zur Rückkehr in die Arbeit verurteilt, (…)." (Ingwer 1909, 22–24)

Das Arbeitsbuch macht den Arbeiter

„nicht nur zum Paria, sondern auch zum Sklaven eines jeden Unternehmers. Ohne Buch keine Arbeit! Ich habe schon vor 14 Jahren in meiner Schrift ‚Der sogenannte Arbeitsvertrag' eine Bemerkung gemacht, die ich ihrem vollen Inhalt nach aufrecht halte und hier wiedergebe. Ich schrieb damals: Der österreichische Arbeiter schleppt noch heute die ‚Fußkette polizeilicher Legitimation' mit sich (…)." (Ingwer 1909, 25)

Ingwer beschreibt nicht nur das Anbringen geheimer Zeichen in Arbeitsbüchern, sondern auch die Realität „schwarzer Listen" – trotz entgegenstehender OGH-Judikatur:

„Allerdings haben die Unternehmer neben den geheimen Zeichen in den Arbeitsbüchern auch noch ein neues Mittel zur Verfolgung der ihnen missliebigen Arbeiter ersonnen. Ich meine die Schwarzen Listen, in die in der Regel nur solche Arbeiter aufgenommen werden, welche von dem ihnen gesetzlich gewährleisteten Koalitionsrecht Gebrauch gemacht haben. Der Oberste Gerichtshof hat allerdings in seinem Urteil vom 20. Juni 1905, Nr. 8369, ausdrücklich ausgesprochen, dass die Anlegung derartiger Listen ungesetzlich sei. Trotzdem bestehen sie heute noch und sie werden erst dann verschwinden, wenn das Gesetz die Führung derartiger Listen mit Gefängnisstrafen bedroht.

Die Gemeingefährlichkeit des Arbeitsbuches äußert sich aber am allerschärfsten darin, dass es den Arbeitern den Gebrauch des für sie heiligsten Rechtes, des Koalitionsrechtes, erschwert, wenn nicht ganz unmöglich macht. Der § 85 GO zählt zwar die Nachteile, die den vertragsbrüchigen Arbeiter treffen, taxativ auf, ohne dem Unternehmer das Recht einzuräumen, das Arbeitsbuch im Falle des Vertragsbruches vorzuenthalten. Im Gegenteil: der Unternehmer muss dem Arbeiter das Arbeitsbuch auch dann ausfolgen, wenn der Arbeiter vertragsbrüchig geworden ist. Dieser Ansicht hat der Oberste Gerichtshof in seinem Urteil vom 5. Februar 1902, Zahl 17.228, mit folgenden Worten Ausdruck gegeben: ‚Eine Berechtigung, das Arbeitsbuch des nicht ordnungsmäßig ausgetretenen Arbeiters ohneweiters zurückzuhalten, ist dem Gewerbeinhaber nirgends eingeräumt.' Trotzdem kümmert sich fast kein Gewerbegericht um diese selbstverständliche Entscheidung. (…)

Wer also nicht des geringsten sozialen Empfindens bar ist, muss für die gänzliche Abschaffung des Arbeitsbuchs, des Steckbriefes, den der Kapitalismus gegen seine Sklaven täglich erlässt, eintreten." (Ingwer 1909, 26f.)

Nach eingehender Debatte, ob Abwehr-, Solidaritäts-, Sympathiestreiks oder Arbeitskämpfe um Anerkennung der Vertrauensmänner bzw. einer Arbeiterorganisation unter die Verabredungen des § 2 Koalitionsgesetz 1870 fallen, bespricht Ingwer die Frage der rechtlichen Unwirksamkeit von Koalitionsabsprachen. Im Abgeordnetenhaus ergriff am 10. Februar 1870

„der Abgeordnete Dr. v. [Franz] Mayrhofer das Wort und wies mit Recht darauf hin, dass im § 2 dem § 1 ‚ein Riegel vorgeschoben' werde. ‚Wohin bringen wir aber', fragte Dr. v. Mayrhofer, ‚die Arbeiter, wenn wir ihnen dasjenige nehmen, was wir ihnen im § 1 gegeben haben? Dahin, dass sie dasjenige tun müssen, was ihnen im § 3 besonders verwehrt ist. ... Wir bringen dadurch die Arbeiterschaft in eine Lage, die unhaltbar ist ...'."

Der liberale Justizminister Eduard Herbst hingegen verweist 1870 auf Wett-, Glücksverträge, auf die Verbindlichkeiten zu immerwährender Gemeinschaft oder auf den Vertrag, künftig einen Vertrag abzuschließen – also auf den Umstand, dass Verträge zugelassen sind, die

„nicht verboten sind, dass sie aber doch nur eine natürliche Verbindlichkeit, die dem Gewissen und der Überzeugung des einzelnen überlassen ist, nach sich ziehen, dass sie nicht klagbar sind, also keine Rechtswirkung haben. Wenn das bürgerliche Gesetzbuch die Bestimmung enthält, dass eine Verbindlichkeit zu einer immerwährenden Gemeinschaft nicht besteht, obschon man einen solchen Vertrag eingehen kann; wenn das bürgerliche Gesetzbuch erklärt, dass eine Verabredung, künftig einen Vertrag abzuschließen (...) [möglich ist], so sind ganz dieselben legislatorischen Gründe auch im gegebenen Falle vorhanden". (Mayrhofer und Herbst zitiert nach Ingwer 1909, 38)

Ingwer zeigt, wie widersprüchlich es ist, dass ausgerechnet die Liberalen in ihrem Bemühen um rechtlichen „Schutz der Arbeitswilligen", also der Streikbrecher, zum „Recht auf Arbeit" greifen, um die rechtliche Wirkungslosigkeit der § 2-Verabredungen zu verteidigen. So hat Minister Herbst dies 1870 im Abgeordnetenhaus zur „Magenfrage" erklärt:

„„Und ist denn diese Ungewissheit nicht in noch höherem Grade bei solchen Verabredungen vorhanden, wie sie der § 2 des Gesetzes voraussetzt. ... Ist es ferner nicht ungewiss, ob auch schon bei Abschließung der Verabredung, zu welcher man sich meist durch verlockende Reden, durch das bestechende Beispiel der anderen, durch ein falsches Ehrgefühl (sic!) verleiten ließ, wirklich jene ruhige Überlegung stattfand, welche die Gesetzgebung verpflichtet, solche Verträge in ihrer Durchsetzung zu schützen? Und wenn es sich auch um den Untergang von Hunderten von Familien handeln sollte, sollte die Gesetzgebung deshalb, weil sich jemand in Übereilung, hingerissen durch die Aufregung eines Ortes, in dem sich Tausende seiner Genossen befinden, und auch durch andere Verhältnisse zu einem unvorsichtigen Schritte verleiten ließ, soll er deswegen für die Gesetzgebung in unwiderruflicher Weise auf das natürliche Recht, auf das Recht zu arbeiten und sich seinen Lebensunterhalt zu verdienen, dergestalt verzichtet haben, dass man ihn vom Richter dazu verhalten kann?'

Zum Schlusse seiner Ausführungen berief sich noch Herbst auf eine schauderhaft geistreiche Bemerkung des belgischen Justizministers, der, wie er meinte, ‚in schlagender Weise' für die Rechtsunwirksamkeit der Koalitionen eingetreten ist. Dieser geistvolle Mann soll gesagt haben: ‚Was wird man vom folgenden richterlichen Urteile denken? Es ist ein Arbeiter einer solchen Verabredung beigetreten und diese enthält in ihren Statuten die Bestimmung, dass, wer wieder zur Arbeit zurückgeht, wenn der Konseil beschlossen hat, dass nicht gearbeitet werden darf, dass der 10 Frcs. Strafe zahle. Er wird vor Gericht zitiert und der Richter vernimmt beide Teile und muss folgende Entscheidung treffen: Der Mann durfte nicht arbeiten, er musste zu Hause bleiben, hungern und seine Familie hungern lassen und weil er das nicht getan hat, wird er zu 10 Frcs. Geldstrafe verurteilt.' Schauderhaft.

Im gleichen Sinne äußerte sich der damalige Handelsminister Edler v. Plener: ‚Wir sind keine Freunde von Bevormundungen durch den Staat', sagte er, ‚aber hier war es Pflicht des Staates einzugreifen, um das Recht auf Arbeit nicht zu gefährden.' Kein Wunder, dass diese haltlosen heuchlerischen Argumente auf die Majorität des Abgeordnetenhauses einen sehr starken Eindruck machten und dass das Abgeordnetenhaus den Koalitionen jede Rechtswirksamkeit aberkannt hat." (Ingwer 1909, 38f.)

Herbst führt in seiner Argumentation für die Rechtsunwirksamkeit der § 2 KoalG-Verabredungen an

„1. die Bestimmung des § 832 abGB, wonach eine Verbindlichkeit zu einer immerwährenden Gemeinschaft nicht bestehen kann; 2. die Bestimmung des § 936 abGB, wonach die Verabredung, künftig erst einen Vertrag schließen zu wollen, unter anderem nur dann verbindlich ist, wenn die Umstände inzwischen nicht dergestalt verändert worden sind, dass dadurch der ausdrücklich bestimmte oder aus den Umständen hervorleuchtende Zweck vereitelt wird; 3. die Bestimmungen des bürgerlichen Gesetzbuches über Glücksverträge.

Alle drei von Herbst angeführten Beispiele passen aber auf den vorliegenden Fall wie die Faust aufs Auge:

Ad 1. Die Verabredungen zur Erzielung höheren Lohnes oder günstigerer Arbeitsbedingungen werden nicht für immerwährend geschlossen. Derartige Verabredungen kommen doch nur für eine unbestimmte Zeit zustande und hören in dem Augenblick auf, in dem der Zweck der Verabredung erreicht ist oder die Mehrheit der Koalierten die Überzeugung gewinnt, dass der Zweck unerreichbar ist.

Ad 2. Was hat die Verabredung, künftig erst einen Vertrag abschließen zu wollen, mit einem bereits abgeschlossenen Vertrage zu tun? Es unterliegt doch keinem Zweifel, dass die im § 2 KG aufgezählten Verabredungen keine Vorverträge, sondern tatsächliche Verträge sind.

Ad 3. Da drückt sich Herbst sehr unjuristisch, wenn nicht gar hinterhältig aus, denn das Gesetz versagt nicht allen Glücksverträgen die Rechtswirksamkeit. Es erklärt nur, dass der Preis der Wette (§ 1271 abGB) und der Spielgewinn (§ 1272 abGB) gerichtlich nicht gefordert werden können. Dagegen sind alle anderen Glücksverträge, wie zum Beispiel der Hoffnungskauf, der Kauf eines Kuxes, einer Erbschaft und der Leibrentenvertrag, rechtswirksame Verträge, aus denen geklagt werden kann.

Die Begründung der Ansicht, dass Koalitionen rechtsunwirksam sein müssen, ist also vom gesetzlichen Standpunkt glänzend misslungen."

Ingwer gilt die liberale Rede vom „Recht auf Arbeit" als eine „verlogene Phrase":

„Kommt das Recht auf Arbeit, das sowohl Herbst als auch Plener in der Debatte verkündet haben. Selbstverständlich meinten diese liberalen Herren nicht das Recht des Arbeiters, vom Staate oder der Gemeinde Arbeit zu verlangen, wenn er arbeitslos ist. Sie und ihre würdige liberale Gefolgschaft holen das Recht auf Arbeit erst dann aus ihrem sozialpolitischen Schrein hervor, wenn es sich darum handelt, Verabredungen der Arbeiterschaft zur Verbesserung ihrer Lebenslage zu verhindern. (…)

Aber es wurde noch ein Argument für die Rechtsunwirksamkeit der Koalitionen ins Treffen geführt. Dieses Argument hat sich der Justizminister Herbst bei seinen damaligen belgischen Kollegen ausgeliehen. Ich möchte es das Magenargument nennen. Ein Vertrag, in dem sich ein Arbeiter verpflichtet, zu hungern und seine Familie hungern zu lassen, soll ungültig sein müssen. Es ist vor allem sonderbar, dass ein Staat, der sich sonst absolut nicht darum kümmert, ob und was seine Bürger zu essen haben, der durch Zölle, indirekte Steuern und ähnliche schöne Einrichtungen den Einwohnern jedes Nahrungsmittel wahnsinnig verteuert, sich plötzlich bei den Koalitionen der Arbeiter mit der Magenfrage sehr gefühlvoll beschäftigt. Das ist um so lächerlicher, als kein Arbeiter, der einer Koalition beitritt, deswegen hungern muss. Im Gegenteil. Die Koalition wird stets unter der Voraussetzung abgeschlossen, dass dem Streikenden während der Dauer der Koalition eine angemessene Streikunterstützung gegeben werde. (…)

Hat man den Arbeitern das Recht auf Koalition eingeräumt, so durfte man ihnen das Recht aus der Koalition nicht nehmen. Da es aber dennoch geschehen ist, so kann man den heutigen Rechtszustand nicht besser charakterisieren, als es Lotmar getan hat: ‚Die gänzliche Koalitionsfreiheit', schreibt er, ‚ist nur Unverbotenheit und Straflosigkeit: Die Koalition ist frei, nämlich vogelfrei und ein Koalitionsrecht ist noch zu schaffen.' (Brauns Archiv, XV. Band, Seite 58ff.)

Wenn ich hier für die Aufhebung der Rechtlosigkeit der Koalitionen mit größter Entschiedenheit eintrete, so geschieht es hauptsächlich deshalb, weil ich es für unzulässig halte, dass man im Gesetze die Verabredungen der Arbeiter, höheren Lohn und günstigere Arbeitsbedingungen zu erlangen, auf das rechtliche Niveau der Rennplatzwetten und des Börsespieles herabdrücke. Für den Streik selbst haben aber die Worte ‚keine rechtliche Wirkung' nicht die geringste praktische Bedeutung." (Ingwer 1909, 40–42)

§ 2 Koalitionsgesetz ist weniger mit Blick auf Streiks relevant als mit Blick auf die rechtliche Gültigkeit der zunehmend an Bedeutung gewinnenden Tarif-/Kollektivverträge, so Ingwer. Für den Arbeitskampf ist § 2 Koal.G. deshalb von keiner größeren Bedeutung, da man Streikbrecher angesichts langer Gerichtsfristen ohnedies erst nach Beendigung eines Streiks wegen Bruchs einer Verabredung belangen könnte, und da „Arbeitswillige" zumeist Leute sind, „die außerhalb der Verabredung stehen und den Koalierten in den Rücken fallen. Diese Streikbrecher könnte man auf Einstellung der Arbeit überhaupt nicht belangen, weil sie sich dazu nicht verpflichtet haben":

„Vom Standpunkt der erfolgreichen Durchführbarkeit des Streiks ist also die praktische Bedeutung der Anerkennung der Rechtswirksamkeit der Koalitionen ziemlich gering. Nun aber hat die soziale Entwicklung eine neue bisher nicht dagewesene Vertragsart, und zwar den Kollektivvertrag geschaffen." (Ingwer 1909, 42f.)

Ingwer, der scharfe Kritik an einer Justiz übt, die Sympathie-, Solidaritätsstreiks, die Demonstrationsstreiks, jeden Abwehrstreik streng verfolgt, lehnt vor allem die bürgerliche Apologetik des mit seiner Familie Hunger leidenden

Streikbrechers als eines schützenswerten „Arbeitswilligen" ab. Der Streikbruch wird vom Kapital unter dem Titel der „Freiheit der Arbeit" legitimiert:

„Millionen Besitzloser verachten ihn und stellen seine Missetat tiefer als das gemeinste Verbrechen. Aber die bürgerliche Gesellschaft, ihre Kulis und ihre sonstigen Lakaien haben eine Gloriole um sein Haupt gewoben, haben ihn zu einem Wesen höherer Art gemacht, das geheiligt und unverletzlich ist. (…) Und doch kann die Tat des Streikbrechers nur mit der des Landesverräters verglichen werden." (Ingwer 1909, 44f.)

Ingwer beruft sich auf den „Kathedersozialisten" Lujo Brentano, der 1899 vor dem Hintergrund der deutschen „Zuchthausvorlage" über den „Schutz der Arbeitswilligen" höhnisch geschrieben hat:

„Aber nicht im eigenen Interesse ist es, dass sie erhöhten Schutz der Arbeit verlangen; nein, sie tun dies lediglich im Interesse der einzelnen Arbeiter, die nur durch den Druck, der durch ihre Genossen auf sie ausgeübt werde, genötigt würden, nicht zu arbeiten, und namentlich im Interesse der Arbeiterfrauen, die ihnen oft unter Tränen hierüber geklagt hätten." (Lujo Brentano zitiert nach Ingwer 1909, 47)

Die bürgerliche Losung von der „Freiheit der Arbeit" ist für Ingwer in Wirklichkeit die „Freiheit zur Ausbeutung":

„Also: Freiheit der Arbeit im Munde des Kapitalismus, seiner Schergen und Knechte heißt: Freiheit des Unternehmers, den Lohnsklaven nach Herzenslust auszubeuten und ihn des einzigen Schutzes, den ihm das Gesetz gewährt, der Koalitionsfreiheit, zu berauben."

Sogar „vernünftige" Richter „faseln noch heute vom Terrorismus" der Sozialdemokratie:

„Und doch müssten sie, wenn sie nicht durch ihre Erziehung und die Verhältnisse, in denen sie leben, gezwungen wären, Klassenrichter zu sein, zur Erkenntnis kommen, dass unter der Flagge ‚Freiheit der Arbeit' die bitterböse Konterbande Streikbrecher geführt wird." (Ingwer 1909, 46f.)

In zahlreichen Artikeln in der mit Isidor Rosner redigierten Zeitschrift „Recht" (erschienen von 1903–1914) beschreibt Ingwer Probleme des Arbeitskampfes, der Anklage wegen Verstoßes gegen § 3 des Koalitionsgesetzes, so unter dem Titel „Muss man sich als Streikbrecher verwenden lassen?", wenn man als ahnungsloser Arbeiter von auswärts angeheuert wird, erst an Ort und Stelle erfährt, dass man als Streikbrecher vorgesehen ist, sodann die Arbeit verweigert: Wird man gegenüber dem Unternehmer vertragsbrüchig, schadenersatzpflichtig? Muss man sich als Arbeiter in einem Zweitbetrieb eines Unternehmers für den Streikbruch heranziehen lassen?

„Es kommt nämlich sehr oft vor, dass Unternehmer, bei denen ein Streik ausgebrochen ist, auswärts Arbeiter aufnehmen und ihnen verschweigen, dass bei ihnen gestreikt wird. Nun erscheinen diese Arbeiter in der Betriebsstätte, erfahren erst dort, dass eine Koalition gegen den Unternehmer bestehe, und lehnen die Aufnahme der Arbeit ab. Können sie vom Unternehmer auf Leistung der Arbeit geklagt werden? Oder: Ein Unternehmer hat zwei Betriebe; in einem Betriebe besteht ein Streik, im anderen nicht. Nun beauftragt er die Arbeiter des zweiten Betriebes, im ersten Betriebe Streikbrecherdienste zu leisten. Können sie diese Arbeit verweigern? Es ist für mich zweifellos, dass die Arbeiter in beiden Fällen berechtigt sind, die Leistung der Arbeit abzulehnen. Die Gründe für diese Ansicht liegen auf der Hand: Es kann nicht gezweifelt werden, dass die Arbeiterschaft den Streikbruch für eine verächtliche, also unsittliche Handlung hält. Wenn nun der Unternehmer dem Arbeiter zumutet, Streikbrecherdienste zu leisten, so macht er den Versuch, ihn zu einer unsittlichen Handlung zu verleiten, der Arbeiter ist daher im Sinne des § 82a, Absatz e, GO berechtigt, den Vertrag sofort für aufgelöst zu erklären und im Sinne des § 84 GO die Vergütung für den Entgang der 14tägigen Kündigungsfrist zu verlangen. Darauf mache ich aber noch besonders aufmerksam, dass die Gewerbeordnung im § 82, Absatz e, GO nicht nur von der Verleitung zu ungesetzlichen, sondern auch von der Verleitung zu unsittlichen Handlungen spricht. Trotzdem hat sich das Grazer Gewerbegericht im Urteil vom 26. April 1905, Cr I 226/5, den Ausspruch geleistet, dass die klagenden Arbeiter nicht berechtigt waren, die ihnen vom Beklagten zugewiesene Arbeit in einem Betriebe, in dem gerade gestreikt wurde, abzulehnen." (Ingwer 1909, 49)

Die in § 3 des Koalitionsgesetzes 1870 angesprochenen „Mittel der Einschüchterung oder Gewalt" werden exzessiv gegen streikende Arbeiter ausgelegt. Nach Ingwer ist § 3 aber nur anwendbar, wenn sich Einschüchterung und Gewalt direkt gegen „Arbeitswillige" wenden. Versuche, Angehörige des zum Streikbruch Neigenden zu beeinflussen, müssten etwa straflos sein. Dem folge die Justiz nicht, im Gegenteil, die „Orgien" der „ausdehnenden Gesetzesauslegung auf dem Gebiet des § 3" führen zu einer Willkürjudikatur. Nur der böhmische Abgeordnete Julius Hanisch hat im Abgeordnetenhaus 1870 Zweifel am § 3 geäußert: „Ich glaube nämlich, dass das, was an und für sich nicht strafbar ist, nicht durch Rücksicht auf eine Koalition strafbar werden kann."

Im Herrenhaus folgte etwa der maßgebliche österreichische Zivilrechtler Josef Unger den Bedenken von Hanisch nicht:

„‚Das Bedenken, welches im Schoße der Kommission aufgetaucht ist, betraf die Worte ‚Einschüchterung' und ‚Gewalt'. Dennoch hat die Kommission sich dahin geeinigt, diese beiden Ausdrücke beizubehalten. Wenn auch der Ausdruck ‚Einschüchterung' sehr vag ist, so ist es doch andererseits auch wahr, dass eine Menge von Fällen sich ereignen können, in welchen diejenigen, die beim Streik ausharren, diejenigen zurückhalten können, welche von demselben zurücktreten und an der Arbeit wieder teilnehmen wollen. Alle diese Fälle lassen sich, da sie unzählig sind, nicht unter einen anderen gesetzlichen Ausdruck als unter den der ‚Einschüchterung' bringen. Ebenso verhält es sich mit dem Ausdruck ‚Gewalt', insofern es Fälle gibt, wo durch Gewalt der Rücktritt vom Streik oder die Wiederkehr zur Arbeit gehindert würde und wo dennoch das Strafgesetz, soweit es jetzt von Erpressungen und Drohungen handelt, nicht ausreichen würde.'

Gegen diese ungerechte Argumentation [Ungers] für die Strafbarkeit von Handlungen Koalierter, die sonst ganz straflos sind, wurde keine Einwendung gemacht und das Gesetz auch vom Herrenhaus angenommen." (Hanisch und Unger zitiert nach Ingwer 1909, 50f.)

Ingwer verweist u.v.a.m. auf ein 1901 ergangenes, in der Berufung bestätigtes Schneiderstreik-Urteil des Bezirksgerichts Josefstadt wegen Übertretung des § 3 Koalitionsgesetz:

„Es geht vielmehr der Wille des Gesetzgebers [im Unterschied zu § 98b StG ‚Erpressung'] zweifellos dahin, nur die unmittelbare ungesetzliche Beeinflussung des streikbrecherischen Willens für strafbar zu erklären. (…) Der Beschuldigte – Obmann der Gewerkschaft der Schneider – hat anlässlich eines Streiks ein an die ‚Kleidermacher, Gehilfen, Fachgenossen und Kolleginnen!' gerichtetes Flugblatt veröffentlicht, in dem es heißt: ‚Jene Arbeiter aber, welche in dieser Zeit des Kampfes sich auf die Seite des Kapitalisten gestellt haben, jene schurkischen Verräter an den Interessen der Arbeiter, wir werden sie zu finden und zu treffen wissen.' Darin erblickte das Gericht eine strafbare Beeinflussung Arbeitswilliger!" (Ingwer 1909, 51)

Ankündigungen, Streikbrecher in Gewerkschaftsblättern namentlich zu nennen, wurden von Wiener Gerichten konsequent verfolgt. Erfüllen folgende Äußerungen einen Tatbestand nach § 3 Koalitionsgesetz und/oder Strafgesetzbuch?

1) „Wenn Sie weiter in der Werkstätte bleiben, so wird nach Beendigung des Streiks kein organisierter Arbeiter mit Ihnen zusammenarbeiten wollen."
2) „Stellen Sie die Arbeit ein, es kommt sonst Ihr Name in die Zeitung."
3) „Wenn du morgen in die Arbeit gehst, so werde ich dich öffentlich einen Schurken heißen."

Ingwer benützt das vom sozialdemokratischen deutschen Gewerkschafter Carl Legien 1899 veröffentlichte „Koalitionsrecht der deutschen Arbeiter in Theorie und Praxis", um die Folgen der umstrittenen Formulierung „Mittel der Einschüchterung oder Gewalt" anhand der analogen Bestimmung des § 153 der deutschen Gewerbeordnung zu demonstrieren:

„Zum Verständnis unseres Gesetzes ist es notwendig, ihm den Wortlaut des § 153 der deutschen Gewerbeordnung gegenüberzustellen. Aus der bloßen Gegenüberstellung sieht man, dass unser § 3 KG für die Arbeiter bedeutend günstiger ist als das deutsche Gesetz. Dieses erklärt nämlich nicht nur die Anwendung körperlichen Zwanges und Drohungen, sondern auch die Ehrverletzung und die Verrufserklärung für strafbar, während das österreichische Gesetz nur von den Mitteln der Einschüchterung oder Gewalt spricht. Und doch hat die Praxis das österreichische Gesetz dem deutschen gleichgemacht. Welche Orgien die Kunst der ausdehnenden Gesetzesauslegung auch auf dem Gebiet des § 3 gefeiert hat, soll nun gezeigt werden." (Ingwer 1909, 52)

Ingwer führt Beispiele aus Carl Legiens „Koalitionsrecht" an. In Flensburg wurde ein Streikposten zu zwei Monaten Gefängnis verurteilt, weil er gerufen hatte: „Leute, hier ist Streik, ihr seid noch jung und wisst nicht, was ihr tut. Aber hütet euch." In Belzig wurde ein Arbeiter ebenfalls zu zwei Monaten verurteilt, weil er zu einem Streikbrecher gesagt hatte: „Zwingen können wir dich nicht, die Arbeit niederzulegen, doch wirst du die Folgen selbst zu tragen haben." Man könnte mit derartigen Streikurteilen ganze „Folianten" füllen, so Ingwer:

„Was in Deutschland alles für Ehrverletzung gehalten wird, beweisen die folgenden zwei Beispiele: Die Breslauer Gerichte verurteilten den Vorsitzenden eines Maurerverbandes zu vier Wochen Gefängnis, weil er von Streikbrechern als ‚derlei Gestalten' gesprochen hat. In Crimmitschau wurden zwei Streikende mit vier, beziehungsweise sechs Wochen Gefängnis bestraft, weil sie auf die Frage einer Frau, was sie wohl mit ihrem Manne machen würden, wenn er Streikbrecher werde, antworteten: ‚Dann bestrafen wir ihn mit Verachtung'. Die Frau sagte darauf noch, sie sollten ihren Mann nur nicht totschlagen. Sie erhielt darauf die Antwort: ‚O nein, es ekelt uns, jemanden anzufassen, der uns in den Rücken fällt.'

Aber auch bei uns wurden schon Arbeiter, die Streikbrecher einfach beschimpften, oder vor ihnen ausspuckten oder ihnen ein ‚Pfui' zuriefen, wegen Übertretung des Koalitionsgesetzes bestraft. Ja, manche Richter gehen bei uns sogar so weit, dass sie auch dann schuldig sprechen, wenn der streikende Arbeiter einem Arbeitswilligen das Wort ‚Streikbrecher' zuruft. (…)

Wie ich schon hervorgehoben habe, wurden unsere Richter dazu durch den Kassationshof, und zwar durch dessen Urteil vom 29. September 1896 (…) verleitet. Darin heißt es: ‚Neben dem Falle der Anwendung von Gewalt spricht es (das Gesetz) von Einschüchterungsmitteln überhaupt. An sich betrachtet, kann nicht zweifelhaft sein, dass je nach der Individualität des Angegriffenen als solche Mittel gewiss auch Beschimpfungen oder sonstige Ehrverletzungen … ebenso dienstbar sein können wie etwa die Ankündigung irgendeines die Qualitäten der §§ 98b (Erpressung) und 99 StG (gefährliche Drohung) nicht erschöpfenden Übels.'" (Ingwer 1909, 54–56)

In Österreich versuchten um 1890 die Schönborn'schen Strafgesetzentwürfe das Strafrecht, etwa den Tatbestand „Ehrenbeleidigung", gegen Streikende mobil zu machen:

„Das Aufreizende dieser Anschauung kommt am schärfsten im Strafsatz zum Ausdruck. Wenn ich einem tadellosen Ehrenmanne das Schimpfwort ‚Schuft' zurufe, so bin ich nach § 496 StG mit einfachem Arrest von drei Tagen bis zu drei Monaten zu bestrafen; wenn ich aber einem Streikbrecher das Wort ‚Schuft', ja auch nur das Wort ‚Streikbrecher' zurufe, so bin ich nach § 3 KG mit Arrest von acht Tagen bis zu drei Monaten zu bestrafen. Das sagt wohl alles. Hier sei nur noch erwähnt, dass sogar Lammasch die in Rede stehende Entscheidung des Kassationshofes ‚sehr weitgehend' nennt. (Heinrich Lammasch: Grundriss des Strafrechtes, Seite 85)." (Ingwer 1909, 56f.)

Um 1900 hat der OGH Verrufserklärungen von Streikbrechern als Mittel der Einschüchterung nach § 3 Koalitionsgesetz qualifiziert. Ingwer spricht deshalb nach den jeweiligen OGH-Präsidenten von den „Stremayr-Ruberschen Einschüchterungsarten":

„In dem (…) Erkenntnis des Kassationshofes vom 29. September 1896, Zahl 11.319 (Nr. 2033 der Sammlung), das eine unerschöpfliche Quelle für ungesetzliche Gesetzesauslegungen ist, erklärte der Kassationshof unter dem Vorsitz des damaligen ersten Präsidenten Dr. [Karl] v. Stremayr: ‚Ja, schon das an den Beteiligten gestellte stürmische Verlangen, sich den Beschlüssen der Koalierten zu fügen, das Andrängen der Berufsgenossen, das Geltendmachen der Überzahl und dergleichen kann nach den Umständen des Falles einschüchternd wirken.' (…)

Und jetzt zur Ruberschen Einschüchterungsart: Während des Ausstandes der nordböhmischen Bergarbeiter fand am 28. August 1906 eine Konferenz der Vertrauensmänner in Bruch statt. Die Aufgabe dieser Konferenz bestand darin, die Forderungen der Arbeiter festzustellen und die Bedingungen bekanntzumachen, unter denen die Arbeiter geneigt wären, die Arbeit wieder aufzunehmen. Unter diesen Forderungen befand sich eine, die, solange es eine Arbeiterbewegung gibt, noch immer von streikenden Arbeitern aufgestellt wurde: die Forderung nämlich, dass die Streikbrecher nach Beendigung des Streiks entlassen werden müssen."

Dies sei – so Ingwer – nicht nur eine streikpolitische Frage, sondern auch eine praktische, da ansonsten nur ein Teil der Streikenden wieder in die Arbeit kommen kann:

„Nun hat der Bezirkshauptmann in Brüx ein Flugblatt, in dem die Beschlüsse der Brucher Konferenz veröffentlicht wurden, beschlagnahmt, weil die im Punkte 8 enthaltene Forderung, dass nach Beendigung des Ausstandes die Streikbrecher zu entlassen sind, ungesetzlich sei."

Die Prager Gerichtsinstanzen haben diese Entscheidung aufgehoben. Der OGH unter Präsident Ignaz Ruber hat dem widersprochen:

„So waren denn die streikbrecherfreundlichen Bemühungen des Brüxer Bezirkshauptmannes von keinem Erfolg begleitet. Und doch sollte er volle Genugtuung erhalten. Der Kassationshof hat unter dem Vorsitz des Präsidenten Edlen v. Ruber die Entscheidung vom 27. März 1907, Zahl 3907 (Nr. 3343 der Sammlung) gefällt, in der die besprochenen Beschlüsse des Bezirks- und Landesgerichtes in Prag als Gesetzesverletzungen stigmatisiert wurden. Es wurde festgestellt, dass die unter Zahl 8 aufgestellte Forderung ‚nach Lage der Dinge zweifellos geeignet war, arbeitswillige Elemente der Arbeiterschaft einzuschüchtern'. Zur Begründung dieser Entscheidung wird angeführt: ‚Es ist einleuchtend, dass die in Aussicht gestellte Entlassung, mag auch die Annahme dieser Forderung durch die Arbeitgeber zweifelhaft gewesen sein, dennoch bei manchen der arbeitswilligen Bergleute die Befürchtung wecken konnte, bei Beendigung des Ausstandes brotlos zu werden, und dass eben diese Erwägung sie mit den Streikenden gemeinsame Sache zu machen und ebenfalls nicht zu arbeiten veranlassen konnte.' Das ist der Rubersche Einschüchterungsgrund." (Ingwer 1909, 57–59)

Ingwer wendet sich ferner neuerlich gegen die Illegalisierung von Streikposten mit Hilfe des so genannten „Prügelpatents" von 1854. Die Arbeiter können sich nicht wie die Kapitalisten „bei einem Diner" absprechen:

„Ein Streik ist ohne Streikposten ebenso wenig denkbar wie ein Krieg ohne Wachtposten." (Ingwer 1909, 60)

Was im deutschen Strafrecht der „Grobe Unfug" (§ 360) ist, das ist für Österreich das „Prügelpatent" aus 1854:

„Das deutsche Gesetz verbietet ebenso wenig wie das österreichische das Aufstellen von Streikposten, und es kann das auch nicht verbieten, denn ein derartiges Verbot wäre nichts mehr und nichts weniger als die vollständige Aufhebung der Koalitionsfreiheit. Was aber nicht verboten ist, ist gestattet; es ist also selbstverständlich, dass das Streikpostenstehen gestattet ist. Aber in Deutschland war es den Unternehmern und ihrem Justizgesinde sehr unangenehm, dass die Streikposten den Arbeitern ermöglichen, einen Streik ordentlich und eventuell erfolgreich durchzuführen.

Sie haben daher lange mit heißem Bemühen gesucht und endlich, da das Gesetz ihnen keine Handhabe geboten hat, zum berüchtigten Groben-Unfug-Paragraphen Zuflucht genommen. Dieser Paragraph ist bekanntlich das Mädchen für alles der deutschen Reaktion. Mit Hilfe dieses Paragraphen wurden schon Leute, die allzu rote Krawatten getragen, die Marseillaise auf einem Gasthausklavier gespielt oder gar ein missliebiges Arbeiterlied gesungen haben, bestraft. Warum sollte man mit diesem Paragraphen nicht auch das Aufstellen von Streikposten und damit die Koalitionen der Arbeiter verbieten können? Trotzdem schwankte die Praxis.

Da hat sich der Senat von Lübeck entschlossen, endlich einmal ‚Ordnung' zu machen. Am 21. April 1900 erließ er folgende Verordnung: ‚Personen, welche planmäßig zum Zwecke der Beobachtung oder Beeinflussung der Arbeiter (…) oder [wegen] des Zuzuges von Arbeitern zu einer Arbeitsstelle an einem öffentlichen Orte sich aufhalten, werden mit Geldstrafen bis zu 150 Mk. oder mit Haft bestraft.' Nun waren die Abderiten von Lübeck überzeugt, dass sie allen Lohnkämpfen – wenigstens in Lübeck – ein für allemal ein Ende gemacht haben.

Aber nicht einmal das deutsche Reichsgericht konnte den Lübecker Max- und Moriz-Streich billigen. Am 4. Februar 1901 erkannte das Reichsgericht zu Recht, dass diese Verordnung ungültig sei. Trotzdem wird der Grobe-Unfug-Paragraph gegen Streikposten nicht selten in Anwendung gebracht." (Ingwer 1909, 61f.)

Einige weitere Gerichte haben der „Groben-Unfug"-Praxis Grenzen gesetzt, so das Kölner Landesgericht, das erklärt, dass „durch solches Vorgehen der Polizei die gesetzlichen und gewerblichen Rechte der Arbeiter ihre Bedeutung verlieren." Ähnlich eine Erkenntnis des Berliner Kammergerichts vom 5. März 1906 zugunsten von Streikposten:

„Das Berufungsgericht meint, die polizeiliche Aufforderung an die Streikposten, sich zu entfernen, habe die Aufrechterhaltung oder Bequemlichkeit auf der Straße bezweckt, da es den Arbeitswilligen unangenehm sei, auf ihrem Wege von und zur Arbeitsstelle beobachtet zu werden, und da sie befürchtet hätten, es könnten ‚später' Gewalttätigkeiten gegen sie verübt werden. Dies ist rechtlich unzutreffend. Der Grund der Aufforderung muss ein verkehrspolizeilicher sein. (…) Die Besorgnis vor in Zukunft irgendwo eintretenden Gewalttätigkeiten kann die Aufforderung nicht rechtfertigen." (Zitiert nach Ingwer 1909, 62f.)

Auch in einiger bürgerlicher Rechtsliteratur wird erklärt, dass „das Streikpostenstehen die Tatbestandsmerkmale des groben Unfugs" nicht erfüllt: „Solange die Streikposten den äußeren Bestand der öffentlichen Ordnung nicht stören, kann von einer Anwendung des § 360, Z. 11 StG [Deutschland] nicht die Rede sein." Und wieder zitiert Ingwer zustimmend Lujo Brentano:

„Nachdem den Arbeitern das Recht, behufs Erlangung besserer Arbeitsbedingungen die Arbeit einzustellen, von der Gesetzgebung zuerkannt worden ist, kann ihnen das Recht zu solcher Mitteilung nicht verweigert werden, ohne das Koalitionsrecht illusorisch zu machen. Der Versuch, solche Mitteilungen zu unterdrücken, kann etwas viel Tyrannischeres werden als jene Mitteilungen selbst ... Das Vorgehen gegen Postenstehen beraubt also die Arbeiter des Mittels, einander von einem bestehenden Ausstand zu verständigen, und damit von dem ihnen von der Gesetzgebung zuerkannten Rechte wirksam Gebrauch zu machen, während es die Arbeitgeber im vollen Besitze ihres Rechtes, gleiche Mitteilungen zu machen, belässt." (Brentano zitiert nach Ingwer 1909, 63)

In Österreich wird analog der deutschen „Grober-Unfug"-Praxis willkürlich auf das „Prügelpatent" von 1854 zurückgegriffen, um Streikposten schikanieren zu können:

„Auch in Österreich haben die Polizeimänner die Erwartungen der Unternehmer nicht getäuscht. Hatten sie doch die Verordnung vom 20. April 1854, RGBl. Nr. 96, die, obwohl die darin für zulässig erklärte Prügelstrafe längst abgeschafft ist, im Volks- und Juristenmunde noch immer mit Recht Prügelpatent heißt. Ihre Bedeutung charakterisiert am besten der ‚alleruntertänigste Vortrag' vom 4. März 1851, in dem als ihre dringendste Aufgabe ‚die durch die Ereignisse der letzten Jahre erschütterte Achtung vor der Regierungsgewalt nach allen Richtungen wieder herzustellen und mit dem starken Arme der öffentlichen Autorität dauernd zu befestigen' bezeichnet wird.

Wie konnte aber diese Verordnung zur Erdrosselung des Koalitionsrechtes missbraucht werden? Steht doch darin kein Wort darüber, dass sie auch die Achtung der Arbeiter vor dem Geldsack der Unternehmer zu befestigen habe. Ein findiger Polizeikopf, dem alle Wege offen stehen, kann da aber umso leichter den Ausweg finden, als er sich um den Weg des Rechtes nicht zu kümmern braucht. Das Patent vom 20. April 1854 enthält nämlich einen Paragraphen 7, in dem es heißt:

‚Ist im Wirkungskreis der politischen oder polizeilichen Behörde ein Verbot erlassen worden, solches mag sich auf eine einzelne Handlung oder auf eine bestimmte Gattung von Handlungen beziehen, so haben die betreffenden politischen oder polizeilichen Behörden zur Durchsetzung dieser Vorschrift unmittelbar gegen diejenigen, welche das Verbot zu übertreten suchen oder in dessen Nichtbeachtung verharren, die zum Zwecke führenden Vollzugs- und Exekutionsmittel in Anwendung zu bringen und die für den Fall der Übertretung oder Widersetzlichkeit bestimmte oder in Ermangelung einer ausdrücklichen besonderen Strafsanktion die im § 11 festgelegte Strafe (2 bis 200 Kr. oder sechsstündige bis vierzehntägige Anhaltung) zu verhängen.'

Aus dem Wortlaut des § 7 geht mit größter Klarheit hervor, dass man unter ‚Wirkungskreis' – wie Dr. Karl Brockhausen in seiner Schrift über das sogenannte Verbotsrecht zutreffend ausführt – nur den den politischen Behörden zugewiesenen Anteil an der Ausübung staatlicher Hoheit zu verstehen habe. Ein ‚Verbot' kann also nur dann gesetzlich sein, wenn es den Zweck hat, die der Polizei durch Gesetze eingeräumte Tätigkeit zu ermöglichen oder zu fördern. Es unterliegt demnach keinem Zweifel, dass die Polizei berechtigt ist, Verbote zu erlassen, um die Ruhe und Ordnung aufrechtzuerhalten. Sie ist also, um ein Beispiel anzuführen, berechtigt, Personen, die den Zugang zu einer Straße absperren oder die Passage erschweren, zu verbieten, das zu tun, und diese Personen, wenn sie dem Verbot keine Folge leisten, wegen Zuwiderhandelns gegen dieses Verbot zu strafen. Niemals kann aber aus dem § 7 gefolgert werden, dass die Polizei berechtigt sei, ganz willkürlich Verbote zu erlassen, und jeden, der ein willkürliches, im Gesetze nicht begründetes Verbot missachtet, zur Verantwortung zu ziehen." (Ingwer 1909, 64)

Wie schon Leo Verkauf verweist auch Isidor Ingwer auf den Verwaltungsjuristen Carl Brockhausen, der 1896 belegt hat, dass polizeiliche Gewaltanwendung immer eine spezifisch konkrete gesetzliche Normierung voraussetzt:

„Trotz dem klaren Wortlaut des Gesetzes, trotz seiner Entstehungsgeschichte wurde aber der § 7 schon unzähligemal missbraucht. Der Anfang wurde im Jahr 1906 während eines Streiks der Metallarbeiter in Maria-Enzersdorf gemacht. Ich kann hier selbstverständlich nicht alle Missbräuche aufzählen, weil ich, wenn ich das tun wollte, eine Enzyklopädie schreiben müsste. Ich führe nur Beispiele an: Der Arbeiter Josef W. wurde zu einer 48stündigen Arreststrafe verurteilt, weil er, als er am 20. März in der Neugasse in Mödling von einem Gendarmen aufgefordert wurde, den Platz, an dem er Streikposten stand, zu verlassen, der Aufforderung nicht Folge leistete.

Der Arbeiter Josef W. wurde auf Grund des folgenden Tatbestandes der Übertretung des § 7 schuldig erkannt: Er stand mit zwei Kameraden hinter der Schnellpressenfabrik, in der der Streik ausgebrochen war; da kam ein Wachmann auf ihn zu und befahl ihm, augenblicklich den Platz zu verlassen. Auf die Frage des Arbeiters nach dem Grunde der Aufforderung antwortete der Wachmann: ‚Wegen Auflaufs.' Der Arbeiter machte den Wachmann darauf aufmerksam, dass bei dem ruhigen Dastehen von drei Personen von einem Auflauf keine Rede sein könne, worauf der Wachmann entgegnete: ‚Also wollen Sie oder nicht?' Ehe der Arbeiter noch Zeit hatte, dieser sonderbaren Aufforderung Folge zu leisten, erklärte ihn der Wachmann für arretiert.

Der Arbeiter Anton K. wurde nach Inhalt des Straferkenntnisses der Bezirkshauptmannschaft Mödling vom 31. März 1906, Z. 918/54 zu einer

Arreststrafe in der Dauer von 48 Stunden auf Grund des folgenden Tatbestandes verurteilt: Er stand mit einigen Personen in der Nordpolgasse in Mödling, als Streikbrecher herankamen. Da näherte sich ihm ein Gendarm und erklärte, dass er und die anderen nicht fortgehen dürfen, bevor sich die Streikbrecher entfernt haben. Keiner widersetzte sich dieser Anordnung, als der Gendarm den Verurteilten nach seinem Namen befragte. Als dieser den Grund der Frage kennen lernen wollte, erklärte ihn der Gendarm für arretiert.

Aber das sind nicht die krassesten Fälle. Die Belästigungen gingen so weit, dass man einzelnen Streikenden den Aufenthalt im Parke, der sich in der Nähe des Maria-Enzersdorfer Bahnhofes befindet, nicht gestattete. Es wurde sogar Personen, die man für Streikposten hielt, verboten, sich auf eine in der Nähe des Bahnhofes befindliche Bank zu setzen. Am 5. März 1906 wurde aber diesem System die Krone aufgesetzt. Der Schlosser N., der mit zwei anderen Arbeitern auf einer seinem Vater gehörigen Bank vor dem in der Südbahnstraße gelegenen Hause seines Vaters saß, wurde aufgefordert, das Trottoir zu verlassen, worauf N. mit den anderen zwei Arbeitern die Bank auf den Acker seines Vaters stellte, um sich auf den seinem Vater gehörigen Grund und Boden zu setzen. Darauf wurde er wegen Nichtfolgeleistung verhaftet. Als auch dieser Streich gelungen war, wurde nicht nur den Streikposten, sondern allen Streikenden verboten, mehr als zweimal am Tage auf den Wegen, die zur Fabrik führen, zu gehen." (Ingwer 1909, 65f.)

Die österreichische Justiz verhängt unzählige Strafen gegen friedliche Streikposten, wie Ingwer nach dem Studium der Wiener Strafregister feststellt – zahlreiche Verwaltungsstrafen und Arretierungen wegen „Passagenverstellens", wegen Nicht-Entfernung vom Trottoir, obwohl nur ruhig und einzeln dort gestanden, Polizeistrafen, die willkürlich verhängt und dann oft, aber zu spät gerichtlich behoben werden, so etwa nach einem Glasarbeiterstreik in Wien 1907:

„Der Arbeiter [und Streikposten – Anm.] Karl F. wurde vom Polizeikommissariat Ottakring zu drei Tagen Arrest verurteilt, und verhalten, die Strafe sofort abzubüßen. Dann wurde er dem Bezirksgericht Josefstadt in Strafsachen überstellt, das ihn im Urteil vom 31. Dezember 1907, (…), freisprach. Der Arbeiter Mathias K. wurde von der Polizei für drei Tage eingesperrt und dann dem Bezirksgericht Josefstadt überstellt und im Urteil vom 28. Oktober 1907, (…), wegen Einmengung in eine Amtshandlung bloß zu einer Geldstrafe von 5 Kr. verurteilt. Bei Gericht bekommt der Mann eine Geldstrafe von 5 Kr., bei der Polizei eine Arreststrafe in der Dauer von drei Tagen."

Eine parlamentarische Anfrage der Sozialdemokratie wegen der ständigen Polizei-Willkürmaßnahmen gegen Streikposten blieb 1908 ergebnislos. Einige weitere Beispiele von behördlichen Schikanen gegen Streikposten, so nach einem Ausstand von Schlossern:

„Anfang 1908 brach in der Fabrik der Firma Heinrich S. in Wien ein Streik aus. Die dort aufgestellten Streikposten wurden verhaftet und gestraft. So wurde der Werkzeugschlosser Josef B. vom Polizeikommissariat Landstraße (…) verurteilt, weil der Sicherheitswachmann unter Diensteid folgende Meldung erstattete: ‚B. ging vor der Fabrik heute vormittags auf und ab und ging auf einzelne Arbeitsuchende zu und machte sie aufmerksam, dass hier gestreikt wird; ich mahnte ihn ab und drohte ihm, wenn er es nochmals tue, so werde er arretiert. Als er es trotzdem wieder tat, arretierte ich ihn.' Von demselben Polizeikommissariat wurde auf Grund der Meldung desselben Sicherheitswachmannes der Arbeiter Franz Sch. bestraft (…). Die Meldung lautet: ‚Heute nachmittags zirka 3 Uhr beanständete ich den Nebengenannten, weil er vor dem Eingang in das Fabriklokal Heinrich S. Aufstellung nahm und den die Fabrik aufsuchenden Arbeitswilligen zurief: ‚In der Fabrik Heinrich S. wird gestreikt!'" Usw. (Ingwer 1909, 67f.)

Ingwer beschreibt ferner das scharfe Vorgehen gegen das gewerkschaftliche Mittel der Sperre und des Boykotts. Nach erfolglosem Streik und nach Aussperrung rufen Gewerkschaftszeitungen zum Boykott des nun mit Hilfe von Streikbrechern aufrecht erhaltenen Betriebes auf. Gelegentlich wurde von Behördenseite versucht, den § 302 StG („Aufreizung zu Feindseligkeiten gegen Nationalitäten, Religionsgenossenschaften, Körperschaften und dergleichen") gegen die Arbeiterkoalitionen in Stellung zu bringen:

„Nun ist es der Arbeiterschaft selbstverständlich darum zu tun, dass kein anständiger Arbeiter mehr in dem mit Streikbrechern aufrechterhaltenen Betriebe arbeite. Die Arbeiter kündigen daher in Zeitungen, Flugblättern und dergleichen gewöhnlich unter Darlegung der Gründe an, dass kein Arbeiter zu dem betreffenden Unternehmer in ein Arbeitsverhältnis treten soll. Dadurch wird über diesen Betrieb die Sperre verhängt. Diese Tatsache wird kurz durch die Worte ‚Vor Zuzug wird gewarnt' oder ‚Zuzug ist streng fernzuhalten' zum Ausdruck gebracht."

Die „Solidarität", das Organ der Porzellan-, Ton- und Ziegeleiwarenarbeiter, wurde etwa 1898 wegen Übertretung des Koalitionsgesetzes von Unternehmerverbänden angezeigt, „weil in dem betreffenden Blatte über verschiedene Firmen die Sperre verhängt wurde":

„Die Solidarität der Arbeiter findet ihren schönsten Ausdruck darin, dass sich jeder einzelne nicht bloß um sein Wohlergehen und das der mit ihm im selben Betriebe oder in derselben Branche beschäftigten Arbeiter, sondern auch um das Wohl anderer Arbeiter bekümmert, dass er frei von jedem egoistischen Motiv bereit ist, Opfer zu bringen, um die Lebenslage anderer Arbeiter, ja sogar solcher, die er nie gesehen hat und nie sehen wird, zu heben." (Ingwer 1909, 70–72)

Ingwer stellt zum Verhältnis „Koalitionsgesetz zu Strafrecht" die Fragen:

- „Wo hört die Übertretung des Koalitionsgesetzes auf und wo beginnt das Verbrechen der öffentlichen Gewalttätigkeit?"
- „Wie verhält sich die Übertretung des Koalitionsgesetzes zum Verbrechen der Erpressung?" (Ingwer 1909, 77–79)

Ingwer beschreibt die strafrechtsdogmatische Tradition, das Streikrecht dem Kriminalgesetz zu überantworten, also als Haus- und Landfriedensbruch, als Frage der Erpressung, Nötigung oder gefährlichen Drohung abzuhandeln. Der streikende Arbeiter rückt in die Nähe der Gesellschaft von Räubern und Erpressern. Die deutsche Klassenjustiz hat mit Streikdrohung verknüpfte Lohnforderungen als Erpressung qualifiziert und Arbeiter zu sechs Monaten Gefängnis verbunden mit drei Jahren Ehrverlust verurteilt:

„Liegt in dieser Erklärung [nach Forderung höheren Lohns – Anm.] das Verbrechen der Erpressung? Nie und nimmer. (…) Der Arbeiter muss das Recht haben, wenn man ihn nicht als Sklaven behandeln will, zu erklären, dass er seine Ware ‚Arbeitskraft' nur dann hergeben will, wenn man ihm dafür den von ihm geforderten Preis bezahlen werde." (Ingwer 1909, 83)

Die deutsche Justiz agiert ähnlich der österreichischen oft maßlos:

„Dafür zwei Beispiele: Der Bevollmächtigte einer Zahlstelle des deutschen Tischlerverbandes wurde auf Grund folgenden Briefes an einen Arbeitgeber zu sechs Monaten Gefängnis verurteilt: ‚Sollten Sie den Lohntarif nicht bewilligen, so werden Ihre Arbeiter jeder seine Arbeit fertigstellen und wird vom 2. Mai an die Sperre über Ihre Fabrik verhängt.' – Ein Maurer äußerte einem Unternehmer gegenüber: ‚Wenn Sie nicht per Stunde 45 Pf. Lohn zahlen, sorgen wir dafür, dass vier Wochen lang kein Maurer auf den Bau kommt.' Dafür wurde er zu sechs Monaten Gefängnis und drei Jahren Ehrverlust verurteilt." (Ingwer 1909, 84f.)

Ingwer sieht 1909 im Erpressungs-Paragraphen eine potentielle Generalklausel gegen die Organisationen und Koalitionen der Arbeiter. Die „negative Koalitionsfreiheit" wird in diesem Zusammenhang zu dem antigewerkschaftlichen Instrument schlechthin:

„Soll das Koalitionsrecht für die Arbeiterschaft eine brauchbare Waffe in ihrem Kampfe um Hebung ihrer Lebenslage sein, so dürfen die Arbeiter in ihren organisatorischen Bestrebungen nicht durch eine ungesetzliche Handhabung des Erpressungsparagraphen gehemmt werden. Der Lohnkampf kann nur dann mit vollem Erfolg geführt werden, wenn die Organisationen der Arbeiter sehr stark sind."

Ingwer beschreibt einen 1905 Aufsehen erregenden Fall:

„Im Juni 1905 hat der Metallarbeiter P. K. einen neuen Posten gefunden. Bald nach Antritt dieses Postens wurde er von zwei Vertrauensmännern der in derselben Abteilung beschäftigten Arbeiter befragt, ob er dem Verband der Eisen- und Metallarbeiter angehöre. P. K. verneinte diese Frage, worauf ihm einer der Vertrauensmänner sagte: ‚Sie werden doch wissen, wohin ein anständiger Arbeiter gehört; wenn Sie bei uns arbeiten wollen, müssen Sie dem Verband beitreten, wir dulden absolut keinen Arbeiter, der nicht in der Organisation ist.' Der zweite Vertrauensmann fügte hinzu: ‚Überlegen Sie sich es, entweder Sie lassen sich aufnehmen oder wir lassen Sie gar nicht anfangen.' Als P. K. bei seiner Weigerung verharrte, sagte dieser Vertrauensmann: ‚Gut, dann müssen Sie wieder hinaus.' Dieses Gespräch veranlasste die Staatsanwaltschaft in Wien gegen die beiden Vertrauensmänner die Anklage wegen Verbrechens der Erpressung zu erheben. Sie wurden vom Landesgerichte in Wien im Urteile vom 20. November 1905, (…), auch tatsächlich des Verbrechens der Erpressung schuldig erkannt, (…)." (Ingwer 1909, 89f.)

Wenn Unternehmer Arbeiter unter der Entlassungsdrohung zum Austritt aus Gewerkschaften zwingen, ist von Erpressung hingegen keine Rede:

„Fragen wir, ob Unternehmer, wenn sie Arbeiter mit Entlassung bedrohen, falls sie aus der Organisation nicht austreten, ebenfalls wegen Erpressung bestraft werden. Wer unsere Verhältnisse kennt, kann diese Frage auch ohne Kenntnis von bestimmten Tatsachen mit ruhigem Gewissen verneinen. (…)

In Wimpassing bei Ternitz fand zu Anfang 1896 die konstituierende Versammlung der Ortsgruppe der Arbeiter der Papier-, chemischen und Gummiindustrie statt, an der sich die Arbeiter der Hartgummifabrik in Wimpassing beteiligten. Einige von ihnen wurden in den Vorstand gewählt. Bald darauf berief der Direktor die gewählten Vereinsfunktionäre zu sich und erklärte ihnen, dass sie ihre Stellen niederlegen müssen, widrigenfalls er sie sofort entlassen würde. Tatsächlich wurden die Arbeiter, die ausnahmslos seit vielen Jahren, zum Teil sogar seit Jahrzehnten, in der Fabrik beschäftigt waren ‚aus ihrem Nahrungsstande' entlassen." (Ingwer 1909, 93f.)

Unter Berufung auf den deutschen sozialistischen Arbeiteranwalt Hugo Haase spricht Ingwer von einer doppelten strafrechtlichen Sanktionierung Streikender:

„So gelten denn mit einer kleinen Variante die folgenden Worte Haases auch für Österreich: ‚Die Arbeiter werden in allen solchen Fällen entweder mit der Rute des § 3 KG gepeitscht oder mit den Skorpionen des § 98 b StG oder ‚in idealer Konkurrenz' mit beiden traktiert." (Ingwer 1909, 93)

Isidor Ingwer geht weiter von Karl Marx' „Anti-Proudhon" aus:

„Mit der rastlosen Entwicklung der kapitalistischen Produktionsweise müssen trotzdem die Arbeiterorganisationen unermüdlich wachsen. ‚Das ist heute so sehr der Fall', schreibt Karl Marx, ‚dass der Entwicklungsgrad der Koalitionen in einem Lande genau den Rang bezeichnet, den dasselbe in der Hierarchie des Weltmarktes einnimmt.' (Karl Marx: Das Elend der Philosophie, Seite 160f.)"

Wären die Kapitalvertreter einsichtig, würden sie erkennen, dass sozialer Fortschritt im Wege des Koalitionsrechts mithilft, revolutionäre „Eruptionen" zu vermeiden, so Ingwers Sicht vom Standpunkt eines reformistischen Weges zum Sozialismus. (Ingwer 1909, 95f.)

In Wirklichkeit hat der bürgerliche Staatsapparat auf die fortschreitende Organisation der Arbeiterklasse aber nicht nur mit der Repression des Ausnahmezustandes, mit Hochverratsanklagen, mit der Sistierung von Grundrechten reagiert, sondern in späterer Folge auch mit unzähligen Versuchen, den Streik mit Mitteln des Strafrechts zu bekämpfen. In diese Richtung interpretiert Ingwer die (nicht umgesetzten) Strafgesetzreformpläne des Justizministers Friedrich Schönborn:

„Wohl wussten die Arbeiter Österreichs das Koalitionsrecht zu erringen, sie waren aber im Jahre 1870 noch zu schwach, um es für ihre Zwecke auszunützen. Nur langsam vollzog sich im achten Jahrzehnt des vorigen Jahrhunderts die Entwicklung der Organisation. Erst dank dem ökonomischen Fortschritt und den Verfolgungen, die die Arbeiter in den Achtzigerjahren zu erleiden hatten, begannen ihre Organisationen zu wachsen. Und mit ihnen wuchs auch das Verständnis für die Ausnützung des Koalitionsrechtes.

Sofort erkannten die Unternehmer diese Entwicklung und der damalige Justizminister Graf Friedrich Schönborn legte am 11. April 1889 dem Abgeordnetenhause den Entwurf eines Strafgesetzes vor, das sich auch mit dem Koalitionsrecht, oder besser gesagt, mit der Beseitigung des Koalitionsrechtes beschäftigte.

Der § 147 dieses Entwurfes lautete nämlich: ‚Wer andere durch Anwendung oder Androhung von Gewalt, Bedrohung mit rechtswidriger Zufügung von Nachteilen, Beschimpfung, Behinderung in dem berufsmäßigen Gebrauche von Werkzeugen oder Geräten oder durch ähnliche Mittel zu bestimmen sucht, an Verabredungen, welche auf Einstellung der Arbeit oder auf Entlassung von Arbeitern oder auf Erhöhung des Preises von Waren gerichtet sind, teilzunehmen oder ihnen Folge zu leisten, oder wer andere durch gleiche Mittel an dem Rücktritt von solchen Verabredungen zu hindern sucht, wird mit Gefängnis bis zu sechs Monaten bestraft.'

Damit sollte die Anwendung des § 3 KG auf zahllose Fälle ausgedehnt und es sollte die Strafe für die Übertretung des Koalitionsgesetzes nicht nur erhöht, sondern ihr auch ein entehrender Charakter gegeben werden. Während das geltende Gesetz die Strafe mit höchstens drei Monaten Arrest fixiert, sollte nach dem Entwurf die Verhängung einer Gefängnisstrafe (Gefängnis ist gleichbedeutend mit Kerker) bis zu sechs Monaten zulässig sein." (Ingwer 1909, 96f.)

Der deutsche „Entwurf eines Gesetzes zum Schutz des gewerblichen Arbeitsverhältnisses" – bekannt als „Zuchthausvorlage" – beeinflusst seit den späten 1890er Jahren auch die österreichischen Bemühungen für ein verschärftes Arbeitskampfrecht. Ingwer sieht in der „Zuchthausvorlage" Parallelen zum Schönborn-Entwurf, allerdings mit noch härteren Strafmaßen:

„Nun konnte die Posse ihren Anfang nehmen, deren Hauptakteur Wilhelm II. war. Wie es so oft vorgekommen ist, hat er auf einer seiner zahllosen Reisen –

diesmal, und zwar im Juni 1897 war er in Bielefeld – eine seiner zahllosen Reden gehalten, in der er sich äußerte, dass die schwerste Strafe den treffen soll, ‚der sich untersteht, einen Nebenmenschen, der arbeiten will, an freiwilliger Arbeit zu hindern.' Und schon am 11. Dezember erließ der Staatssekretär des Innern ein als ‚vertraulich' bezeichnetes Rundschreiben, durch welches die Schaffung eines großen Streikgesetzes eingeleitet werden sollte. Um aber die Sache zu fördern, ließ Kaiser Wilhelm am 6. September 1898 – diesmal war er wieder einmal in Oeynhausen – eine Rede los, in der er verkündete, dass, wer ‚zu einem Streik aufreizt, mit Zuchthaus bestraft werden soll'. Und am 5. Dezember 1898 hielt der Herr Kaiser die Thronrede, in der er zwar nicht mehr vom Zuchthaus sprach, wohl aber einen größeren Schutz der Arbeitswilligen in Aussicht stellte.

Kurze Zeit darauf wurde dem deutschen Reichstag von der Regierung tatsächlich der Entwurf eines Gesetzes zum Schutz des gewerblichen Arbeitsverhältnisses vorgelegt. Dieser Entwurf wurde in der ganzen gesitteten Welt die Zuchthausvorlage genannt und ausgelacht." (Ingwer 1909, 97f.)

Nach dem Scheitern der „Zuchthausvorlage" (1899) „war lange Zeit Ruhe", so Ingwer, ehe ab 1905 dem österreichischen Parlament der Strafrechtsentwurf von Hugo Hoegel und Heinrich Lammasch, „unsere Puttkamers", und mehrere Unternehmerpetitionen vorgelegt wurden:

„Aber die Lorbeeren Wilhelms ließen die österreichischen Scharfmacher nicht schlafen. Unser Koalitionsgesetz, das durch die in dieser Schrift geschilderten Ausdehnungen zum Schaden der Arbeiter ohnehin wesentlich verschlechtert wurde, ist ihnen ein Dorn im Auge. Sie wollen mit Hilfe der klerikalen Reaktion, die sich heute frech auf allen kurulischen Stühlen breit macht, aus dem Koalitionsgesetz eine Fessel für die Arbeiterschaft machen. Die Aktion, die sie zu diesem Zwecke veranstaltet haben, ist ihrer würdig. Sie haben dem Abgeordnetenhause eine Petition vorgelegt, in der sie um die Annahme eines von ihnen verfassten Entwurfes bitten. Dieser Entwurf reproduziert die §§ 1 und 2 KG, so dass der Reformplan erst beim § 3 beginnt, und zwar sollen an Stelle der Worte: ‚Einschüchterung oder Gewalt' folgende Worte treten: ‚Einschüchterung durch Drohung am Körper oder an der Ehre zu verletzen, oder ihm Schaden an seinem Eigentum, an seinem Erwerb zuzufügen oder durch Verrufserklärung, Boykott hindert …'. Die geringste Strafe soll ferner nicht wie gegenwärtig acht Tage Arrest, sondern vierzehn Tage Arrest betragen.

Und jetzt die Hauptsache: § 4 dieses Entwurfes lautet: ‚Das Aufstellen von Streikposten zur Überwachung der Betriebe und Werkstätten sowie derjenigen Arbeiter, die sich dem Streik oder dem Ausstande nicht anschließen, ist verboten und gilt als Mittel der Einschüchterung im Sinne des § 3. Übertretungen dieses Verbotes sind daher mit der gleichen Strafe zu bestrafen.'

Und § 5: ‚Das Betreten fremder Wohnungen, Werkstätten, Geschäftslokale, Bauplätze, Lagerplätze und sonstiger Grundstücke oder das Umstellen derselben zu dem Zwecke, um Arbeitgeber und Arbeitnehmer in der Ausübung ihres Berufes zu behindern, ist verboten und wird diese Übertretung sowohl an den Teilnehmern wie den Anführern mit Arrest bestraft.'

So also malt sich in den Köpfen dieser Sonderlinge das Koalitionsrecht der Arbeiter. Das Aufstellen von Streikposten wird verboten, also die Koalitionsfreiheit abgeschafft.

Aber auch der famose § 85 GO genügt dem liebenswürdigen Entwurfe nicht, er verlangt, dass der Vertragsbruch mit Arrest von acht Tagen bis zu einem Monat bestraft werden soll. Ebenso soll die Anwendung von Zwang, Drohung, Beleidigung, Verrufserklärung, um jemanden zu veranlassen, einem Verein oder einer Organisation beizutreten, als Übertretung mit Arrest von drei bis zu vierzehn Tagen bestraft werden.

Schließlich wünschen die Scharfmacher, dass den Bediensteten der Eisenbahnen, der Post, des Telegraphs, des Telephons sowie aller dem öffentlichen Verkehr dienenden Einrichtungen das Koalitionsrecht überhaupt geraubt werde. Und endlich haben sie noch einige Kleinigkeiten auf dem Herzen: Die Androhung der Verhängung des Boykotts oder die Sperre des Betriebes oder die Verrufserklärung einzelner Arbeiter durch die Presse oder Flugschriften soll mit Arrest von einem bis zu sechs Monaten bestraft werden. Im Falle größerer allgemeiner Arbeitseinstellungen sollen während deren Dauer alle Ansammlungen auf der Straße, öffentlichen Plätzen, Umzüge, insbesondere Versammlungen unter freiem Himmel verboten werden. – Wer unter Androhung eines Arbeiterausstandes es versucht, die Entlassung eines Beamten oder Arbeiters oder die Aufnahme eines solchen zu erzwingen, soll nach dem Wunsche dieser Ehrenmänner wegen Verbrechens der Erpressung bestraft werden. Sonst haben die Herren keine anderen Schmerzen." (Ingwer 1909, 98–100)

Auch von Seite der „Verfasser des neuen Strafgesetzentwurfes" liegt ein Vorschlag vor, „um das Koalitionsrecht der Arbeiter aus der Welt zu schaffen", so im § 376 des Entwurfs unter dem eigenartigen Titel „Ausbeutung bei Lohnverträgen":

„Wer soll, wenn er diese Überschrift gelesen hat, auch nur ahnen, dass es der Firma Lammasch u. Hoegel darum zu tun ist, eine Kette gegen die Arbeiter zu schmieden, deren Erzeugung nicht einmal ein überhitztes Ausbeuterhirn gewünscht hat. Wenn man von Ausbeutung bei Lohnverträgen spricht, kann nach dem bisher Gesagten doch selbstverständlich nur von der Ausbeutung des Arbeiters durch den Unternehmer die Rede sein. Den großen Nationalökonomen Lammasch und Hoegel war es vorbehalten, die wissenschaftliche Entdeckung zu machen, dass auch der Arbeiter den Unternehmer im Arbeitsvertrag ausbeute. (…) Kurz und gut: der § 376 ist ein Werk boshafter Hinterlist, das mit der Absicht entstanden ist, die Arbeiter irrezuführen, in ihnen den Gedanken zu erwecken, dass man sie gegen Ausbeutung schützen wolle, während man aber in Wirklichkeit den Zweck verfolgt, Arbeiter, die, eine günstige Konjunktur ausnützend, bessere Arbeitsbedingungen verlangen, für Monate ins Gefängnis zu werfen.

Doch ich lasse die Herren sprechen. Der § 376 lautet:

‚1. Wer sich vorsätzlich durch Ausnützung der wirtschaftlichen Notlage des anderen Vertragsteiles einer aus einem Lohnvertrag entspringenden Pflicht entzieht, um sich oder einem Dritten einen Vermögensvorteil zuzuwenden;

2. wer vorsätzlich während des Bestandes eines Lohnvertrages durch Ausnützung des anderen Vertragsteiles diesen bestimmt, ihm oder einem Dritten einen Vermögensvorteil zu versprechen oder zu gewähren, auf dessen Leistung er aus diesem Vertrage keinen Anspruch hat, wird wegen Übertretung mit Gefängnis oder Haft von drei Tagen bis zu sechs Monaten oder an Geld von 20 bis 2000 Kr. bestraft. Mit der Freiheitsstrafe kann Geldstrafe von 50 bis zu 2000 Kr. verbunden werden.'

Der erste Absatz des § 376 bestraft in erster Linie den Kontraktbruch der Arbeiter. Die Herren Lammasch und Hoegel – unsere Puttkamers, die ‚hinter jedem Streik die Hydra der Revolution' auf der Lauer finden – begnügen sich also, ebenso wenig wie die Faiseure der Scharfmacher, mit den Bestimmungen des § 85 GO, die ohnehin den kontraktbrüchigen Arbeiter mit allen Strafen der Hölle bedrohen.

Aber auch der zweite Absatz des § 376 ist nur gegen die Arbeiter gerichtet, denn er hat einzig und allein den Fall im Auge, dass die Arbeiter und ihre Vertreter eine günstigere Konjunktur ausnützen und günstigere Arbeitsbedingungen erlangen. Sollte dieser Paragraph einmal Gesetz werden (…), dann würde dieser Paragraph dieselbe Bedeutung haben wie die schändlichen englischen Koalitionsverbote aus den Jahren 1799 und 1800, die zwar zur Bestrafung zahlloser Arbeiter, aber nicht auch zur Bestrafung eines einzigen Unternehmers geführt haben.

Nein, mit dieser Sorte der Bekämpfung der Ausbeutung bei Lohnverträgen werden die Herren bei den Arbeitern kein Glück haben. Die Arbeiter sind mit dem Attentate Wilhelm II. auf die Koalitionsfreiheit fertig geworden und sie werden jeden, um mit Wilhelm zu sprechen, zermalmen, der sich ihnen in den Weg stellt, um ihnen die Koalitionsfreiheit zu entreißen." (Ingwer 1909, 100f.)

Isidor Ingwer schlägt 1909 eine „Reform des Koalitionsrechtes" vom Standpunkt der Arbeiterklasse vor, u. a. Abschaffung des Arbeitsbuchs (§ 80 Gewerbeordnung) und der Kontraktbruchregelung (§ 85 Gewerbeordnung) sowie eine Reform des Vereinsgesetzes:

„Da haben wir vor allem die Gewerbeordnung. Ich habe bereits gezeigt, welche Schranken der Koalitionsfreiheit in der Gewerbeordnung gezogen sind. Das Arbeitsbuch und die Bestimmungen des § 85 GO über den Kontraktbruch sind Ketten, die die Koalitionsfreiheit nicht länger schleppen kann. Die Arbeiter müssen verlangen, dass sie im Fall des Kontraktbruches nicht anders und nicht schlechter behandelt werden als die Unternehmer. Es ist für einen Rechtsstaat eine Schmach, dass seine Gesetze im Fall eines Kontraktbruches den einen Vertragsteil mit größter Milde, den anderen Vertragsteil mit barbarischer Strenge behandeln. Die Reform des Koalitionsgesetzes wird also mit der gänzlichen Beseitigung des Arbeitsbuches und mit einer vollständigen Gleichstellung der Arbeiter mit den Unternehmern hinsichtlich der Folgen des Kontraktbruches beginnen müssen.

Aus dieser Schrift ergibt sich der Fundamentalsatz: Die wesentlichste Voraussetzung für die Ausübung des Koalitionsrechtes ist die Organisation. Sie ist das Palladium der Arbeiterschaft. Unser veraltetes Vereinsgesetz bietet aber der brutalen Willkür zahllose Möglichkeiten, nicht nur die Entstehung der Organisationen zu verhindern, sondern auch das zu zerstören, was Millionen emsiger Hände mühselig geschaffen haben. Eine Reform unseres Vereinsgesetzes ist zur Befestigung und Entwicklung der Koalitionsfreiheit unerlässlich. (…) Es muss den Verwaltungsbehörden die Möglichkeit, die Bildung von Vereinen zu untersagen oder die Auflösung der Vereine zu verfügen, ein für allemal entzogen und es muss die unsinnige reaktionäre Unterscheidung zwischen politischen und nichtpolitischen Vereinen beseitigt werden." (Ingwer 1909, 101f.)

Isidor Ingwer schlägt folgende Reform des Koalitionsrechts vor:

„Die Reform des § 2 KG wird also darin zu bestehen haben, dass das Wort ‚keine' [rechtliche Wirkung] gestrichen werde. Dann wird aus dem § 2 hervorgehen, dass die Verabredungen zur Erzielung günstigerer Arbeitsbedingungen rechtliche Wirkung haben, und das wird genügen.

Was endlich den § 3 betrifft, so wird er, damit alle Zweifel, alle kniffigen Auslegungen ein für allemal aus der Welt geschafft werden, ausdrücklich bestimmen müssen, dass die Anwendung von Mitteln der Einschüchterung oder Gewalt zur Erzielung günstigerer Arbeitsbedingungen niemals als Erpressung behandelt werden könne. Das Wesen der Erpressung ist das rechtswidrige Erlangen eines vermögensrechtlichen Vorteiles. Den Arbeitern, die Gewalt anwenden, ist es nicht darum zu tun, vom Streikbrecher einen Vermögensvorteil zu erlangen, sondern ihn nur daran zu hindern, dass er den Sieg in ihrem gerechten Kampfe unmöglich mache.

Die Ansicht, dass die Erpressung, das gemeinste Verbrechen, das das Strafgesetz kennt, nur unter der von mir angegebenen Voraussetzung als vorhanden angenommen werden darf, teilen alle Fachmänner. Ich verweise nur auf Hoegel, der die Erpressung mit folgenden Worten definiert wissen will: ‚Wer in der Absicht, sich oder einem Dritten einen rechtswidrigen Vermögensvorteil zu verschaffen, durch Anwendung von Gewalt oder durch Bedrohung mit einer Verletzung an Körper, Freiheit, Ehre oder Vermögen von jemandem eine Leistung, Duldung oder Unterlassung erzwingt, begeht das Verbrechen der Erpressung.' (Dr. Hugo Hoegel: Teilreformen auf dem Gebiet des österreichischen Strafrechtes, Hannover 1908, S. 87f.)

Und damit lange ich bei der Reform unseres Strafgesetzes an. Es wurde im Jahre 1803 vom Absolutismus gezeugt und im Jahre 1852 von der Reaktion revidiert. Es ist nicht nur, wie der ehemalige Ministerpräsident Dr. v. Koerber einmal sagte, ‚eine unschöne Säule aus vergangener Zeit', es ist auch ein barbarisches Marterwerkzeug in den Händen der besitzenden Klassen gegen die Arbeiter. Eine Reform dieses Gesetzes wird also in erster Linie beseitigen müssen, was der Koalitionsfreiheit im Wege steht, sie wird aber insbesondere auch die strenge Bestrafung solcher Unternehmer zu fordern haben, die ihre Arbeiter hindern, einer Organisation beizutreten. Ist es den Arbeitern verboten, durch Mittel der Einschüchterung oder Gewalt andere zum Anschlusse an die Koalition zu zwingen, so muss auch den Unternehmern verboten werden, Mittel der Einschüchterung oder Gewalt anzuwenden, um die Arbeiter von den Organisationen fernzuhalten oder sie aus ihnen zu verdrängen." (Ingwer 1909, 102–104)

Anhang

1.

Victor Adler: Das Koalitionsrecht in Österreich („Gleichheit", 24. November 1888), in: derselbe: Aufsätze, Reden und Briefe 4. Über Arbeiterschutz und Sozialreform, Wien 1925, 72f.:

Der Fachverein der Bäcker Wiens gedeiht, er beginnt eine Organisation dieser versklavten Menschen zu werden. Die Bäckergehilfen denken nicht an den Streik, obwohl sie Grund dazu hätten. Aber die Bäckermeister denken daran. Sie fürchten sich und – die Polizei sistiert den Fachverein.

Die Buchdrucker Wiens, die politisch harmloseste Arbeiterorganisation Österreichs, deren Mehrzahl nicht über ihre Nase hinaussieht, geschweige über den Klassenstaat hinaus denkt – diese braven Leute wollen ihre Lage verbessern. Sie stellen einen Tarif auf, sie wählen eine Kommission ihn durchzusetzen, sie sammeln einen Fonds, um ihn zu erkämpfen. Lauter Dinge, die nicht nur mit dem Gesetz, sondern mit höchst reaktionären Ansichten sehr vereinbar sind. Nicht vereinbar aber sind sie mit dem Interesse ihrer Herren, der Buchdruckereibesitzer. Zwei Jahre sieht die Behörde dem Sammeln der Gelder, der Tätigkeit der Kommission zu und findet beides, wie natürlich, ganz gesetzlich. Nun sind 30.000 fl beisammen; die Chefs finden, dass sie Grund haben sich zu fürchten.

Nie sind die Bourgeois mächtiger, als wenn sie Furcht haben. Der Magistrat als Gewerbebehörde löst die Kommission auf, die zwei Jahre lang unter seinen Augen gearbeitet, ja, die in Anwesenheit seines Vertreters gewählt wurde. Die Statthalterei, an welche die Gehilfen sich wenden, bestätigt die Auflösung. Noch mehr, der Magistrat verlangt nun, dass die Summen, welche sich die Tausende von Arbeitern durch zwei Jahre kreuzerweise vom Munde abgekargt haben, dass die Waffe, welche ihnen eine kleine Verbesserung ihres Lohnes erkämpfen soll, dass der Tariffonds abgeliefert werde. An wen? – An ihre Feinde, an das Gremium der Prinzipale! Und als sich die Gehilfen in ihrem Organ ‚Vorwärts' darüber beklagen, wird er einfach konfisziert.

Wir haben ein Koalitionsrecht, aber – die Prinzipale fürchten sich.

Nun werden die Buchdruckergehilfen weiter rekurrieren, vielleicht wird ein Abgeordneter interpellieren, und zuletzt werden sich möglicherweise die Gemüter der konservativsten aller Arbeiter – revolutionieren. Vielleicht werden sie endlich einsehen, dass ihr Los das Los aller Arbeiter ist: ökonomische Knechtschaft; dass es nichts nützt, gegen den Stachel zu lecken, dass das einzige vernünftige Ziel ist, den Stachel zu beseitigen.

Für die Entwicklung der Buchdruckergehilfen wird also ihr heutiger Lohnkampf jedenfalls sehr nützlich sein. Vor allem werden sie eines lernen: Der gesetzliche Boden ist eine vortreffliche Sache, aber – er muss vorhanden sein.

2.

Das Koalitionsrecht in Gesetz und Anwendung, in: Arbeiter-Zeitung, 17. Jänner 1890

Wo die moderne Gesetzgebung die Arbeiterinteressen überhaupt berücksichtigt, handelt es sich also im Allgemeinen um ein Recht, nicht für die Arbeiter, sondern gegen die Arbeiter, nicht für die Besitzlosen, sondern gegen die Besitzlosen. In einer Reihe von hochinteressanten Aufsätzen, betitelt: ‚Das bürgerliche Recht und die besitzlosen Volksklassen' (im ‚Archiv für soziale Gesetzgebung und Statistik', herausgegeben von Dr. H. Braun) hat der Wiener Professor Dr. Anton Menger diese Thatsache für den Entwurf eines bürgerlichen Gesetzbuches für das deutsche Reich nachgewiesen. Der Aufgabe, den Entwurf zu einem neuen Strafgesetze für Österreich vom Standpunkte der Arbeiterinteressen zu beleuchten, wird sich die sozialistische Presse nicht entziehen können.

Für diesmal wollen wir nur einen einzigen Paragraphen herausgreifen, jenen, welcher das Koalitionsrecht behandelt. Wir wissen, dass die gesetzliche Texturierung aller unserer ‚Rechte' als unvermeidlichen Schlußsatz die Androhung einer erklecklichen Anzahl von Monaten strengen Arrests, künftig wird man's ‚Gefängnis' nennen, aufweist. Unser Koalitionsgesetz hat die Spezialität, dass es überhaupt nichts Anderes enthält. Das Gesetz entstand im Jahre 1870, als durch das Emporwachsen der Industrie und das mächtige Anschwellen der Arbeiterbewegung das bis dahin in Geltung gewesene Verbot aller Lohnverabredungen unhaltbar geworden war. Es war die große Errungenschaft der ersten Phase der österreichischen Arbeiterbewegung. Sein Inhalt ist nebst der Aufhebung dieses Verbots, die Erklärung der Rechtsungiltigkeit aller Lohnverabredungen und die Androhung von Strafen von 8 Tagen bis 3 Monaten

Arrest für Jenen, welcher ‚Mittel der Einschüchterung oder Gewalt' anwendet, um Andere zu hindern, Arbeit zu nehmen oder zu geben. Gegen Arbeitgeber wurde das Gesetz in 19 Jahren seines Bestandes niemals angewendet, was ein glänzendes Zeugnis für die Objektivität unserer – Arbeitgeber ist. Hätten diese jemals irgend Jemanden ‚eingeschüchtert'? Das kam bekanntlich nie vor. Der § 4 des Gesetzes belegt auch ‚Verabredungen von Gewerbsleuten zu dem Zwecke, um den Preis einer Ware zum Nachtheile des Publikums zu erhöhen', mit Strafe. Der sogenannte ‚Geist des Gesetzes' hat hier offenbar nur arme Greißler im Auge. Wir haben wenigstens niemals gehört, dass der Abschluss von Zuckersyndikaten, von Schienen- oder Ziegelkartellen für die Herren Fabrikanten Arreststrafen im Gefolge gehabt hätte. Gleichwohl hat ‚Gewalt und Einschüchterung' im ökonomischen Sinne dabei eine Rolle gespielt. Diese moderne Form der Kapitalsvereinigung zum Zwecke der Preissteigerung hat 1870 noch nicht bestanden, sonst wäre sie im Gesetze besonders ausgenommen worden. Man dachte eben nur an die – Greißler.

Im neuen Strafgesetz-Entwurf ist unser ‚Koalitionsrecht' erheblich avanzirt. Wir haben es nicht mehr unter den ‚Übertretungen', sondern im Kapitel ‚Vergehen' zu suchen. Sein Schlußsatz lautet nicht mehr Arrest von 8 Tagen bis zu 3 Monaten, sondern – Gefängnis bis zu 6 Monaten. Man sieht, unsere ‚Sozialreform' macht ganz respektable Fortschritte.

Aber sehen wir uns diesen ganzen § 149 des neuen Gesetzentwurfes näher an. Er lautet in der Regierungsvorlage (dort § 145):

Wer Andere durch Anwendung und Androhung von Gewalt, Bedrohung mit rechtswidriger Zufügung von Nachtheilen, Beschimpfung, Behinderung in dem rechtmäßigen Gebrauch von Werkzeugen oder Geräthen, oder durch ähnliche Mittel zu bestimmen sucht, an Verabredungen, welche auf Einstellung der Arbeit oder auf Entlassung von Arbeitern oder auf Erhöhung des Preises von Waren gerichtet sind, theilzunehmen oder ihnen Folge zu leisten, oder wer Andere durch gleiche Mittel an dem Rücktritte von solchen Verabredungen zu hindern sucht, wird mit Gefängnis bis zu sechs Monaten bestraft.

Das war selbst dem Ausschusse des Abgeordnetenhauses zu stark; sein Bericht muss anerkennen, ‚dass, obzwar die sogenannten Streiks oft fatale Konsequenzen nach sich ziehen, es doch Fälle gibt, in welchen sie als einzig mögliche Wehr gegen wirtschaftliche Ausbeutungen unerlässlich sind. Somit fand der Ausschuss, dass die Regierung in ihrer Vorlage bezüglich der Beschränkung der Verleitung zur Theilnahme an den Streiks zu weit gegangen ist.' Es wurden also das Wort: ‚Beschimpfung' und die Worte ‚oder durch ähnliche Mittel' gestrichen. In der That ist insbesondere der letzte Ausdruck so allgemein und elastisch, dass sogar jede Aufforderung zum Streik straffällig gemacht werden könnte. Aber auch in seiner verbesserten Form ist der Paragraph schlecht genug. Die ‚Bedrohung mit rechtswidriger Zufügung von Nachtheilen' ist ein sehr weiter Begriff und erlaubt die Anwendung der größten Strenge der Beurtheilung.

Das ist aber lange nicht das Wichtigste. Der ganze Paragraph, so wie er dasteht, verbessert durch den ‚arbeiterfreundlichen' Strafgesetz-Ausschuss, ist nichts mehr und nichts weniger als ein hartes Ausnahmsgesetz gegen die Arbeiterklasse – oder er ist einfach überflüssig und nichtssagend. Er ist aber vielsagend und nothwendig – für die Besitzenden.

Sehen wir zu, was wird in dem Paragraph mit Strafe belegt? Antwort: ‚Anwendung und Androhung von Gewalt, Bedrohung mit rechtswidriger Zufügung von Nachtheilen'. Sind diese Handlungen sonst straflos? O nein, die §§ 253 und 254 handeln von genau denselben Delikten unter dem Titel ‚Nöthigung'. Aber im § 253 wird nur Derjenige bestraft, der mit Gewalt oder Drohung etc. ‚einen Anderen zu einer Handlung, Duldung oder Unterlassung zwingt'. Der Zwang muss also wirksam gewesen sein. Der § 254 bestraft die Bedrohung nur ‚unter Umständen, welche geeignet sind, in dem Bedrohten die Besorgnis vor der Ausführung der Drohung hervorzurufen'. Man sieht, wie vorsichtig die Gesetzgebung ist, wenn es sich nicht um Arbeiter handelt. Um dem § 149, dem Koalitionsgesetze der Zukunft, zu verfallen, ist es nicht nothwendig, dass der Zwang wirklich vollzogen oder die Bedrohung wirklich ‚geeignet ist, Besorgnis hervorzurufen'. Da genügt die bloße Absicht, da wird schon bestraft, wer den Andern durch Gewalt oder Drohung ‚zu bestimmen sucht'. Ob mit Erfolg, ob mit zweckdienlichen Mitteln, kommt gar nicht Frage.

Aber die Vorsicht des Gesetzgebers geht weiter. Während die ‚Nöthigung' bei Streiks § 149 nur die Gefängnisstrafe kennt, wird die ‚Nöthigung' bei den Andern eventuell auch mit Geldstrafe belegt. Es könnte doch einmal ein Bourgeois hineinfallen, der sich das leisten kann.

Nun ziehe man noch in Betracht, dass die ‚Nöthigung' nach §§ 253 und 254 immer zum direkten Schaden des Genöthigten verübt wird, dass aber die ‚Nöthigung' bei Streiks jedesmal, wenigstens der Absicht nach, den Nutzen des Genöthigten im Auge hat. Wenn man ihn zur Arbeitseinstellung ‚zu bestimmen versucht', so soll ja er selbst auch an ihrem Erfolge Antheil haben. Man will ihm wider seinen Willen und mit ungesetzlichen Mitteln einen Vortheil zuwenden.

Diese Erwägung allein müsste ausschlaggebend dafür sein, den § 149 vorsichtiger und milder zu formulieren als die §§ 253 und 254. Es geschieht das Gegentheil.

(…)

Im Anschlusse an diese theoretischen Ausführungen [zu einem harten Ausnahmsgesetz gegen die Arbeiterklasse] wollen wir ein Beispiel davon geben, wie unser Koalitionsgesetz in der Praxis aussieht und zwar ein Beispiel aus der allerjüngsten Zeit. Wir sind gewohnt, bei allen Arbeitseinstellungen Polizei, Gendarmerie und Schubwagen als Wächter der Koalitionsfreiheit auftreten zu sehen, und sind darum in unseren Erwartungen sehr bescheiden geworden. Darum haben wir die Zurückhaltung der Polizei gelegentlich des letzten Streiks der Perlmutterdrechsler in Wien freudig anerkannt, ja das Verdienst der Polizei um die Aufrechterhaltung der Ordnung durch ihr Nichteingreifen wiederholt gerühmt. Aber ganz unthätig konnte sie nicht bleiben. Man höre folgende, Wort für Wort wahre und aktenmäßig zu erweisende Geschichte, der wir wohlweislich kein Wort der Kritik zuführen werden. Denn es handelt sich ja um die Wiener Polizeidirektion.

Schon gegen Ende des Streiks ließ sich ein Mitglied des Lohncomités, Genosse Salzmann, leider zu einem Wortwechsel mit einem der wenigen Ausreißer, der sein Wort gebrochen, hinreißen. In der Hitze des Wortgefechtes sagte er ihm: ‚Das wird Dir keine Rosen bringen', oder auch (es ist nicht ganz festgestellt): ‚Es wird Dir wieder so gehen, wie damals in der Wichtlgasse'; dort hatte der Betreffende nämlich einmal Hiebe bekommen. Diese Äußerung war nun gewiss keine wirksame ‚Einschüchterung', denn der Betreffende arbeitete weiter; es war nicht einmal eine richtige ‚Bedrohung', sondern eine mehr oder minder richtige Prophezeiung, die übrigens freilich nicht am Platze war.

Ein ‚gesetzliebender' Meister zeigte die Sache an; für den 12. December, man merke das Datum, war Gen. Salzmann zum Polizeikommissariat Ottakring zur ‚Auskunftleistung' vorgeladen, wurde aber sofort in Haft genommen, angeblich, weil er ein ‚gefährlicher Agitator' sei. Der Energie seines Vertreters, Herrn Dr. Zweybrück, gelang es durchzusetzen, dass die Verhandlung beim Bezirksgericht Ottakring schon am 14. Dezember stattfand, wobei Gen. Salzmann wegen Übertretung des § 3 des Koalitionsgesetzes zu 14 Tagen Arrest verurteilt wurde. Der Vertheidiger meldete Berufung an und beantragte die Enthaftung. Dem Antrag wurde nicht stattgegeben, wegen ‚Gefahr der Wiederholung des Deliktes'. Dr. Zweybrück machte sofort die Beschwerde unter Vorlegung der Akten an das Landesgericht, welches der Beschwerde am 17. Dezember stattgab, so dass der Angeklagte an diesem Tage auf freien Fuß zu stellen war. Das Bezirksgericht entließ ihn auch wirklich um 11 Uhr Vormittags, aber nur um ihn dem Polizeikommissariat zu übergeben, von wo er abends ins Polizeigefangenenhaus übergeführt wurde. Dort hatte er einige Verhöre über seine ‚Agitation' zu bestehen und wurde am 19. Dezember zur Appellationsverhandlung ins Landesgericht geführt, bei welcher die 14tägige

Strafe in eine 8tägige gemildert wurde; nach der Verhandlung kam er zurück ins Polizeigefangenenhaus.

Am 23. Dezember, nach 11tägiger Haft, wurde er zum Strafantritt zurück ans Bezirksgericht Ottakring spedirt, welches er am 31. Dezember verließ, um – doch davon später. Hier soviel, dass Gen. Salzmann, obwohl das Landesgericht seine Enthaftung verfügte, von der Polizei in Haft gehalten wurde. (...)

Am 31. Dezember hatte Salzmann, wie gesagt, abgebüßt und wurde, in der bei ihm üblichen Weise ‚auf freien Fuß gestellt', d. h. er wurde wieder in das Polizeigefangenenhaus überbracht und ihm mitgetheilt, er sei aus Wien und Niederösterreich ‚polizeilich abgeschafft'. Man fragte ihn, ob er rekurriren wolle; Salzmann hatte aber vor allen ‚Rechtsmitteln' eine heilige Scheu bekommen und verzichtete darauf. Eine mündliche Vorstellung des Vertheidigers beim Polizei-Präsidenten blieb erfolglos.

Am Neujahrstage wurde Gen. Salzmann photographirt; am 3. Jänner kam er in den Schubarrest, am 4. Jänner Früh auf den Schubwagen, um nach Jägerndorf gebracht zu werden, wo er zuständig ist. Seine Eltern wohnen in Wien. Auf dem Wege übernachtete er zweimal im Schubarrest: in Olmütz und in Freudenthal. (...) Am 7. Jänner kam Gen. Salzmann endlich in seinem ‚Heimatsorte', der für ihn die Fremde ist, an. (...) Dies Alles, weil er einen Kollegen ‚einzuschüchtern versucht hat'.

3.

Zur Streikbewegung [Zum Sinn und Nutzen von Streiks], in: Arbeiter-Zeitung, 6. Juni 1890

Die Arbeiter bemerken die allgemeine Prosperität der Geschäfte, sie sehen, wie sich selbst minder große Fabrikanten in den letzten Jahren rasch bereichert haben. Es ist nur ganz natürlich, wenn sie diese Gelegenheit benützen, sich bessere Arbeitsbedingungen zu erringen, ehe wieder der Krach, die unausbleibliche Krise eintritt, die sie zu Tausenden auf die Straße wirft und unbarmherzig dem Elend preisgibt. Dazu bedarf es nicht der sozialdemokratischen Agitatoren, welche das zitternde Philisterherz selbst hinter dem kleinsten Werkstättenstreik wittert. Die Arbeiter bemerken die allgemeine Prosperität und sie treten in den Kampf ein, oft mit Erfolg, oft aber auch ohne diesen, blos verleitet durch vorhergehende günstige Resultate anderer Genossen.

Und gerade diese letzteren Lohnkämpfe, diejenigen, die mit Misserfolgen endeten, diese wollen wir heute zum Gegenstande einer kurzen Besprechung machen. Wir zählen neben den großen, gut organisirten und vorbereiteten Streiks heute schon keine kleine Anzahl von solchen, die aus unbedeutenden Ursachen, unvorbereitet, unorganisirt entstanden sind, sogen. Werkstättenstreiks, wo eine Anzahl von 10–60 Mann unbekümmert um die Zahl der etwa am Platze befindlichen Arbeitslosen, die Arbeit verließ – um sie nach kürzester Zeit unter den früheren oder in einzelnen Fällen noch schmählicheren Bedingungen aufnehmen zu müssen, wenn sie dies überhaupt konnten. (…)

Es ist klar, ein Streik ist ein Krieg. Im Kriege entscheidet der Stärkere und nicht der, der allenfalls das Recht auf seiner Seite hat. Der Krieg muss deshalb vorbereitet sein. (…)

Es müssen womöglich schon vorher Sammlungen eröffnet und Vereine gegründet werden, die, wenn sie sich schon nicht alle Fachgenossen einverleiben, doch einen Druck auf alle ausüben können. Es ist mit allen Mitteln dafür zu sorgen, dass der Arbeitsmarkt entlastet werde, u. zw. durch vorherige Vermeidung des Zuzugs durch alle möglichen Mittel, die das Gesetz zulässt, und Ermöglichung der Abreise einer Anzahl von am Platze befindlichen Arbeitslosen. Die Arbeitgeber müssen, wenn möglich, vom Streik überrascht werden, so dass sie selbst nicht Vorsorge treffen, auch nicht einen ihnen gerade gelegenen Zeitpunkt zur Provokation einer Arbeitseinstellung wählen oder dessen Ausbruch durch allerhand Machinationen hinausschieben können. Selbstverständlich ist die Organisation der Unterstützung auch eine wichtige Aufgabe der Leiter eines solchen Ausstandes, damit keine Bevorzugung Einzelner eintrete, und die Bedürftigeren, Familienväter etc., entsprechend mehr bekommen können als die in günstigerer Lage Befindlichen. (…) [So geplante] Streiks nützen der eigenen Organisation und der des ganzen Proletariats. Sie sind Bindemittel der allgemeinen Solidarität. Sie knüpfen die Bande der Zusammengehörigkeit aller Ausgebeuteten fester. Wir haben in Österreich davon mehrere glänzende Beispiele. Wir erwähnen nur die Streiks der Drechsler, der Bäcker, der Maurer etc. Sie sind alle zu Tage getreten dort, wo die obigen Bedingungen des Gelingens eines Kampfes für Verbesserung des Loses der betreffenden Arbeiter wenigstens theilweise beobachtet wurden. Dass sie nicht alle beobachtet werden konnten, war meist Schuld der Behörden, welche die Koalitionsfreiheit nur dem Unternehmerthum voll und ganz gewähren.

Es ist aber schon aus dem Gesagten einleuchtend, dass ein solcher Streik nur von größeren Arbeiterschichten, d. h. wenigstens von solchen, die eine ganze oder nahezu die ganze Branche umfassen, geführt werden kann. Eine Arbeitseinstellung, von einer einzelnen Werkstätte oder Fabrik, mit einem oder einigen Dutzend Arbeitern begonnen, wenn nicht etwa die Ehre derselben auf dem Spiele steht, ist einfach leichtsinnig. Selbst oft, nicht immer, in dem Falle leichtsinnig, wenn man damit einer angekündigten oder eingetretenen Lohnreduktion vorbeugen will. (…) Vor diesen leichtsinnigen Ausständen zu warnen, ist Pflicht des Sozialdemokraten. (…)

Der einzelne Unternehmer ist aber anderseits auch leichter in die Lage gesetzt, Ersatz zu finden für seine paar Arbeiter als ein ganzer Industriezweig. Sind keine Ersatzmänner am Platze, so ist es bei dem heutigen, sich stets verbilligenden Verkehrswesen nicht schwer, solche von außen herbeizuziehen. Ist es doch selbst bei mächtigen, ganze Produktionszweige umfassenden Ausständen nicht selten mit Erfolg von den Fabrikanten versucht worden, die Streikenden durch auswärtige, billigere Arbeitskräfte zu ersetzen. Um wieviel leichter geht dies bei dem Ausstande eines Dutzend von Arbeitern?

Solche unorganisirte, unvorbereitete, meist noch gedankenlos geleitete Arbeitseinstellungen schlagen immer zum Schaden der betreffenden Arbeiter aus. Ohne Organisation und ohne Mittel Krieg zu führen, ist Wahnsinn, der sich allerdings oft bei Massen, die den Klassenkampf noch nicht begriffen, erklären lässt. Dort sind es – wie bei den verschiedenen Ausständen der Bergarbeiter – die Unternehmer, welche die Arbeiter zum Wahnsinn treiben, zur wilden Verzweiflung, welche nicht erwägt und abmisst, sondern blind dreinschlägt. Diese Ausstände lassen sich weder machen noch verhindern; sie ergreifen spontan nicht Einzelne, sondern die ganze Masse. Durch ihre moralische Wucht erringen sie manchmal selbst geringe Erfolge. Gehen sie jedoch auch gänzlich verloren, so ist die Folge eine Organisation, deren Mangel vorher eben allgemein vermisst wurde.

4.

Aus einer untersagten Versammlung der Wiener Arbeiter zu „Nutzen und Gefahren des Streiks für die Arbeiter", in: Arbeiter-Zeitung, 25. Juli 1890

Indem die Versammlung so den Streik als im Prinzipe berechtigt erklärt und dem festen Entschlusse Ausdruck gibt, kämpfende Genossen wie bisher in brüderlicher Solidarität zu unterstützen, verschließt sie sich aber keineswegs der Erkenntnis der Gefahren, welche die wahllose und unüberlegte Anwendung dieses Kampfmittels mit sich bringt. Vor Allem ist davor zu warnen, in der Arbeitseinstellung ein Mittel zu sehen, welches die Arbeiterklasse von den wesentlichen Grundübeln ihrer heutigen Lage befreien könnte. Ihre ökonomische Abhängigkeit und politische Unfreiheit sind eben von der gesammten Gesellschaftsordnung und ihrer Grundlage, der kapitalistischen Produktionsweise, bedingt, können daher nur mit dieser beseitigt werden. So wichtig augenblickliche Besserungen in der Lage einzelner Arbeitergruppen sind, so wichtig ist es aber auch, über dem Augenblicklichen nicht das Endziel zu vergessen: Die Emanzipation der gesammten Arbeiterklasse.

Zweitens aber muss gewarnt werden vor der Anwendung der Arbeitseinstellung, ohne dass alle Bedingungen des Erfolges vorher von fachkundiger Seite erhoben sind. Abgesehen von der Erwägung der Geschäftslage, des Saisonabschnittes etc. ist vor Allem die Stärke der Organisation der betreffenden Arbeiterschaft maßgebend, und zu berücksichtigen, dass ein missglückter Streik junge, vielversprechende Organisationen auf Jahre zurückwerfen kann. Um die Werkstättenstreiks, welche vielfach erfolglos sind, zu vermeiden, sollte jeder Streik von dem Beschlusse der erfahrenen Vertrauensmänner des ganzen Gewerkes abhängig gemacht werden, welche Maßregel allein auch eine ausreichende Hilfsorganisation sichern kann.

Auch ist eine solche Zentralisation des Lohnkampfes das einzige Mittel, um der Zersplitterung der Kräfte und ihren lähmenden Folgen vorzubeugen. Schließlich sollte für Aufklärung und Belehrung der Arbeiter über jene Zwangsmaßregeln, welche in Österreich „Koalitionsfreiheit" heißen, gesorgt werden, da der Unkenntnis der allerdings höchst merkwürdigen und einseitigen Auffassung, welche die Behörden von den Rechten des Arbeiters haben, heute viele Arbeiter zum Opfer fallen.

5.

1907. Forderungen der Industriellenbünde nach einem „neuen modernen Streikrecht", einer österreichischen „Zuchthausvorlage"? Mit den zentralen Punkten: „1. Verbot des Boykotts der einzelnen Betriebe; 2. Größten Schutz der ‚Arbeitswilligen'; 3. Verbietung und Bestrafung des Streikpostenstehens; 4. Strenge Bestrafung der wegen Übertretung des Koalitionsgesetzes angeklagten Arbeiter; 5. Eventuelle Auflösung der Gewerkschaften.", in: Die Gewerkschaft vom 26. April 1907

Unter anderen verlangten die Bauunternehmer 1907 auf ihrem Verbandstag ein „gemeinsames Vorgehen in Streikfällen und Aussperrungen", strafrechtlichen Schutz gegen den „roten Terrorismus", gegen die „Untergrabung des Eigentums- und Dispositionsrechts im Betriebe": „Der nächste Punkt der

Tagesordnung betraf die ‚Erzielung einer modernen Streikgesetzgebung'. Baurat v. Stummer bemerkte einleitend, dass in der langen Zeit gewerblichen und industriellen Fortschritts und des Ausbaues der Organisation von Arbeitgebern und Arbeitnehmern das Koalitionsgesetz des Jahres 1870 veraltet und unbrauchbar geworden sei und eine zeitentsprechende Streikgesetzgebung erwirkt werden müsse, welche imstande sei, das Eigentum des Arbeitgebers und Leben und Gesundheit des Arbeitswilligen zu schützen."

Unter den Forderungen und Absichten des Verbandstages: „Die Anerkennung von Vertrauensmännern der Arbeiterorganisation ist unter allen Umständen abzulehnen. (...) Die Arbeitsbücher der ausgebliebenen Arbeiter sind eventuell beim Gemeindeamt zu hinterlegen. Selbständige Verhandlungen während der Dauer eines Streitfalles mit den Arbeitern sind unbedingt zu vermeiden und diese dem Verband zu überlassen. (...) Es ist Ehrenpflicht eines jeden Kollegen, Arbeiter aus Orten, wo Streik oder Aussperrung besteht, nicht anzustellen und durch gemeinsames Vorgehen die bedrängten Kollegen zu unterstützen.

Es gebe in Unternehmerkreisen nur eine Stimme, dass das Koalitionsgesetz in dessen Rahmen sich der gewaltige soziale Kampf abspielen solle, veraltet und durchaus ungenügend sei. Die Versuche, ein entsprechendes Streikgesetz zu schaffen, seien stets an der mangelnden Unterstützung der Regierung, deren Furcht vor sozialdemokratischen Demonstrationen hinreichend bekannt sei, gescheitert. (...) Der Redner hob hervor, dass es das Land der Freiheit, die Schweiz, für notwendig gehalten habe, die Arbeitswilligen vor dem Terrorismus der Arbeiter zu schützen, erörterte eingehend das Streikgesetz des Kantons Bern (...)."

Die Bauunternehmer verlangten weiter: „Da das Koalitionsgesetz vom 7. April 1870 nur Koalitionen zur Erzielung höherer Löhne oder besserer Arbeitsbedingungen erwähnt, in Wirklichkeit aber von der organisierten Arbeiterschaft auch auf andere, teils politische und agitatorische Zwecke in Anwendung kommt, ja sogar wegen Nichtduldung von Vertrauensmännern, wegen Nichtentlassung Missliebiger die ungesetzliche Behinderung der Arbeitswilligen in der rohesten und brutalsten Weise sowie die Boykottierung einzelner Betriebe nach sich zieht, so wird die hohe Regierung ersucht, ein modernes Streikgesetz auszuarbeiten und dem Parlament vorzulegen.Indem jedoch diese Art einer Gesetzesvorlage ziemlich lange Zeit in Anspruch nehmen dürfte, so wird die hohe Regierung dringend ersucht, einen sofortigen Streikerlass zu formulieren und eventuell zur Fertigstellung desselben eine Enquete mit Beiziehung der betreffenden Gewerbetreibenden abzuhalten. Dieser Streikerlass soll insbesondere enthalten:

1. Die Nichtzulassung des Boykotts einzelner Betriebe;
2. Die Angedeihung des größten Schutzes für Arbeitswillige;
3. Die strenge Verbietung und Bestrafung des Streikpostenstehens;
4. Die Erhöhung der Präventivtätigkeit der Sicherheitsbehörde betreffs rechtzeitiger Verhinderung jeder Ausschreitung bei ausgebrochenen Konflikten;
5. Die Beauftragung der Gerichte, bei vorerwähnten Ausschreitungen sowie bei gröblichen Misshandlungen der Arbeitswilligen mit der größten Strenge ihres Amtes zu walten;
6. Die strenge Verwarnung an die Gewerkschaften, dass, wenn derartige Überschreitungen konstatiert werden können, die sofortige Auflösung der Gewerkschaften nach dem Vereinsgesetz vorgenommen wird.

(…) Die Herren Baugewerbetreibenden sind wahrlich sehr begehrenswerte Leute, sie verlangen nicht weniger als ein ‚Zuchthausgesetz' gegen Arbeiter, die sich ihrer Haut wehren und nicht gewillt sind, sich dem Diktat der großen Unternehmer und kleinen ‚Gernegroße' zu beugen. (…) Unsere Aufgabe wird es sein, den Herrschaften nachzuweisen, wie sie den Boykott gegen zahlreiche Arbeiterfamilien bis zur Vernichtung gebrauchen. Wie sie ‚arbeitswillige' Unternehmer durch Entziehung von Arbeiten mürbe machen wollen."

6.

1908. Die Staatsgewalt im Dienste der Unternehmer. Sozialdemokratische Interpellation zur Sicherstellung des Koalitionsrechts. 1908 gab es zwischen Unternehmerfraktionen Differenzen über ein geeignetes Vorgehen gegen Streiks: Soll ein eigenes Streikgesetz verlangt werden, soll dies im Rahmen der anstehenden Strafrechtsreform geschehen, oder im unmittelbaren Einfluss auf Behörden? – in: Die Gewerkschaft vom 8. Mai 1908

Der sozialdemokratische Verband hat in der Sitzung des Abgeordnetenhauses vom 5. Mai d. J. folgende Interpellation an das Gesamtministerium gerichtet:

Seit einiger Zeit sieht die Arbeiterschaft mit steigendem Unwillen, dass sich die Verwaltungsbehörden und die Gerichte in noch viel höherem Grade als früher in den Dienst der Unternehmerinteressen stellen. Arbeiter, die von ihrem Koalitionsrecht Gebrauch machen, werden wegen Kontraktbruch bestraft. Die Aufstellung von Streikposten wird auf Grund einer falschen Interpretation des berüchtigten ‚Prügelpatents' verboten.

Die Gerichte behandeln es als eine Erpressung, wenn die Arbeiter von ihrem gesetzlichen Koalitionsrecht Gebrauch machend, unter Androhung eines Ausstandes Forderungen an die Unternehmer stellen. Der Oberste Gerichtshof hat seine Rechtsprechung über die ‚schwarzen Listen' geändert und in vollem Widerspruch zum Geiste unserer Gesetzgebung es als Recht der Unternehmer anerkannt, die Arbeiter für viele Jahre der Möglichkeit zu berauben, in ihrem Berufszweig eine Arbeitsstelle zu finden.

Behörden und Gerichte wetteifern darin, bei den Lohnkämpfen auf diese Weise gegen die Arbeiter und für die Unternehmer Stellung zu nehmen. Der Verdacht ist nicht abzuweisen, dass diese Änderungen in der Rechtsprechung und in der Praxis der Verwaltungsbehörden auf Beeinflussungen von Seite der Unternehmer zurückzuführen sind. Aber was bisher nur bloßer Verdacht war, ist jetzt zur traurigen Gewissheit geworden. Die ‚Gewerkschaft' vom 24. April 1908 veröffentlichte ein Rundschreiben des ‚Bundes österreichischer Industrieller', das gegen die von Seite der ‚Vereinigung der Arbeitgeber Österreichs' betriebene Agitation gerichtet ist, die die Erlassung eines besonderen Streikgesetzes anstrebt. Der ‚Bund der österreichischen Industriellen' erklärt ein solches Streikgesetz für unnötig, weil es den Unternehmerorganisationen ohnehin gelungen sei, die Behörden und Gerichte in einem den Unternehmern genehmen Sinne zu beeinflussen. Hier wird also ausdrücklich zugestanden, dass es den Unternehmern gelungen ist, die Praxis der Verwaltungsbehörden zu beeinflussen, dass selbst die Gerichte ihren Einflüsterungen Gehör schenken und dass die Unternehmerorganisationen entschlossen sind, diese planmäßige Beeinflussung der staatlichen Behörden und Gerichte fortzusetzen.

Unsere Gerichte sind nach dem Gesetz unabhängig; der Justizminister darf ihre Rechtsprechung nicht beeinflussen – aber die Unternehmer rühmen sich, dass es ihren Einflüsterungen gelungen ist, die ganze Rechtsprechung des höchsten Gerichtes im Reiche in den allerwichtigsten Fragen zu verändern! Der Klassencharakter unserer Verwaltung und unserer Justiz ist niemals so schamlos enthüllt worden wie in diesem Rundschreiben. Es wird Sache der Regierung sein, zu erwägen, ob nicht die wichtigsten Staatsinteressen darunter leiden, wenn die breiten Massen des arbeitenden Volkes in den Gerichten und Behörden des Staates nur noch die Büttel und die Bundesgenossen ihrer Klassengegner sehen können.

Anmerkungen

1 Über Verkauf Ernst Glaser: Im Umfeld des Austromarxismus. Ein Beitrag zur Geistesgeschichte des österreichischen Sozialismus, Wien 1981, 130f. Über Verkauf und Ingwer Josef Weidenholzer: Der sorgende Staat. Zur Entwicklung der Sozialpolitik von Joseph II. bis Ferdinand Hanusch, Wien 1985, 236–240.
2 Vgl. Peter Goller: Isidor Ingwer (1866–1942). Jurist der Arbeiterklasse und Mitbegründer der österreichischen Arbeitsrechtswissenschaft, in: Das Recht der Arbeit 1/2016, 59–63 und Peter Goller: Geschichte der Arbeitsrechtswissenschaft in Österreich. Studien über Isidor Ingwer (1866–1942) und Eduard Rabofsky (1911–1994), Wien 2004.
3 Isidor Ingwer – Isidor Rosner: Menger-Rezension, in: Das Recht. Volkstümliche Zeitschrift für österreichisches Rechtsleben 1 Jg. (1903), 185–191. Vgl. Dörte von Westernhagen: Anton Menger (1841–1906). Sozialist, Naturrechtler, Weltverbesserer, in: Streitbare Juristen. Eine andere Tradition, hrg. von Kritische Justiz, Baden-Baden 1988, 81–91.
4 Abgedruckt bei Ludwig Brügel: Soziale Gesetzgebung in Österreich von 1848 bis 1918, mit einem Vorwort von Ferdinand Hanusch, Wien–Leipzig 1919, 55–58, 117–129.
5 Etwa Karl Marx: Das Kapital. Kritik der politischen Ökonomie. Erster Band: Der Produktionsprozess des Kapitals (1867). (=Marx-Engels-Werke [MEW] 23), Berlin 1979, 191.
6 Karl Marx: Das Elend der Philosophie. Antwort auf Proudhons „Philosophie des Elends" (1847), in: Karl Marx – Friedrich Engels: Werke [MEW] 4, Berlin 1980, 63–182, hier 180.
7 Zu den die Gewerkschaften in die Illegalität treibenden Koalitionsgesetzen von 1799 und 1800 vgl. Edward. P. Thompson: Die Entstehung der englischen Arbeiterklasse, 2 Bände, Frankfurt am Main 1987, Band 2, 587–593.
8 Vgl. Max Schippel: Beiträge zur Geschichte des Koalitionsrechts" [Vier Beiträge], in: Die Neue Zeit 17 (1898/99, 2. Band Heft-Nr. 29–32), 81–89, 100–108, 132–140, 177–183. Über Schippel vgl. Andrea Bahr: Max Schippel (1859–1928), in: Bewahren – Verbreiten – Aufklären. Archivare, Bibliothekare und Sammler der Quellen der deutschsprachigen Arbeiterbewegung, hrg. von Günther Benser und Michael Schneider, Bonn 2009, 292–296.
9 Zitiert nach Michael Kittner: Arbeitskampf. Geschichte – Recht – Gegenwart, München 2005, 292.
10 Lujo Brentano: Der Schutz der Arbeitswilligen. Vortrag gehalten in der Volkswirtschaftlichen Gesellschaft zu Berlin am 26. Jänner 1899, Berlin 1899, 13–17, 23.
11 Vgl. Hugo Sinzheimer: Philipp Lotmar, in derselbe: Jüdische Klassiker der deutschen Rechtswissenschaft, Frankfurt 1953, 207–224 und Joachim Rückert: Philipp Lotmar (1850–1922). Römisches Recht, Rechtsphilosophie und Arbeitsrecht im Geiste von Freiheit und Sozialismus, in: Deutsche Juristen jüdischer Herkunft, München 1993, 331–353.

[12] Vgl. auch Carl Legien: Gewerkschaften, Strikes, Strikevergehen und Zuchthausgesetz, in: Die Neue Zeit 17 (1898/99, 2. Band, Heft 51), 769–775 und Carl Legien: Sturmlauf gegen das Koalitionsrecht, in: Die Neue Zeit 30 (1911/12, 2. Band, Heft 50), 899–907.

[13] Hugo Haase: Koalitionsrecht und Erpressung, in: Die Neue Zeit 20 (1901/02, 2. Band, Heft 11), 329–335. Vgl. Arbeitskampfrecht, hrg. von Wolfgang Däubler u. a., Baden-Baden 1984, 24–27. Zahlreiche Judikatur-Beispiele zum Schutz der „Arbeitswilligen", der „Unorganisierten" durch Verwaltungsbehörden und Gerichte, zu Ehrverletzung, Nötigung oder Landfriedensbruch im Arbeitskampf, gegen Streikposten in Klaus Saul: Staat, Industrie, Arbeiterbewegung im Kaiserreich. Zur Innen- und Außenpolitik des Wilhelminischen Deutschland 1903–1914, Düsseldorf 1974, 188–282. Zur zeitgleichen Judikatur im Sozialrecht vgl. Heinz Barta: Kausalität im Sozialrecht. Entstehung und Funktion der sogenannten Theorie der wesentlichen Bedingung. Analyse der grundlegenden Judikatur des Reichsversicherungsamtes in Unfallversicherungsfragen (1884–1914), Berlin 1983.

[14] „Gesetz vom 15. November 1867 über das Vereinsrecht", RGBl. 134/1867 und „Gesetz vom 15. November 1867 über das Versammlungsrecht", RGBl. 135/1867.

[15] Carl Brockhausen: Über das sogenannte Verbotsrecht der landesfürstlichen politischen und polizeilichen Behörden in Österreich, in: [Grünhuts] Zeitschrift für das Privat- und Öffentliche Recht der Gegenwart 23 (1896), 455–476. Vgl. zur deutschen „Groben-Unfug"-Praxis Michael Kittner: Arbeitskampf (wie Anm. 9), 305f.

[16] Zur Beurteilung privatrechtlicher Schadenersatzansprüche aus dem Streikzusammenhang vgl. für die Zeit der Ersten Republik ab 1918 Rudolf Pollak: Über die Verantwortlichkeit der Ausständischen in Österreich, in: Zentralblatt für die juristische Praxis 46 (1928), 754–769. Zur Gewerkschaftshaftung im Arbeitskampf, zur Haftung juristischer Personen (ÖGB) für das deliktische Verhalten ihrer handelnden (Streik-)Organe in den Jahren der Zweiten Republik vgl. am Beispiel des so genannten „Bananenprozesses" u. a. Franz Gschnitzer: Die Verhaltenspflichten der Gewerkschaft bei von ihr unterstützten Streiks (1966), in: Franz Gschnitzer-Lesebuch, hrg. von Heinz Barta, Wien 1993, 631–643. Zu den „individualrechtlichen Aspekten des Arbeitskampfes", zu den zivil- und strafrechtlichen Zusammenhängen von Streik- und Aussperrungsmaßnahmen in gegenwärtiger Sicht vgl. Rudolf Strasser – Rudolf Reischauer: Der Arbeitskampf. Eine rechtsdogmatische und rechtspolitische Studie, Wien 1972; weiters Walter Schwarz – Günther Löschnigg: Arbeitsrecht, Wien 1982, 546–566; Franz Marhold: Kollektivarbeitsrecht (= Mayer Maly – Marhold, Österreichisches Arbeitsrecht II), Wien 1991, 108–111, sowie Gert-Peter Reissner: Lern- und Übungsbuch Arbeitsrecht, 4. Auflage, Wien 2011, 485–498.

[17] 680 und 681 der Beilagen zu den stenographischen Protokollen des Abgeordnetenhauses, XX. Session, Dezember 1909. Vgl. Isidor Ingwer: Zwei Fesseln des Koalitionsrechtes, Wien 1912. Zur Abschaffung der Kontraktbruchbestimmungen und des Arbeitsbuchs 1919 vgl. Emmerich Talos: Staatliche Sozialpolitik in Österreich, Wien 1981, 110f. und 188f. und Hans Hautmann: Ferdinand Hanusch, Staatssekretär (20. Oktober 1918 bis 22. Oktober 1920), in: Ferdinand Hanusch. Ein Leben für den sozialen Aufstieg (1866–1923), hrg. von Otto Staininger, Wien 1973, 75–104, hier 87.

[18] Vgl. zur „negativen Koalitionsfreiheit" als einer rechtswissenschaftlichen Sublimierung des Streikbrechers als eines „Individualisten" Eduard Rabofsky: Vom Wert der Koalitionsfreiheit (1964), in derselbe: Wider die Restauration im Recht, Wien 1991, 81–83.

[19] Vgl. Michael Kittner: Arbeitskampf (wie Anm. 9), 266 und 291f. – Ackerbauminister Falkenhayn hier zitiert nach Kurt Ebert: Die Einführung der Koalitionsfreiheit in Österreich. Das sogenannte „Koalitionsgesetz" vom 7. April 1870, RGBl. Nr. 43, in: Histori-

sche Wurzeln der Sozialpartnerschaft, hrg. von Gerald Stourzh und Margarete Grandner, Wien 1986, 69–122, hier 116f.

[20] Vgl. Heinrich Lammasch – Theodor Rittler: Grundriss des österreichischen Strafrechts, fünfte Auflage, Wien 1926, 246–252. Zum Verhältnis Arbeitskampf und Strafrecht in der Zweiten Republik vgl. Rudolf Strasser: Kollektives Arbeitsrecht (Arbeitsverfassungsrecht). [=Floretta – Spielbüchler – Strasser, Arbeitsrecht II], 3. Auflage, Wien 1990, 182–184. Zur Kritik an Lammasch vgl. auch Isidor Ingwer und Isidor Rosner: Hofrat Lammasch, die Arbeiterführer und die Religionsdelikte, in: Das Recht 1 (1903), 10–12. Die Widersprüchlichkeit von Heinrich Lammasch, der konservativ katholische, „kaisertreue" Jurist auf der einen Seite, der pazifistische Völkerrechtler und Gegner der österreichischen und deutschen Militärclique anderseits, wird beschrieben in Albert Fuchs: Geistige Strömungen in Österreich 1867–1918, Wien 1984, 265–270. Zum Arbeitskampf als Nötigung nach § 98 StG, als gefährliche Drohung nach § 99 StG und „sonstige Verbrechenstatbestände" sowie zum Verhältnis von § 3 Koalitionsgesetz (Koalitionszwang) zum allgemeinen Strafrecht vgl. aus der Sicht von 1965 Theodor Tomandl: Streik und Aussperrung als Mittel des Arbeitskampfes, Wien–New York 1965, 109–195.

[21] Der Oberste Gerichtshof hat die von Isidor Ingwer für die verurteilten Vertrauensleute vorgebrachte Nichtigkeitsbeschwerde am 12. März 1906 (Sammlung-Nr. 3166) so verworfen: „Der Grundsatz, dass für den aus der gemeinsamen Tätigkeit hervorgegangenen Schaden jeder Mittäter haftet, gilt auch bei Verbaldelikten. Eigentum im Sinn des § 98b StG. ist der Inbegriff alles dessen, was jemandem zugehört; es umfasst die gesamte ihm zur Verfügung stehenden wirtschaftlichen Güter, Arbeiter betreffend sonach auch die ihnen eröffnete Arbeitsgelegenheit und Arbeitsmöglichkeit. Zwang zum Anschlusse an eine Arbeiterverbindung ist Zwang zu einer Leistung." (Entscheidungen des k. k. Obersten Gerichts- als Kassationshofes, Neue Folge, VIII. Band (Entscheidungen Nr. 3126–3245), veröffentlicht von der k. k. Generalprokuratur, Wien 1906, 109–112) – dazu auch die OGH-Entscheidung vom 1. Dezember 1906 (Sammlung-Nr. 3276), als Verteidiger zweier Prager Arbeiter, die „Arbeitswillige" bedroht hätten und deshalb vom Prager Landesgericht im Sinn „des im § 98, lit. b StG. bezeichneten Verbrechens der öffentlichen Gewalttätigkeit" verurteilt worden waren, aufgetreten ist Isidor Ingwer: „Nicht durch den Zweck, sondern durch die angewendeten Mittel unterscheiden sich die Tatbestände des § 98 StG. und des § 3 des Gesetzes vom 7. April 1870, RGBl. Nr. 43. Genügen für letzteren die Mittel der Einschüchterung oder Gewalt überhaupt, so erheischt dagegen die Erpressung eine wenigstens mittelbar gegen die Person des zu Nötigenden gerichtete Gewalt oder doch eine nach § 98, lit. b StG. qualifizierte Bedrohung desselben oder der sonstigen daselbst genannten Personen." (Entscheidungen des k. k. Obersten Gerichts- als Kassationshofes, Neue Folge, IX. Band (Entscheidungen Nr. 3246–3382, Wien veröffentlicht von der k. k. Generalprokuratur, Wien 1908, 76–79)

[22] Zitiert nach Michael Kittner: Arbeitskampf (wie Anm. 9), 295f. Zur Streikjudikatur, zur Frage der Nicht-/Zulässigkeit von Arbeitskämpfen, die auf die Nichtaufnahme, Entlassung un- oder andersorganisierter Arbeiter, also auf „Organisationszwang" (closed shop) abzielen, vgl. für die Zeit ab 1918 Winfried Wagner: Der Streik vor den Gerichten der Ersten Republik, in: Das Recht der Arbeit 1980, 121–135.

[23] Zitiert nach Fritz Klenner: Die österreichischen Gewerkschaften. Vergangenheit und Gegenwartsprobleme I, Wien 1951, 348f.

[24] Vgl. Barbara Schleicher: Heißes Eisen. Zur Unternehmenspolitik der Österreichisch-Alpine Montangesellschaft 1918–1933, Frankfurt 1999 und Karl Stubenvoll: Zur Genesis und Funktion des ‚Antiterrorgesetzes' vom 5. April 1930, in: Neuere Studien zur

Arbeitergeschichte I, hrg. von Helmut Konrad und Wolfgang Maderthaner, Wien 1984, 213–245.

25 Der § 499a des Kadecka-Entwurfes lautet: „Wer gegen jemanden durch Anwendung oder Androhung von Gewalt oder durch Zufügung oder Androhung eines empfindlichen Übels unrechtmäßigen Zwang übt, um ihn zu einer Leistung, Duldung oder Unterlassung zu nötigen, macht sich, wenn sich darin nicht eine schwerere verpönte strafbare Handlung darstellt, des Vergehens der Nötigung schuldig. Dabei macht es keinen Unterschied, ob die Gewalt oder das Übel gegen den Bedrohten selbst, dessen Familie oder Verwandte oder gegen andere unter seinen Schutz gestellte Personen gerichtet ist und ob die Handlung einen Erfolg hatte oder nicht. Die Nötigung ist mit strengem Arrest von 6 Monaten bis zu einem Jahre zu bestrafen. Unter erschwerenden Umständen, insbesondere wenn der beabsichtigte Erfolg erreicht wurde oder die Tat eine sehr erhebliche Schädigung des Genötigten oder einer ihm nahestehenden Person herbeizuführen geeignet war, ist auf strengen Arrest bis zu 3 Jahren zu erkennen."

26 Vgl. Isidor Ingwer: Koalitionsrecht und Antiterror. Vortrag gehalten am 18. Dezember 1929 in der Konferenz der Funktionäre des Österreichischen Metallarbeiterverbandes (Organisationsgebiet Wien), Wien 1929.

27 Vgl. Viktor Stein: Gegen die „unabhängigen" Gewerkschaften, in: Arbeit und Wirtschaft 7 (1929), 545–550 und Hermann Heindl: Organisationszwang, in: ebenda, 801–806 – Hermann Heindl: Der Inhalt des „Antiterrorgesetzes", in: Arbeit und Wirtschaft 8 (1930), 307–312.

28 Im Folgenden handelt es sich um wirtschaftliche Streikkämpfe. Zur österreichischen Debatte über den Generalstreik bzw. den politischen Massenstreik (für das allgemeine gleiche direkte Wahlrecht 1893/94 bzw. 1905–1907): Ist der Generalstreik aussichtsreich? Wenn ja, wofür soll er eingesetzt werden, für politische Ziele oder etwa zur Erlangung des Achtstundentages? – vgl. Peter Kulemann: Am Beispiel des Austromarxismus. Sozialdemokratische Arbeiterbewegung in Österreich von Hainfeld bis zur Dollfuß-Diktatur, Hamburg 1982, 87–91. Für Deutschland etwa Rosa Luxemburg: Massenstreik, Partei und Gewerkschaften [1906], in: dieselbe: Ausgewählte politische Schriften (Marxistische Taschenbücher), hrg. von Josef Schleifstein, Frankfurt 1971, 27–101.

29 Der Wiener Hochverratsprozess. Bericht über die Schwurgerichtsverhandlung gegen Andreas Scheu, Heinrich Oberwinder, Johann Most und Genossen, neu herausgegeben von Heinrich Scheu, nebst einer Einleitung und einem geschichtlichen Nachwort von Karl Renner, mit den Erinnerungen von Heinrich Scheu. Ein Beitrag zur Geschichte der österreichischen Arbeiterbewegung, Wiener Volksbuchhandlung Ignaz Brand, Wien 1911, 285f. Vgl. Herbert Steiner: Der Wiener Hochverratsprozess 1870 und Karl Flanner: Sozialistenprozesse in Wiener Neustadt 1870–1894, beide in: Sozialistenprozesse. Politische Justiz in Österreich 1870–1936, hrg. von Karl R. Stadler, Wien 1986, 13–52.

30 Vgl. Ludwig Brügel: Geschichte der österreichischen Sozialdemokratie. Erster Band: Vom Vormärz bis zum Wiener Hochverratsprozess, Juli 1870, Wien 1922, 128f., 149, 153, 187.

31 Vgl. Julius Deutsch: Geschichte der österreichischen Gewerkschaftsbewegung I. Von den Anfängen bis zur Zeit des Weltkrieges, Wien 1929, 75 und 88–90, im Folgenden 101–103; sowie Band II: Julius Deutsch unter der Mitarbeit von Käthe Leichter, Eduard Straas und Richard Wagner: Geschichte der österreichischen Gewerkschaftsbewegung II. Im Weltkrieg und in der Nachkriegszeit, Wien 1932.

32 Zitiert nach Ludwig Brügel: Geschichte der österreichischen Sozialdemokratie I (wie Anm. 30), 294, 303.

[33] Herbert Steiner: Die Arbeiterbewegung Österreichs 1867–1889. Beiträge zu ihrer Geschichte von der Gründung des Wiener Arbeiterbildungsvereines bis zum Parteitag in Hainfeld, Wien 1964, 18, 27.
[34] Vgl. Emil Strauß: Die Entstehung der deutschböhmischen Arbeiterbewegung. Geschichte der deutschen Sozialdemokratie Böhmens bis 1888, Prag 1925, 97–102.
[35] Vgl. Julius Deutsch: Geschichte der österreichischen Gewerkschaftsbewegung I (wie Anm. 31) 187–189.
[36] Vgl. Anton Weiguny: Erinnerungen eines Alten aus den Anfängen der oberösterreichischen Arbeiterbewegung, Linz 1911, 12–15. Vgl. zur oberösterreichischen Streikbewegung Helmut Konrad: Das Entstehen der Arbeiterklasse in Oberösterreich, Wien 1981, 286–299.
[37] Vgl. Werner Hanni: Zur Geschichte der Arbeitskämpfe in Tirol und Vorarlberg 1870–1918, phil. Diss., Innsbruck 1983, 81–83, hier 102–109 ist u.v.a.m. auch ein scharfer Arbeitskonflikt der Tabakarbeiter/-innen in Sacco 1885 angeführt: „Drei Arbeiterinnen wurden als Rädelsführerinnen in Haft genommen. Gegen sie wurde nach Paragraph 3 des Koalitionsgesetzes vom 7. April 1870 (Gewaltanwendungsparagraph) ermittelt, sie mussten jedoch nach einigen Tagen wieder in Freiheit gesetzt werden. Zwei Männer wurden ebenfalls inhaftiert." Vgl. auch Werner Hanni: Soziale und politische Kämpfe in Tirol vor 1914, in: Arbeiterbewegung und Sozialismus in Tirol, hrg. von Christoph von Hartungen und Günther Pallaver, Bozen–Innsbruck 1986, 80–96.
[38] Vgl. Herbert Steiner: Die Arbeiterbewegung Österreichs (wie Anm. 33), 70–72, 113f. 130, 197f., 200.
[39] Vgl. Karl Höger: Aus eigener Kraft! Die Geschichte eines österreichischen Arbeitervereins seit fünfzig Jahren, hrg. vom Niederösterreichischen Buchdrucker- und Schriftgießer-Vereine, Wien 1892, 524–532, zu weiteren Buchdruckerkämpfen u. a. jenem von 1888 vgl. ebenda, 545–554.
[40] Nach Anna Staudacher: Sozialrevolutionäre und Anarchisten. Die andere Arbeiterbewegung vor Hainfeld. Die Radikale Arbeiter-Partei Österreichs (1880–1884), Wien 1988, 15–21.
[41] Nach „Erinnerungen aus der österreichischen Arbeiterbewegung XXVII", in: Arbeiter-Zeitung vom 11. August 1912.
[42] Vgl. Ludwig Brügel: Geschichte der österreichischen Sozialdemokratie. Dritter Band: Parteihader, Propaganda der Tat, Einigung (1878–1889), Wien 1922, 218–225.
[43] Vgl. Emil Strauß: Die Entstehung der deutschböhmischen Arbeiterbewegung I (wie Anm. 34), 191f., 194.
[44] Gustav Haberman: Aus meinem Leben. Erinnerungen aus den Jahren 1876 – 1877 – 1884 – 1896, mit einem Vorwort von Dr. Franz Soukup (1914), deutsche Übersetzung, Wien 1919, 136–142.
[45] Zitiert nach Karin Maria Schmidlechner: Die steirischen Arbeiter im 19. Jahrhundert, Wien 1983, 131–139 mit weiteren steirischen Streikbewegungen 1889/90, Vgl. dazu Arbeiter-Zeitung, 9. August 1889.
[46] Vgl. zur Streikbewegung 1889 Ludwig Brügel: Geschichte der österreichischen Sozialdemokratie. Vierter Band: Festigung der Organisation. Vom Privilegienparlament zum Volkshaus (1889–1907), Wien 1923, 20–25, 67–69. – Vgl. Viktor Adler: Die Lage der Ziegelarbeiter (1888) [und] Die Auflehnung der Tramwaysklaven (1889), in: derselbe: Aufsätze, Reden und Briefe IV, Wien 1925, 11–58. Dazu auch Stefan Riesenfellner (Hrg.): Arbeitswelt um 1900. Texte zur Alltagsgeschichte von Max Winter, Wien 1988.

⁴⁷ Zitiert nach Julius Deutsch: Geschichte der österreichischen Gewerkschaftsbewegung I (wie Anm. 31), 244f., 291f.
⁴⁸ Vgl. Der Hungerstreik der Glasarbeiter im Isergebirge, in: Die Gewerkschaft vom 8. Mai 1903.
⁴⁹ Vgl. Emil Strauß: Geschichte der deutschen Sozialdemokratie Böhmens. Zweiter Band: Von Hainfeld bis zum Weltkriege 1889–1914, Prag 1926, 24–26, 37f.
⁵⁰ Vgl. Harald Troch: Rebellensonntag. Der 1. Mai zwischen Politik, Arbeiterkultur und Volksfest in Österreich (1890–1918), Wien–Zürich 1991, 22.
⁵¹ Vgl. Die Arbeitseinstellungen und Aussperrungen [im Gewerbebetriebe] in Österreich während der Jahre 1894 bis 1914, hrg. vom Statistischen Departement [vom k. k. arbeitsstatistischen Amte] im Handelsministerium, 21 Jahrgangsbände, Wien 1896–1916 (im Folgenden kurz zitiert: *Die Arbeitseinstellungen und Aussperrungen [Jahr], Nr. des Streiks [StNr.] bzw. Nr. der Aussperrung [ANr.], bzw. Seite der Einleitung oder des Textanhanges*) – hier: Die Arbeitseinstellungen und Aussperrungen 1897, ANr. 4–10.
⁵² Die Arbeitseinstellungen und Aussperrungen 1906, StNr. 872, ANr. 15.
⁵³ Vgl. weitere böhmische Maiaussperrungen Die Arbeitseinstellungen und Aussperrungen 1906, ANr. 28–37.
⁵⁴ Zitiert nach Julius Deutsch: Geschichte der österreichischen Gewerkschaftsbewegung I (wie Anm. 31), 255f. Nicht zufällig wurde in vielen Streiks die Aufhebung des zu großer Abhängigkeit führenden betrieblichen Kost- und Unterbringungsregimes gefordert. Am 4. August 1912 brachte die „Arbeiter-Zeitung" etwa besonders bedrückende „Nesselsdorfer Streikbilder", Bilder von unter Polizeieinsatz durchgeführten Massendelogierungen aus der Werkkolonie der örtlichen Waggonfabrik Fischer-Rösslerstamm in Mähren, durchgeführt, um den Widerstand von 2000 Streikenden zu brechen. In den 162 Tagen des Streiks kam es außerdem zu 66 Arretierungen und 15 Verhaftungen. Die Arbeitseinstellungen und Aussperrungen 1912, StNr. 94.
⁵⁵ Julius Deutsch: Geschichte der österreichischen Gewerkschaftsbewegung I (wie Anm. 31), 310–312.
⁵⁶ Die Arbeitseinstellungen und Aussperrungen 1894, StNr. 98.
⁵⁷ Die Arbeitseinstellungen und Aussperrungen 1894, StNr. 94, 95, 97, 98, 99, 100.
⁵⁸ Die Arbeitseinstellungen und Aussperrungen 1894, StNr. 41.
⁵⁹ Zum „Prügelpatent" näher die Ausführungen von Isidor Ingwer und Leo Verkauf im Anhang!
⁶⁰ Für den Jahrgangsband 1898 der „Arbeitseinstellungen und Aussperrungen" hat das arbeitsstatistische Amt auch die Bergarbeiterstreiks erfasst und jene für die Jahre 1894–1897 nachgetragen, vgl. S. 175–227, hier Bergarbeiterstreik Nr. 3, 4, 5 und 9 aus 1894.
⁶¹ Die Arbeitseinstellungen und Aussperrungen 1894, StNr. 52.
⁶² Die Arbeitseinstellungen und Aussperrungen 1895, StNr. 31. Zum Hintergrund des Ziegelarbeiterstreiks vgl. auch Bericht der k. k. Gewerbe-Inspectoren über ihre Amtsthätigkeit im Jahre 1895, Wien 1896, 38f.
⁶³ Die Arbeitseinstellungen und Aussperrungen 1898, Nachtrag Bergarbeiterstreiks Nr. 8 aus 1896.
⁶⁴ Vgl. Gerfried Brandstetter: Sozialdemokratische Opposition und Anarchismus in Österreich 1889–1918, in: Im Schatten der Arbeiterbewegung. Zur Geschichte des Anarchismus in Österreich und Deutschland, hrg. von Gerhard Botz, Gerfried Brandstetter und Michael Pollak, Wien 1977, 42–46.
⁶⁵ Die Arbeitseinstellungen und Aussperrungen 1898, Nachtrag der Bergarbeiterstreiks Nr. 3, 5 aus 1896.

⁶⁶ Die Arbeitseinstellungen und Aussperrungen 1896, StNr. 89 und über den gleichzeitigen Streik in Prager Eisenbahnwerkstätten StNr. 227.
⁶⁷ Vgl. Friedrich Vogl: Österreichs Eisenbahner im Widerstand, Wien 1968, 13–20.
⁶⁸ Die Arbeitseinstellungen und Aussperrungen 1896, StNr. 117.
⁶⁹ Die Arbeitseinstellungen und Aussperrungen 1896, StNr. 34, ANr. 3 und Dokumentation im Anhang, S. 316–329.
⁷⁰ Die Arbeitseinstellungen und Aussperrungen 1897, StNr. 147 und ANr. 1–14 mit Dokumentation S. 230–236.
⁷¹ Die Arbeitseinstellungen und Aussperrungen 1899, StNr. 265–268.
⁷² Die Arbeitseinstellungen und Aussperrungen 1899, StNr. 119, 133, 140.
⁷³ Die Arbeitseinstellungen und Aussperrungen 1899, StNr. 157.
⁷⁴ Die Arbeitseinstellungen und Aussperrungen 1899, StNr. 244. Vgl. Artikel „Zwickau", in: Die Gewerkschaft vom 1. Dezember 1899.
⁷⁵ Die Arbeitseinstellungen und Aussperrungen 1899, StNr. 301. Vgl. dazu Die Gewerkschaft vom 15. Dezember 1899. – Zu weiteren großen Textilarbeiterkämpfen vor 1914 – etwa 1911/12 Wien mit ca. 8000 Ausständischen über fast ein Monat im Jänner 1911 [„5 Arretierungen, 5 polizeiliche Verurteilungen"], in Nordböhmen mit fast 28.000 Arbeitern, davon 16.000 Arbeiterinnen über 158 Tage ab September 1911 [„9 Arretierungen, 6 Verhaftungen, 10 polizeiliche und 27 gerichtliche Verurteilungen, 200 Versammlungen, davon 11 aufgelöst, 4 verboten"] oder ca. 11.000 ausgesperrten Textilproletariern ab August 1912 über rund sieben Wochen vgl. Die Arbeitseinstellungen und Aussperrungen 1911, StNr. 386, 418 – sowie Die Arbeitseinstellungen und Aussperrungen 1912, StNr. 158.
⁷⁶ Die Arbeitseinstellungen und Aussperrungen 1899, StNr. 48 mit Dokumentation S. 209f.
⁷⁷ Vgl. Julius Deutsch: Geschichte der österreichischen Gewerkschaftsbewegung I (wie Anm. 31), 369–379.
⁷⁸ Die Arbeitseinstellungen und Aussperrungen 1900, StNr. Nr. 136, 138, 140, 141, 142, 240, 264 und Dokumentation S. 233–239, 252–262.
⁷⁹ Die Arbeitseinstellungen und Aussperrungen 1906, StNr. 746.
⁸⁰ Die Arbeitseinstellungen und Aussperrungen 1912, StNr. 6ff. – Zu den Problemen der nationalen Spaltung der Gewerkschaftsbewegung (in Böhmen) vgl. Hans Mommsen: Die Sozialdemokratie und die Nationalitätenfrage im habsburgischen Vielvölkerstaat, Wien 1963, 210–234.
⁸¹ Vgl. Die Streiks im Jahre 1902, in: Die Gewerkschaft vom 27. März 1903, 69–71. Über den Zusammenhang von Konjunkturverlauf und Streikfrequenz vgl. Michael Mesch: Arbeiterexistenz in der Spätgründerzeit. Gewerkschaften und Lohnentwicklung in Österreich 1890–1914, Wien 1984, 72–76. Tabellarische Angaben zur jährlichen Streikfrequenz 1890–1914 in Fritz Klenner: Die österreichischen Gewerkschaften. Vergangenheit und Gegenwart I, Wien 1951, 233f., 339–345.
⁸² Arbeitseinstellungen und Aussperrungen 1902, StNr. 77 mit Memorandum der Streikenden und mit parlamentarischem Ausschussbericht im Anhang S. 218–231. Vgl. Artikel „Triest", in: Die Gewerkschaft vom 21. Februar 1902. Schon 1897 war gegen einen Streik der Schiffsbauarbeiter in Triest und San Rocco Militär mobilisiert worden: „Trotz der größten Ruhe, die die Streikenden beobachten, hat man gestern zwei Kompagnien Infanterie nach San Rocco gesendet, um die Arbeiter zu provoziren. Eine Anzahl Triester Arbeiter, die die Direktion als Streikbrecher anwerben wollte, lehnte dieses Ansinnen entschieden ab." (AZ 28. April 1897; Die Arbeitseinstellungen und Aussperrungen 1897, StNr. 85)

[83] Die Arbeitseinstellungen und Aussperrungen 1902, Str. 243, 244.
[84] Karl Liebknecht: Militarismus und Antimilitarismus unter Berücksichtigung der internationalen Jugendbewegung (1907), in derselbe: Reden und Aufsätze I (Marxistische Taschenbücher), Frankfurt 1971, 61–224, hier 127. – Über die bei Liebknecht erwähnte Bewegung unter der landwirtschaftlichen Arbeiterschaft Galiziens vgl. Die Arbeitseinstellungen und Aussperrungen 1902, S. 60–62. Sie wurde nicht in die Streikstatistik aufgenommen, da die Abschließung bindender Arbeitsverträge nur wenig gebräuchlich war.
[85] Die Arbeitseinstellungen und Aussperrungen 1904, StNr. 384, 386, 387, 388, 390. Zu einem weiteren großen Bauarbeiterstreik in Lemberg mit 5000 Teilnehmern, mit 40 Arretierungen, über drei Wochen im Juli 1905 vgl. Die Arbeitseinstellungen und Aussperrungen 1905, StNr. 654 oder Angaben zu weiteren Lohnkämpfen in Galizien, der Bukowina 1906 in „Die Gewerkschaft" vom 23. November 1906.
[86] Die Arbeitseinstellungen und Aussperrungen 1903, S. 41f., 61.
[87] Die Arbeitseinstellungen und Aussperrungen in Österreich 1903, StNr. 138. Zur österreichweiten Schneiderstreikbewegung zu Jahresbeginn 1903, so allein von 5000 Wiener Gehilfen für 15-prozentige Lohnanhebung und für den Elfstundentag vgl. Die Arbeitseinstellungen und Aussperrungen StNr. 4 und 5 oder zu einem Schneiderstreik von 5.000 Arbeitern in Wien im April 1907 – Die Arbeitseinstellungen und Aussperrungen 1907, StNr. 56. Im Zusammenhang mit dieser letzten Bewegung stand im März/April 1907 auch der Lohnkampf von 5.200 Wiener Bäckergesellen (ebenda StNr. 40) über einen Monat mit „37 Arretierungen, 11 polizeilichen und 17 gerichtlichen Verurteilungen. 83 Arbeiterversammlungen, hievon 1 verboten."
[88] Die Arbeitseinstellungen und Aussperrungen 1908, StNr. 178 bis 182 und für den Streik in Jenbach zitiert nach Werner Hanni: Zur Geschichte der Arbeitskämpfe in Tirol und Vorarlberg 1870–1919, phil. Diss., Innsbruck 1983, 259–265, 538.
[89] Die Arbeitseinstellungen und Aussperrungen 1903, ANr. 8. Zu Crimmitschau Artikel in „Die Gewerkschaft" vom 25. Dezember 1903 und 22. Jänner 1904. Zur Aussperrung von 8000 Crimmitschauer Textilarbeiter/-innen, die für den Zehnstundentag kämpften vgl. Geschichte der deutschen Arbeiterbewegung. Band 2: Vom Ausgang des 19. Jahrhunderts bis 1917, Berlin 1966, 76–78, sowie Jutta Schmidt – Wolfgang Seichter: Die deutsche Gewerkschaftsbewegung von der Mitte der neunziger Jahre des 19. Jahrhunderts bis zum Ersten Weltkrieg, in: Geschichte der deutschen Gewerkschaftsbewegung, hrg. von Frank Deppe, Georg Fülberth und Jürgen Harrer, 3. Auflage, Köln 1981, 62–93 und Streik. Zur Geschichte des Arbeitskampfes in Deutschland während der Industrialisierung, hrg. von Klaus Tenfelde und Heinrich Volkmann, München 1981. Zur Entwicklung der freien sozialdemokratischen Gewerkschaften in Deutschland 1890 bis 1917 vgl. Dieter Fricke: Handbuch zur Geschichte der deutschen Arbeiterbewegung in zwei Bänden, Berlin 1987, Band 2, 910–1021.
[90] Die Arbeitseinstellungen und Aussperrungen 1903, ANr. 7 und Dokumentation S. 303–308.
[91] Vgl. Artikel „Die Aussperrung der Wiener Ledergalanteriearbeiter", in: Die Gewerkschaft vom 27. März 1903.
[92] Die Arbeitseinstellungen und Aussperrungen 1904, StNr. 46 und ANr. 2.
[93] Die Arbeitseinstellungen und Aussperrungen 1906, ANr. 6, 8. Aus der Reihe der unzähligen Aussperrungen sei etwa auf die scharfe Disziplinierung von 5000 Wiener Tischlern, die ab Februar 1909 über 164 Tage ausgesperrt wurden, verwiesen. Die Tischlergehilfen wehrten sich gegen eine „tarifbrüchige Unternehmerorganisation". Dies führte

zu vielen Auseinandersetzungen vor den Betriebstoren: „135 Verhaftungen, 38 polizeiliche, 39 gerichtliche Verurteilungen". Die Arbeitseinstellungen und Aussperrungen 1909, ANr. 16. Vgl. auch „Die Gewerkschaft" vom 26. Februar 1909.

94 Die Arbeitseinstellungen und Aussperrungen 1906, Einleitung, S. 44.

95 Vgl. Gerhard Oberkofler: Die Tiroler Arbeiterbewegung. Von den Anfängen bis zum Ende des 2. Weltkrieges, Wien 1979 (2. Auflage 1986), 91–122, weiter Horst Schreiber: Die Geschichte der Tiroler Arbeiterbewegung im Überblick, in: Sozialdemokratie in Tirol. Die Anfänge, hrg. von Rainer Hofmann und Horst Schreiber, Innsbruck 2003, 15–56 und Reinhard Mittersteiner: „Fremdhässige", Handwerker & Genossen. Die Entstehung der sozialdemokratischen Arbeiterbewegung in Vorarlberg, Bregenz 1994.

96 Vgl. Werner Hanni: Zur Geschichte der Arbeitskämpfe in Tirol und Vorarlberg von 1870–1918, phil. Diss., Innsbruck 1983. Vgl. auch Joachim Gatterer: Die sozialistische und kommunistische Arbeiterbewegung in Tirol und Südtirol 1890–1991, 2 Bände, phil. Diss., Innsbruck 2017.

97 Die Arbeitseinstellungen und Aussperrungen 1900, StNr. 128, vgl. Werner Hanni: Geschichte der Arbeitskämpfe (wie Anm. 96), 190.

98 Die Arbeitseinstellungen und Aussperrungen 1903, StNr. 138. Die richtungsmäßige Spaltung der Tiroler Arbeiterschaft, die zumeist streikpassive Einstellung der konfessionell katholischen, christlichsozialen Vereine schwächte wiederholt Lohnbewegungen, so führt Werner Hanni: Geschichte der Arbeitskämpfe (wie Anm. 96), 310–316 einen mehrwöchigen Tischlerstreik an, der Ende 1912 mit Hilfe einer deutschen Streikbrecheragentur unterlaufen werden sollte. Die städtische Sicherheitswache begleitete „Arbeitswillige" in die Werkstätten. Im November 1912 kam es zu Zusammenstößen zwischen sozialdemokratischen Streikenden und Gesellen aus dem katholischen Kolpinghaus. Erfolglos musste der Streik im Jänner 1913 abgebrochen werden, rund 100 sozialdemokratische Tischler wurden entlassen.

99 Die Arbeitseinstellungen und Aussperrungen 1906, StNr. 399 und 401. Vgl. Werner Hanni: Geschichte der Arbeitskämpfe (wie Anm. 96), 226–228.

100 Die Arbeitseinstellungen und Aussperrungen 1907, StNr. 340. Vgl. Werner Hanni: Geschichte der Arbeitskämpfe (wie Anm. 96), 243–246.

101 Vgl. Die Arbeitseinstellungen und Aussperrungen 1909, Nr. 218, 491 und 492. Zitiert nach Werner Hanni: Geschichte der Arbeitskämpfe (wie Anm. 96), 277–284.

102 Zum österreichweiten Buchdruckerstreik vgl. Die Gewerkschaft vom 24. Februar 1914. Zum von Deutschland aus übergreifenden System organisierter, gewalttätiger Streikbrecherbanden vgl. Artikel „Vom Kampf um das Koalitionsrecht in Deutschland", in: Die Gewerkschaft vom 17. Februar 1914. Am 28. Februar 1914 erschoss ein angeheuerter Streikbrecher im böhmischen Bodenbach den Vertrauensmann der Buchdrucker, Johann Solinger. Vor Gericht kam es zum Freispruch von der Mordanklage, bloß zu einer Verurteilung zu acht Monaten Arrest. (Vgl. Die Gewerkschaft vom 3. März 1914) Auch ein Anschlag auf den Sekretär der Grazer Schneidergewerkschaft Kosel endete im April 1914 vor Gericht mit einem Freispruch: „Vogelfrei! Nicht allein Keiling [der Mörder von Bodenbach – Anm.] hat Schule gemacht. Viel betrübender für die Rechtssicherheit in diesem Staate ist die traurige Tatsache, dass auch die Bodenbacher Geschworen Schule gemacht haben. Dem Mordattentat des Keiling folgte der wohlvorbereitete Überfall des Streikbrechers Anton Mattaschitz auf den Landesvertrauensmann der Schneider Michael Kosel. Über das Verbrechen dieses Mordversuches hatten die Grazer Geschworen am 18. Juni d. J. zu entscheiden. Nach einer Beratung von zehn Minuten waren sie mit ihrem Urteil fertig: Der Attentäter wurde freigesprochen.

(…) Diese Urteile sind ein Symptom. Sie erweisen eine Zuspitzung der Klassengegensätze, die bisher in Österreich nicht gekannt war. Sie erweisen ferner eine Rachsucht der besitzenden Klassen gegen die emporstrebende Arbeiterschaft." (Die Gewerkschaft vom 30. Juni 1914)

[103] Vgl. Werner Hanni: Zur Geschichte der Arbeitskämpfe (wie Anm. 96), 303, 326–333, 488, Zur Biographie des Arbeiterradikalen Treibenreif vgl. Anna Staudacher: Sozialrevolutionäre und Anarchisten (wie Anm. 40), 334.

[104] Zitiert nach Fritz Klenner: Die österreichischen Gewerkschaften (wie Anm. 23), 291.

[105] Vgl. unter anderem Isidor Ingwer: Der Kollektivvertrag. Vortrag gehalten am 22. Jänner 1905 in der Generalversammlung der Ortsgruppe V des Verbandes der Eisen- und Metallarbeiter Österreichs, Wien 1905. Zur Entwicklung der Kollektivvertragsbewegung in Österreich vgl. Michael Mesch: Arbeiterexistenz in der Spätgründerzeit (wie Anm. 81), 96–120.

[106] Vgl. Hans Hautmann: Geschichte der Rätebewegung in Österreich 1918–1924, Wien–Zürich 1987, 39–42, 69–75 und Hans Hautmann: Prozesse gegen Defätisten, Kriegsgegner, Linksradikale und streikende Arbeiter im Ersten Weltkrieg, in: Sozialistenprozesse. Politische Justiz in Österreich 1870–1936, hrg. von Karl R. Stadler, Wien–München–Zürich 1986, 153–179.

[107] Zitiert nach Rudolf Neck (Hrg.): Arbeiterschaft und Staat im Ersten Weltkrieg 1914–1918. Quellen, Wien 1964, 11–22.

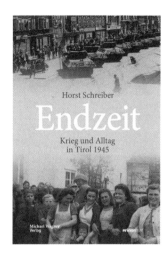

Horst Schreiber

Endzeit

Krieg und Alltag in Tirol 1945

Studien zu Geschichte und Politik, Band 26

588 Seiten, gebunden mit Schutzumschlag
€ 29,90
ISBN 978-3-7107-6700-5

Vielschichtig und perspektivenreich: die erste Gesamtdarstellung zur letzten Phase der NS-Herrschaft in Tirol.

Horst Schreiber entwirft ein neues, überaus facettenreiches Bild der Endzeit nationalsozialistischer Herrschaft in Tirol. Der Autor beschreibt die Attraktivität und das Grauen des Krieges, Leid und Trauer an der Heimatfront sowie das Kriegsende in den Bezirken und die Befreiung Innsbrucks.

Als der Mythos von Hitler verblasst war, regierte das Regime nur noch mit Terror gegen die eigene Bevölkerung. Das Buch untersucht den Blick der Einheimischen auf die US-amerikanischen und französischen Besatzer, auf Tirolerinnen mit intimen Beziehungen zu den ausländischen Befreiern, auf Flüchtlinge und Vertriebene, denen man vorwarf, was man selbst tat: Plündern.

Horst Schreiber legt die Erfahrungen unzähliger Menschen offen. Sie zeigen, wie unterschiedlich Verfolgte und Befreite, Täter und Beteiligte, Soldaten und Kriegsgefangene, Frauen und Kinder das Ende des Nationalsozialismus und die Zeit nach dem Krieg erlebten.

www.uvw.at